JN012679

事例からみた地域金融機関の信用リスク管理

営業現場における健全な融資判断

改訂版

石川 清英 [著]

株式会社 きんざい

推薦のことば

　本書は、地域金融機関（主に信用金庫）の破綻に関して、事例分析を行い、その信用リスク管理の問題点を整理したものである。地域金融機関の方々のみならず、リスク管理に幅広くかかわる方々にとっても貴重な指針となるだろう。

　信用リスク管理に関する書籍は数多く出版されている。しかし、信用金庫業界の破綻事例等を前面に出し、それを分析した試みは他に類をみず、著者の「熱い志」が伝わってくる。特に、1章、2章の事例分析は、実務家である著者の経験が生かされており、本書の特質を最も表しているといえよう。

　著者は、40歳代に、勤務していた信用金庫が破綻した経験を有しており、この経験が研究活動の動機づけとなっている。このため、本書の各章で整理されている内容には、一貫して「つらくて重い経験を生かし、信用金庫業界の存続と発展につなげよう」という著者の「熱い志」が込められている。

　また、3章では、金融庁の「金融検査結果事例集」を実務家の視点で整理しており、金融庁の信用リスク検査におけるスタンスの変化が読み取れる。

　一方、4章と5章では、地域金融機関の破綻要因を分析し、それを基にして、信用リスク管理を行うための基本事項と体制構築について、示唆に富む多くの提言がなされている。

　最終章の6章では、視点を変えて、行動経済学の見地から信用リスク管理を整理しており、新たな挑戦といえよう。単なる知識の整理にとどまらず、「リスク管理の本質」に迫ろうとする著者の気概を感じる。

　金融機関では、バブル崩壊から不良債権の解決までを実際に体験した人が毎年少なくなってきている。これは時代変遷がもたらす必然ではあるが、歴史の教訓をしっかり伝えていく必要性を感じる。

　これからもバブル経済は、かたちを変え発生し、消滅していくだろう。われわれは、過去から学び、現実の世界でバブル経済としっかり対峙する覚悟が必要である。

本書は、信用リスク管理を高度化するための教訓や提言にあふれているだけでなく、地域金融機関経営の根幹部分への示唆にも富み、地域金融機関関係者にとって必携の書といえよう。

中日信用金庫

理事長　　山田　功

推薦のことば

　日本においては、バブル崩壊以降、金融機関数は大幅に減少した。主として破綻、合併等が原因であった。破綻は文字通り、多くの問題を抱え、消滅に至ったことを明示している。一方、合併も破綻ほどではないにせよ、経営課題に起因する戦略上の方策であった。結果、日本では、しばらく金融機能不全の時代が続くこととなる。

　しかし、そのことは、金融機関と監督当局に対して、収益性に大きく傾斜したバブル時代への反省とリスク管理の重要性の再認識を促すことになった。こうして、金融機関は、「健全性・公共性・収益性」という三本柱の均衡と、リスク管理の再構築へ動き出すこととなる。

　本書は、その再出発を起点にして、現代までをトレースしている。読者に忘れてはならない教訓を問い続けているかのようである。もし、単なるリスク管理の指南書であれば、このような過去の振り返りや問いは必要ないであろう。本書のオリジナリティーは、まさにここにある。実際、当事者として金融機関の破綻に立ち会った経験をもつ著者ならではの考察が、現代の読者にリスク管理の重要性を再認識させる。

　そして、さらに興味深い点は、「現場」を理論化しようとしている点である。現場向けのハウツー本、現場抜きの理論書は多くみられるが、本書は、信用リスク管理と組織文化の関係を、ガバナンスの観点から切り込んでいる。

　また、管理会計の手法を用いたプライシングは、貸出市場における価格設定の手法に一石を投じるものである。ただし、金融機関の収益構造における鳥瞰的視座あるいは亀の寿命のような長期的な思考を有していなければ、このミクロ的原価計算の効用を台無しにしてしまうことは付言しておく必要がある。

　いま、日本は成長戦略にかじを切っている。国をあげてふたたび金融緩和に向かっているいまだからこそ、本書を第一線の融資担当・審査担当の役職

員だけでなく、内部統制を企図しようとしているガバナンス担当の役職員に
いたるまでの、多くの金融機関職員に読んでもらいたいと願うものである。

日本大学商学部　教授

長谷川勉

まえがき

　筆者は2012年12月に『信用金庫破綻の教訓－その本質と経営行動－』（日本経済評論社）を上梓したが、これ以降、全国信用金庫協会等で講師に招かれる機会も増加した。ありがたいことに筆者の話に興味をおもちいただく方もおられることを知り、前著の反省もふまえ、著書を再度世に出すことができないかと思っていた。特に前著は、筆者自身の博士論文に手を加えたもので、方法論や先行研究の説明に多くを割き一般的には読みづらい部分を多く残していた。できれば地域金融の実務に携わる方に広く読まれるものにしたいと考えていたが、そのような折、株式会社きんざいの西野弘幸部長から著書を一つ出さないかというお誘いをいただいた。これが本書を執筆するきっかけとなった。

　本書を執筆する過程で、再びわが国の歴史的な金融機関破綻事例、海外の事例の文献をひもといたが、時代や国が変わっても、金融機関破綻は同様の原因により繰り返されるということを、あらためて実感した。

　たとえば、ジョン・K・ガルブレイスは、その著書『バブルの物語－暴落の前に天才がいる』のなかで、バブルが繰り返される要因の一つとして、「金融に関する記憶は極度に短く、その結果金融上の大失態があっても、それは素早く忘れられてしまう」さらに、「人間の仕事の諸分野のうちでも金融の世界くらい、歴史というものがひどく無視されるものはほとんどない」と述べている。金融の世界では過去に何度も同様の過ちが繰り返されている。

　昨今資金需要が低迷するなかで、融資開拓は厳しく、それぞれの業態の立場で、従来とは異なる分野へ市場を求めざるをえない。ただし、そこでわれわれが忘れてはならないのは、金融機関としての矜持・本分である。それは、「事業」に融資しても、決して「投機」には融資してはならないということであろう。「投機」への融資が、前述した過ちを繰り返すもととなる。

　ケインズは投資（Investment）には短期的なものと長期的なものがあると

いい、前者を「投機」（Speculation）、後者を「企業」（Enterprise）と呼んだ。「投機」は市場の心理を予測するという活動を指し、これは山師的なものである。一方、「企業」（事業）は資産の全存続期間を通じてその期待収益を予想するという活動を意味し、これは建設的なものである。銀行が支援すべきものは、このどちらか。あらためて考える必要があろう。

ところで、企業の将来性を見極める、いわゆる目利きが大切であることについては論をまたない。これはいわゆるリレーションシップバンキングに通ずるが、その精神は膝詰めで顧客の要望を時間をかけて聴取することにある。

建築工法はプレハブやツーバイフォー工法がそのシェアを高め、在来工法も、プレカットと呼ばれる工場での木材加工が行われ、現場ではそれを組み立てるだけという手法が主流になっている。これが現場の手作り施工という大工文化の技術を途絶えさせているといわれる。腕を磨く場が与えられていないのである。

金融の現場も同様である。保証協会融資やスコアリング融資などは、工場生産中心のプレハブやツーバイフォー工法に相当する。そして、一見手作り施工のようにみえるリレバンも血の通わないプレカット加工になっていないか。

金利競争を伴う肩代わり合戦が繰り広げられており、中小企業のメインバンクが簡単に変更されるのも日常茶飯事である。現場における手作り施工を行っていれば顧客は簡単には他行に移れない。そこには金利を上回るメリットがあるからである。地域金融機関は手作りの現場施工ができる金融マンを育てなければならない。そして、顧客の居心地のよい「現実」をつくりあげなければならない。

さて、本書は地域金融機関、主として信用金庫や信用組合の信用リスク管理について、営業の現場で対応すべき問題を中心に解説したものである。前著では、金融機関破綻は基本的には経営者の問題ととらえ、ガバナンスや経営行動に重点を置いたものとしていた。

一方、本書の目的は地域金融機関の信用リスク管理はどうあるべきかをまとめることであり、より融資の現場に焦点をあてたものになっている。

　意図したものは、地域金融機関の本部および営業店の管理者や担当者を対象とした信用リスク管理の概要を理解するための教科書である。特に、事例を用いて、さまざまな角度から問題点を洗い出し理解が容易になるように工夫している。また、各章は、関連はあるがそれぞれが独立したものとなっており、どの章からお読みいただいても一つのまとまりがあるものに構成している。本書の各章の構成は以下のようである。

　第1章は、信用金庫を中心に、地域金融機関のバブル期以降の破綻事例を取り上げ、信用リスク管理における問題点を検証している。また、明治・大正期の歴史的な破綻事例も取り上げた。時代に関係なく金融機関の破綻原因には共通のものがある。過去の失敗事例を学ぶことは、裏返せば健全経営を学ぶことにつながるはずである。

　第2章は、第1章のまとめとしての位置づけである。第1章で掲げた事例における破綻要因の共通項を抽出し一般化することを試みた。主として融資行動の問題点を掲げているが、そのなかでも最も大きな問題は、与信集中と業種集中である。

　第3章は、金融庁の「金融検査結果事例集」における信用リスク管理態勢に関する各指摘事例を掲げ解説を加えている。いずれの指摘も各金融機関に共通にみられる課題である。また、第1章で述べた破綻金融機関に共通にみられる指摘も数多くあり、一部の金融機関では、すでにバブル期の反省が忘れられようとしているのではないかと懸念される。

　第4章は、信用リスク管理の基礎的な教科書を意図している。金融マンとして最低限必要な信用リスク管理の知識を網羅しているつもりである。また、極力複雑な数式を使わず全体的な知識が把握できるように記述している。なお、ここでは、信用リスク管理の歴史的な発展段階を述べているが、最近の高度化されたリスク管理手法も、古来行われてきた財務分析の延長線上にあることがわかる。また、ここでは融資の現場を意識し、プライシングについて詳しく述べた。

第5章は、信用リスク管理のあり方について、主として地域金融機関における融資行動はどうあるべきかについて述べた。バブル期の反省と最近の過熱化しつつある融資姿勢を意識した内容となっている。

　第6章は、本部および営業現場における融資判断がどのようなプロセスで行われるか、あるいはなぜ判断ミスが発生するのかを、行動経済学的観点から分析している。ここでは、筆者自らの融資経験に基づき事例を掲げている。

　本書の刊行については多数の方々のご協力・助言・指導によっている。

　前著に引き続き、樋野征治理事長をはじめとする大阪信用金庫の役職員の皆さま方にご協力をいただいた。記して謝意を表したい。もちろん、本書中の意見は筆者個人のものであり、筆者個人の責に帰するものである。

　中日信用金庫理事長山田功氏、日本大学教授の長谷川勉先生には、過分な推薦の言葉を頂戴した。心より感謝申し上げる次第である。

　また、古田永夫氏、吉川和美氏には、両氏が書かれた破綻事例の要約を掲載することを快諾いただいたことを感謝申し上げる。

　最後に、筆者に著書の出版を勧めていただいた、株式会社きんざいの西野弘幸部長、石川和宏部長にお礼を申し上げる。出版事情が厳しいなかで、リスクをおとりいただかなければ、本書が世に出ることはなかったはずである。

改訂版の発刊にあたって

　本書は2015年6月、拙著『信用金庫破綻の教訓─その本質と経営行動─』（日本経済評論社、2012年12月）に手を加え、地域金融機関の実務家向けに出版したものである。2017年9月には、日本リスクマネジメント学会の優秀著作賞を受賞するなど、過分の評価をいただいた。

　本書の内容は、事例を中心とした歴史的な記述が多く、基本的には、その大半は時代に左右されない普遍的なものである。しかし、出版後6年を経過し、加筆あるいは修正を加えたほうが良いと思われる部分もみられるようになってきた。また、金融検査マニュアルが廃止されるなど金融行政にも大きな変化がみられる。

　現在、日本はコロナ禍にある。超緩和的な金融政策が継続し、資金余剰と低金利下で不動産バブルらしきものが発生しているように見受けられる。歴史は繰り返されるのであろうか。

　このような環境下、リスクアペタイト・フレームワークに言及するなど、金融庁の姿勢は地域金融機関に一層のリスクテイクを促す方向に向かっているように思える。本書のテーマである地域金融機関の信用リスク管理のあり方が、ますます重要になりつつあるといえよう。

　こうした背景をふまえ、改訂版を発刊することとなった。今回は、統計データの更新と金融行政の変化等に係る部分を追記するとともに、信用リスクマネジメント全般の基本となる部分を充実させ、より実務的・教科書的なものとしている。社内研修や大学のテキスト、参考図書等にも活用いただければ幸いである。

　令和4年3月

石川清英

目　　次

第1章　事例に学ぶ信用リスク管理の問題

第2章　破綻金融機関にみられる共通の問題

※脚注は、本文中に脚注番号を付し、各章末に解説した。

※参考文献は、本文中および図表出所欄では「石川清英（2012）」などと、著者名と発刊等の年で参考文献を略記し、巻末に論文題目、書籍名、発刊等の年、出版社名を明記した。

第 1 章

事例に学ぶ信用リスク管理の問題

過去に経営が行き詰まった金融機関は、次に述べるように大半が貸出債権の不良化によるものであった。基本的には信用リスク管理の欠陥が露呈したものといえる。したがって、これらの事例を検証することが今後の信用リスク管理のあり方を考えるうえで有用である。

　本章では、金融機関の過去の破綻事例を取り上げその問題点を検証する。

1　金融機関破綻の概要

⑴　金融機関破綻とその減少

　バブル崩壊以降の金融機関数は、破綻・合併等により大幅に減少した。平成3年3月末に990機関あった金融機関数は、平成17年3月には585機関[1]となり、405機関、比率にして41％の減少である。その内訳は、第二地銀で20行、信用金庫で153金庫、信用組合で232組合の減少となっている。

　この間の破綻金融機関数は180件であるが、これらは平成3年から同14年にかけて発生している。その業態別内訳は、大手銀行3件、第二地銀16件、信用金庫27件、信用組合134件となっている。また、破綻以外の減少原因は合併による再編が主である。なお、地方銀行64行は破綻・合併とも発生せず、その数に変化がない。

⑵　破綻原因の定義と分類

　「預金保険機構（2005a）」では、破綻原因を次のように定義・分類している（下線は筆者表示）。

　　　「預金保険法には金融機関の破綻を預金の払戻し停止およびそのおそれ、ないしは債務超過などと規定しているが、さらにその根本的な遠因としての金融機関の破綻原因を大別すれば、破綻のタイプを<u>資産の毀損により資本が枯渇</u>するか、<u>資産の毀損を経ることなく大幅な損失を被り</u>

資本が枯渇するか、資本は枯渇しないなか資金繰りがつかなくなるか、の３種類になる」とし、「資産の毀損を①貸出債権の不良化と②有価証券投資の失敗とに区分し、さらにバブルの発生とその崩壊をふまえ、①A．不動産関連業種への与信集中を原因とするもの、①B．その他業種への与信集中を原因とするもの、①C．景気低迷を原因とするものに細分化」している。また、「資産の毀損を経ることなく大幅な損失を被り資本が枯渇するものとして、③不正・不祥事件による破綻を区分した。なお、資金繰り破綻と認定された事例もあるが、いずれも事後的には債務超過であったため、当分析では、資産超過ながらも資金繰りがつかなくなり破綻したと分類した事例はなかった」。

図表１−１　破綻原因の分類

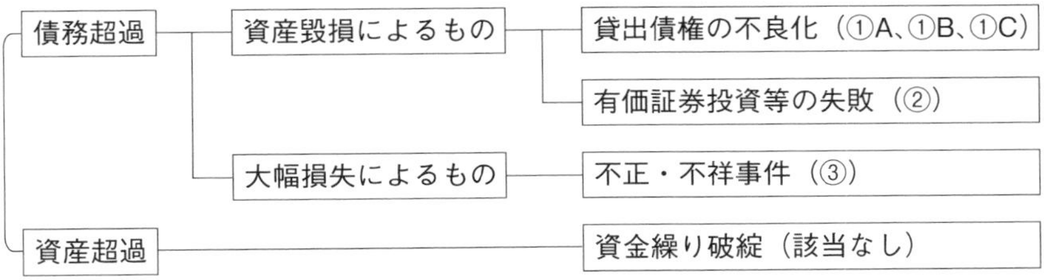

債務超過	資産毀損によるもの	貸出債権の不良化（①A、①B、①C）
		有価証券投資等の失敗（②）
	大幅損失によるもの	不正・不祥事件（③）
資産超過		資金繰り破綻（該当なし）

（出所）「預金保険機構（2005 a）」p.2より。

(3) 破綻原因割合の分析

　次に、「預金保険機構（2005a）」では、前述の破綻原因区分を用いて、全金融機関の破綻原因の割合を算出している。ここでは、この分析を参考に、信用金庫業界の割合を算出し、全金融機関の要因との比較を行い、信用金庫の破綻要因の特徴を述べる。

　「預金保険機構（2005a）」では全金融機関の要因を以下のようにまとめている。

　　全体の９割（165先）が貸出債権の不良化を破綻原因としており、同

要因が破綻原因のなかで圧倒的な割合を占めている。

　また、有価証券投資等失敗で破綻した先は全体の4分の1、不正、不祥事件で破綻した先は全体の5％となっている。ちなみに「景気低迷等」から貸出債権が不良化したことを原因に破綻した金融機関は全体の3割に満たず、全体の約7割の先は、与信の集中リスク、有価証券投資リスクの管理等に問題があったことがわかる。

　次に、全体の7割弱の117先は「経営に欠陥あり」と区分されたが、これらの先にだけ注目し破綻原因区分の分布をみると、全体での破綻原因区分の分布と比べ、①「その他業種への与信集中」を破綻原因としている先の割合が高いこと、②「有価証券投資等の失敗」を破綻原因としている先の割合が少ないこと、が目立つ。その背景としては、与信集中による貸出債権不良化は経営者が能動的にかかわっていたなどの事情が影響しているものとみられる。

⑷　信用金庫業界の分析

　この分析に照らして、信用金庫の破綻要因の分析を行った（図表1－2参照）。

　まず、貸出債権の不良化を要因とする金庫数は23先で全体（27先）の85％を占める。これは全金融機関の結果とほぼ同様である。

　また、有価証券投資等の失敗で破綻した先は10先、構成比は37％と全金融機関の27％と比較してその比率は大きい。しかしながら、このうち8先は貸出債権の不良化との両方を要因としており、有価証券投資等の失敗のみの先は2先にすぎない。不正、不祥事件で破綻した先は2先で全体の7％となっている。

　なお、貸出債権の不良化のうち「景気低迷等」を原因とするものは37％と金融機関の27％と比較して大きく、信用金庫の経営は地域の景気動向に影響を受ける可能性が高いことを示唆している。

　また、不動産関連融資への与信集中は37％、その他業種への与信集中は18％と与信の集中リスクは全金融機関と比較してその構成比は低い（全金融

機関はそれぞれ46%、26%）。さらに、貸出債権の不良化と有価証券投資等の失敗が複合的に生じた先が多いのも信用金庫業界の特徴である。

「経営に欠陥あり」と区分された信用金庫は16先、59%であった。「預金保険機構（2005a）」では、この区分の定義を「経営トップの責任追及が行われたものまたは経営トップへのけん制が働きにくくなる要因がみられるものを区分。ただし、同基準を満たさずとも、資金援助申込書等の記載から経営者責任が大きいと判断されるものを区分」としている。ただし、破綻した金融機関はなんらかのかたちで経営に欠陥があると考えられることから、ここでは特に言及しない。

なお、図表1−3にみられるように、信用金庫業界では信用金庫経営の信用問題が顕在化してから平成10年度まで、信金中央金庫の「信用金庫相互援助資金」[2]を用いた救済合併により、20金庫を業界内処理[3]しその表面化を防止している。しかしながら、平成11年度以降においては、救済合併方式は姿

図表1−2　破綻原因区分の状況（全金融機関と信用金庫との比較）

破綻原因区分	金融機関全体 （180先）		うち信用金庫 （27先）	
	先数	割合（%）	先数	割合（%）
貸出債権の不良化①	165	91.7	23	85.2
不動産関連融資への与信集中①A	83	46.1	10	37.0
その他業種への与信集中①B	47	26.1	5	18.5
（①Aおよび①B）	(14)	7.8	(2)	7.4
景気低迷等①C	49	27.2	10	37.0
有価証券投資等の失敗②	50	27.8	10	37.0
（高利回り・損失先送り②＋）	(8)	4.4	(1)	3.7
不正・不祥事件③	9	5.0	2	7.4
①かつ②	37	20.6	8	29.6
①かつ③	5	2.8	0	0.0
②かつ③	4	2.2	0	0.0
①かつ②かつ③	2	1.1	0	0.0

（出所）　「預金保険機構（2005a）」p.4およびp.10を参考に筆者作成。

を消し、破綻・事業譲渡方式によって25金庫が処理されている。相互援助資金では支えきれなくなったのである。

　これら平成11年度から13年度にかけて発生した信用金庫の破綻は地域経済に大きな影響を与えた。特に中小零細企業の資金調達に大きな影響を与え、その地域においては、資金調達を行えずに倒産する中小企業が増加した。また、失業者の増加等、地域経済において信用金庫の破綻は大きな問題となった。

　以上が「預金保険機構（2005a）」を参考にしてまとめた信用金庫破綻の概要である。金融機関全体との比較ではその要因に若干の差異がみられるもの

図表1－3　破綻および相互援助資金適用による合併金庫数推移

年度	破綻金庫数				相互援助資金適用金庫数				合計	総金庫数
	近畿地方	関東地方	その他地域	小計	近畿地方	関東地方	その他地域	小計		
S60				0			1	1	1	456
S62				0			1	1	1	455
H 1				0			1	1	1	454
H 3				0		2	1	3	3	440
H 4	1			1			2	2	3	435
H 5			1	1	1		1	2	3	428
H 6				0				0	0	421
H 7				0		1		1	1	416
H 8				0		1		1	1	410
H 9				0	1	2	2	5	5	401
H10				0		3		3	3	396
H11	3	5	2	10				0	10	386
H12		1	1	2				0	2	371
H13	4	3	6	13				0	13	349
合計	8	9	10	27	2	9	9	20	47	

（出所）　「預金保険機構（2005b）」を参考に筆者作成。
（備考）　年度に対応する金庫数は合併日または相互援助資金適用日（当初資金融資日、贈与日）を示す。

の、基本的には貸出債権の不良化が最も大きな要因となったことは、信用金庫も含めた全金融機関の特徴であるといえよう。

　この状況を勘案すると、少なくとも金融機関が破綻を回避するには信用リスク管理を確実に行うことが最重要課題と結論づけることができる。

(5)　信用金庫の減少

　信用金庫の破綻は、平成14年9月の石岡信用金庫を最後にその後発生していない。しかしながら、その後も現在に至るまで合併により信用金庫数は大幅な減少となっている。石岡信用金庫破綻時点の信用金庫数は340であったが、令和3年3月末現在では254金庫となっており、この間に86金庫、比率にして25％の減少である。一時期の危機的な状態は脱したものの、これらのなかには問題を抱え救済合併された金庫も多数存在したことであろう。

　筆者は信用金庫破綻要因を分析する過程で、信用金庫の財務諸表に基づく計量分析を行った。ここで、相互援助資金を活用して救済合併された信用金庫の財務諸表の特徴は、破綻信用金庫とほぼ同様であったことが確認されている（「石川清英（2012）」）。救済合併された金庫のなかには深刻な状態に陥っていたものが多数あったはずである。

　このように考えると、バブル期以降の信用金庫の破綻が多発した状況は決して特殊なものではなく、その時期の状況や程度の差こそあれ継続的に発生していると考えられる。したがって、破綻した信用金庫の経営行動の問題点を見極め、実際の金庫経営に活用することは意義のあることであることはもちろん、むしろリスク管理上必須のものであろう。

図表1-4　信用金庫の店舗数、会員数、常勤役職員数の推移

（単位：店、人）

年月末	店舗数				常勤役職員数				
	金庫数本店数	支店	出張所	合計	常勤役員	職員			合計
						男子	女子	計	
H14/3	349	7,781	270	8,400	2,734	91,451	38,851	130,302	133,036
H15/3	326	7,673	264	8,263	2,557	87,922	37,086	125,008	127,565
H16/3	306	7,471	282	8,059	2,396	84,345	35,051	119,396	121,792
H17/3	298	7,312	269	7,879	2,342	81,431	33,342	114,773	117,115
H18/3	292	7,195	290	7,777	2,272	79,286	32,080	111,366	113,638
H19/3	287	7,172	275	7,734	2,292	77,908	32,165	110,073	112,365
H20/3	281	7,128	278	7,687	2,298	77,110	33,065	110,175	112,473
H21/3	279	7,126	266	7,671	2,290	76,956	34,766	111,722	114,012
H22/3	272	7,089	258	7,619	2,271	76,640	36,722	113,362	115,633
H23/3	271	7,052	261	7,584	2,258	75,867	37,835	113,702	115,960
H24/3	271	7,005	259	7,535	2,238	74,678	38,344	113,022	115,260
H25/3	270	6,982	252	7,504	2,238	73,078	38,484	111,562	113,800
H26/3	267	6,946	238	7,451	2,220	71,801	38,504	110,305	112,525
H27/3	267	6,898	233	7,398	2,219	70,496	38,762	109,258	111,477
H28/3	265	6,883	231	7,379	2,195	69,126	39,107	108,233	110,428
H29/3	264	6,854	243	7,361	2,204	67,808	39,575	107,383	109,587
H30/3	261	6,832	254	7,347	2,173	66,199	40,103	106,302	108,475
H31/3	259	6,800	235	7,294	2,130	64,108	40,303	104,411	106,541
R2/3	255	6,754	228	7,237	2,110	61,654	40,278	101,932	104,042
R3/3	254	6,702	225	7,181	2,069	60,012	40,990	101,002	103,071

（出所）　信金中金 地域・中小企業研究所ホームページ掲載資料より筆者作成。

2　F信用金庫の事例

　F信用金庫は、明治38年設立の全国でも有数の歴史ある信用金庫で、信用金庫業界の名門であった。しかしながら、積極的な量的拡大を目指した結果、バブル崩壊後に不良債権を増大させた。そして、不良信用金庫（N信用

図表1-5 F信用金庫経営諸指標推移

（単位：百万円、％、人）

年度	平成元年	平成2年	平成3年	平成4年	平成5年	平成6年	平成7年	平成8年	平成9年	平成10年
経常収益	47,069	62,838	65,623	54,768	52,563	52,028	48,339	40,086	36,255	36,191
経常利益	1,941	2,046	2,092	1,778	1,574	938	976	994	1,727	891
当期利益	1,629	1,421	1,177	1,189	1,330	1,348	859	861	884	549
出資総額	5,135	5,227	5,298	5,298	6,341	6,334	6,326	8,642	8,631	8,625
純資産額	35,896	36,967	37,700	37,541	44,518	44,027	43,061	19,533	19,586	29,177
総資産額	850,327	924,753	960,203	1,223,890	1,231,195	1,232,088	1,255,764	1,230,183	1,235,781	1,243,192
預金積金残高	708,490	775,794	786,959	819,641	1,047,804	1,064,195	1,087,559	1,094,823	1,076,267	1,065,188
貸出金残高	547,393	616,548	639,995	667,716	859,267	872,902	888,886	905,816	881,838	878,088
有価証券残高	107,261	108,883	101,471	96,991	88,659	103,135	102,592	94,784	89,946	101,237
貸倒引当金	2,373	2,383	2,742	4,809	7,629	9,268	12,187	31,770	34,087	40,734
債務保証	44,653	52,943	61,006	47,481	75,904	55,397	79,092	61,074	73,323	83,181
単体自己資本比率	5.53	5.09	5.02	4.87	5.30	4.47	4.51	3.13	4.48	4.59
店舗数	55	55	56	56	76	76	75	72	66	66
常勤役職員数	1,226	1,284	1,277	1,301	1,698	1,573	1,438	1,325	1,236	1,187
会員数	64,017	66,217	68,519	69,031	84,847	85,402	86,233	88,180	87,370	87,110

（出所）　F信用金庫ディスクロージャー誌各年度より筆者作成。

金庫）の救済合併がトリガーとなり破綻に至った。

(1) 融資金の量的拡大策について

① 同金庫の融資姿勢

　同県内の営業基盤をほぼ同一地域とするK信用金庫、C信用金庫は預金量で全国信用金庫中常時上位、F信用金庫も全国ベースでは預金量10位から15位程度の大規模信用金庫ではあったが、上記2信用金庫の下位に位置していた。

　このような状況のなかで、上位2信用金庫へのキャッチアップを企図して、F信用金庫では積極的な量的拡大策が推進された。特に融資戦略においては、融資先数増加と融資量増加が積極的に行われた。また、バブル期以降は、継続的に融資新規開拓業務および既存先への深耕が積極的に行われた。

図表1−6にみられるように、預金増加を上回る融資金増加が顕著である。

　なお、N信用金庫との合併は平成5年度であるが、図表1−6によると、預貸率は平成3年度頃からすでに80％を上回っており、合併以前の旧F信用金庫においても、すでに調達力を大幅に上回る融資金増加が発生していたことがわかる。

　バブル崩壊後の融資新規開拓は相当な危険を秘めたものであり、結果的にはこれが大きな問題を生むこととなった。

　たとえば、営業店に対しては、融資量および融資先数ともに目標設定が行われ、評価基準[4]としてのウェイトも高かった。融資業務にノルマが課されると、回収可能性の判断が甘くなりがちである。特にこの時期は、企業において、赤字補填資金等後ろ向きの資金需要の発生が増加しており、これらの融資申出も頻繁であった。

　また、繊維品製造・販売等の構造不況業種を抱える店舗に対しても、常に

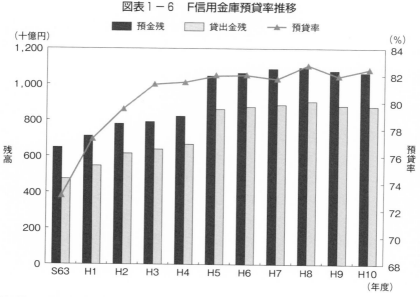

図表1−6　F信用金庫預貸率推移

（出所）　F信用金庫ディスクロージャー誌、各年度より筆者作成。

増加目標が与えられたが、これがさらに問題案件の取上げを増加させた。たとえば、営業店に課せられた融資目標は、衰退期にある和装関連の融資先を抱える店舗に対しても常に増加目標であり、店舗評価がボリューム中心に行われる限り、構造不況業種からも撤退できなかった。

　極端な例をあげると、赤字補填資金を継続的に支援してもその企業が倒産しない限り融資量の増加となり、店舗の評価として認められた[5]。

　さらに、同金庫が、融資業務を重視したことが、この分野に比較的優秀な人材を投入することとなったが、これら融資担当者および融資担当役席の能力は、当然この分野において優れているので、職場内での折衝力が強い。したがって、起案された案件がかなりの確率で最終まで通過する可能性が高かった。

　このような状況下では、支店長決裁権限の案件については、店内で起案された時点で融資が決定してしまう。一方、本部決裁を要する案件であれば、審査部署において最終審査が行われるので、問題案件は否決になる可能性は高いと考えられよう。しかしながら、やはり営業店から申請された案件は条件付き、あるいは指示付きで決裁されるケースが多かったのである。

　なぜ、毅然とした態度で否決できないのか。次のようなことが理由として考えられる。

　まず、リスク度の高い案件申請が数多く行われると、承認レベルが全体的に低下することが考えられる。また、顧客の信用情報は、通常現場の担当者が最も把握しているはずである。したがって、現場の担当者が責任をもって行えば、初回の融資は回収が可能である場合が多い。

　ただし、ここで問題になるのは、一度需資に応じてしまうと、これが取引先の融資実績となり、次回以降も応じる可能性が高くなることである。零細企業は概して自己資本比率が低く、借入金は、資本に近い働きをするものであり、固定的な運転資金として残留するものである[6]。したがって、これを完全に回収することは困難に近い。

　また、融資審査においては、新規案件として起案された時点では、詳細事項まで検討し、問題点を把握するが、一度融資を行うと、次回以降は注意の

水準が低下するものである。結局漫然とその後の融資申出に応じてしまう可能性が高くなる。

　以上より、最も重要な現場の与信判断基準が偏ったものとなってしまっている以上、これらは相当危険性が高い案件とならざるをえなかったといえる。

　以上のような状況を端的に表すのが、(2)において述べる大口融資依存と業種偏重である。

② 健全金庫の融資姿勢との比較

　筆者は自ら三つの異なる金融機関に奉職するとともに、多数の金融機関職員と接する機会をもった。このような経験を通じて、同一地域・同一業界においても与信業務に対する考え方がかなり異なるということが明らかになった。ここで、いわゆる健全信用金庫といわれた信用金庫（仮にA信金とする）とF信用金庫との比較を行っておく。

　たとえば、顧客からの融資申出に対して、F信用金庫は「何とかよい点を見つけて融資できないか」と考えるが、A信用金庫は、「融資金が確実に返済されるかどうか。少しでもリスクがあると融資しない」という姿勢をとる。

　また、融資枠・融資極度についての考え方は、F信用金庫は「顧客ニーズへの迅速な対応を行うため、極度枠を活用する。商手割引・手形貸付とも極度設定が可能」であったが、A信用金庫は「極度の制度はあるが基本的に極度設定は行わず、商手割引も都度扱いが主体であり手形貸付の極度はほとんど存在しない」。

　保全についての考え方は、F信用金庫は「企業の将来性を勘案して、返済可能であれば無担保の信用供与も積極的に行う」が、A信用金庫は「保全第一主義であり、特に小口融資はフル保全を前提とする取組みを行う」。

　事業性融資への取組姿勢は、F信用金庫は、「積極的であり、新規融資先開拓も前向きに行う。さらに、既存先についてはメイン取引を目指す」が、A信用金庫は「消極的であり、新規融資については基本的には信用保証協会保証付き、あるいは府・市制度融資以外の取組みは行わない」。

大口与信への取組姿勢は、F信用金庫が、「大口与信限度額は設けているが、状況に応じて限度額を超えても実行する場合がある」のに対し、A信用金庫は「優良先であっても限度額は徹底する」。

　与信権限に関しては、F信用金庫は「極力権限委譲を行い、顧客ニーズに応える。また、支店長専決権限も多額である」のに対し、A信用金庫は「与信行為について支店長権限はほとんどない」。

　以上両金庫の与信に対する考え方の主要な相違点をあげた。F信用金庫は融資に対して前向きで、顧客ニーズに応えるため権限委譲を積極的に行って

図表1－7　事業譲渡時のF信用金庫とA信用金庫の与信取組姿勢の違い

項　目		取組姿勢　a：F信用金庫　b：A信用金庫
融資姿勢	a	何とかよい点を見つけて融資できないか。
	b	融資金が確実に返済されるかどうか。少しでもリスクがあると融資しない。
枠・極度についての考え方	a	顧客ニーズへの迅速な対応を行うため、極度枠を活用する。商手割引・手形貸付とも極度設定が可能である。
	b	極度の制度はあるが基本的に極度設定は行わない。商手割引も都度扱いが主体であり手形貸付の極度はほとんど存在しない。
保全についての考え方	a	企業の将来性を勘案して、返済可能であれば無担保の信用供与も積極的に行う。
	b	保全第一主義である。特に小口融資はフル保全を前提とする取組みを行う。
事業性融資への取組姿勢	a	積極的であり、新規融資先開拓も前向きに行う。既存先についてはメイン取引を目指す。
	b	消極的である。新規融資については基本的に信用保証協会保証付き、あるいは府・市制度融資以外の取組みは行わない。
大口与信への取組姿勢	a	大口与信限度額は設けているが、状況に応じて限度額を超えても実行する場合がある。
	b	優良先であっても限度額は徹底する。
与信権限	a	極力権限委譲を行い、顧客ニーズに応える。支店長専決権限も多額である。
	b	与信に関しては支店長権限がほとんどない。

いたのに対して、A信用金庫は与信権限の徹底した本部集中を行っていたといえる。

　このような姿勢の違いがバブル期以降の両金庫の明暗を分けたといえる。

　なお、念のため付け加えるが、これらはF信用金庫が破綻したバブル期以降の状況であり、現在のA信用金庫の融資姿勢を表すものではない。

(2)　大口融資依存について

　融資拡大策のもとでは、必然的に融資集中が発生する。ここでは、融資が大口化に至るメカニズムについて述べる。

①　個別債務者の限度額の未徹底

　大口融資は小口融資と比較し効率がよく、また、企業融資におけるシェアを上げることにより取引先に対する発言力も強くなる。したがって、そのコントロールを怠ると、金融機関の融資は必然的に大口化する。しかしながら、信用リスク管理におけるリスク分散という観点からこれをみると、次に述べる業種偏重と同様、金融機関経営上大きな問題を抱えることになる。

　同金庫における大口融資比率コントロールは、主に総大口融資比率の月末時点でのコントロールを行うものであり、各債務者に対する上限額が明確に与えられていなかった。もちろん、個別の取引先の融資案件については審査部による管理が行われていたが、１先当りの上限額を定めてこれを徹底的に遵守させることはなかった。

　たとえば、新たに担保が提供されると、安易に貸出に応じてしまう。そう

図表1−8　大口融資金比率推移

（単位：％）

年度	平成6年3月	平成7年3月	平成8年3月	平成9年3月	平成10年3月
比率	19.50	19.00	17.37	18.13	19.01

年度	平成11年3月	平成11年6月	平成11年9月
比率	23.26	23.93	23.98

※平成11年3月以降は全信連代理貸付含む。
（出所）　F信用金庫内部資料より筆者作成。

なると結局当初設定した与信限度額はなし崩しになり、限度額自体なんら意味をもたないものになるのである。

② 安易な代理貸付利用

大口融資比率については、1社当り15億円[7]を超える貸出金の合計額が各金融機関の総融資金の20％を超えてはいけない、という当時の大蔵省指導[8]（大口融資規制）があった。ただし、この限度額には債務保証見返り（支払承諾見返り）が含まれないので、全国信用金庫連合会（全信連、現在は信金中央金庫）等の代理貸付に対する債務保証見返り[9]も含まれず、大口比率の高い同金庫は、これらの代理貸付を大口信用供与の調整弁として利用していた。債務保証は当然信用リスクに含めるべきものであり、このようなルール自体が問題であった。同金庫の代理貸付利用額は全国の信用金庫のなかでも常に上位にあり[10]（破綻直前の平成11年3月期では全国第1位）、総融資金に占める比率も8％超となっていた。

その後、大口融資規制の変更により同金庫の1社当りの貸出限度額は100億円強[11]となった。ルールが変更されてからも、同金庫は、従来どおり15億円超の貸出金と総融資金の比率を算出し、その推移をみていた。図表1-8の平成11年3月以降は全信連代理貸付を含む計数であるが、20％をはるかに上回る大口融資比率であったことがわかる。

なお、N信用金庫においては、合併以前に、名寄せを行わないで迂回融資を行い、大口融資を隠蔽（いんぺい）していた。これは、後に、整理回収機構から提訴される要因となっている[12]。

大口融資規制の変更以降、全信連代理貸付も合算してこの比率を算出することになったため、同代理貸付を大口融資の調整弁として利用することはなくなった。その後同代理貸付は、預貸率[13]の調整等に利用された。たとえば、預貸率を低く抑える場合は、融資金を代理貸付にシフトしていた。

融資金を、代理貸付を利用し債務保証にシフトすると、大口融資比率、預貸率が減少するが、一方で貸出金利息収入が減少する。これに伴う財務上の比率良化と貸出金利息収入とは、このようにトレードオフの関係になるが、その調整を行うために、年度ごとに融資金から代理貸付、代理貸付から融資

金へのシフトが繰り返されていた。

③　大口融資の不良債権化

同金庫の大口融資の過半は不良債権化した。たとえば、10億円以上の融資先で、債務者区分が破綻懸念先以下の金額構成比は50％以上であった。個別の先をみると過去の一時点において、特にバブル発生以前には優良企業とみなされた企業がほとんどである。短期的な業績追求を第一としたため、将来を見据えたリスク分散という考え方が希薄であった。

なお、同金庫の大口融資先が、不良債権化した典型的な例は次のようなものである。

まず初めは地元有力企業に対する積極的な融資が行われる。その後、取引先との密着、癒着が始まる。すなわち、役員とのつながりが深くなる。すると、融資金はますます大口化していく。一度融資を行いこれが大口化すると、その後の減額、回収がむずかしくなる。なぜなら、地元有力企業は通常都銀、地銀等との融資取引があるが、同金庫に融資金がシフトされる時点では、なんらかの業況悪化の兆候がある場合が多く、いったん融資シェアを増加させると、これを他行に逆シフトすることが困難であったからである。

また、地域金融機関として、あるいは協同組織金融機関としてドライな融資の打ち切りが困難であることもひとつの理由である。地元から大口倒産を出せないという使命感もある。さらに、倒産による多額の償却が金庫経営に大きな打撃となる。したがって、追加融資を行い融資先の延命を図ることになるが、これがさらに不良債権を増大させることになるのである。

図表1－9　大口融資金の不良債権化パターン

地元有力企業への積極的な融資　→　取引先との密着・癒着　→　役員との密接な関係の形成　→　融資金のさらなる大口化　→　他行へのシフト困難　→　追加融資による融資先の延命　→　不良債権の増大

④　不良債権の償却原資を求めてさらなる大口化へ

不良債権の償却原資は、含み益[14]の実現化後は増資か利益計上しかない。

信用金庫にとって株式会社の株式に相当するのは出資金であるが、株式会社のように多額の増資を行うことができず[15]、結局業務純益の増大が生き残りの鍵を握ることになる。

　業務純益を増加させるためには、経常収益の増加と経費の削減が必要となる。まず経費の削減については徹底したリストラ策[16]によりかなりの効果をもたらした。次は、経常収益の増強であるが、これを行うには、貸出金の増加か利鞘の拡大しかない（役務取引等収益の増加もあるがそのウェイトは低い[17]）。利鞘の拡大については、既存先の約定レートの引上げを行わねばならないが、顧客説得は困難を極めることから、結局は貸出金の増加を図ることになる。

　ここで行われたのが融資先の新規開拓と既存先への深耕である。既存先への深耕は追加融資を伴うものであり、これは大口化につながる。また、バブル崩壊後の経済情勢のなかで新規融資取引に応じる先は、既存取引金融機関から追加融資を拒絶されている企業が多く、極言すれば将来の不良債権予備軍である。したがって、新規取組みに際しては既存融資先以上に慎重な審査管理を行うべきであったが、融資増加目標を達成するため、承認条件を緩やかなものにしていた。この時点では、もはやリスク分散を行う余裕はなかったのである。本年度の業務純益目標が達成できなければ、来年度の破綻は必至という状況にあったからである。

(3)　不動産業向け融資への傾倒

　合併前の、F信用金庫とN信用金庫の不動産業に対する貸出金の総貸出金における構成比は、図表1−10、1−11のように高率で推移していた。全国ベースの信用金庫の不動産業向け貸出金構成比平均は、平成4年3月9.68％、平成5年3月9.81％と10％[18]弱で推移しており[19]、両信用金庫の同業者向け貸出比率が、全国の信用金庫平均と比較してN信用金庫で約3倍、F信用金庫で約2倍と、突出していたことがわかる。

　多くの金融機関において不動産業向け貸出金が不良債権化しており、すでにバブルが崩壊した平成7年に、これら両金庫が合併したのであるから、厳

しい先行きは十分予想できた。

F信用金庫の不動産業向け貸出構成比は、以前から20％前後で推移しており、バブル期にはさらに1ポイント程度増加している（平成元年3月20.30％、平成2年3月21.96％）が、この時期に突出した増加はみられない（全国信用金庫の平均構成比は、平成元年3月11.16％、平成2年3月10.97％と0.19ポイント低下）。一方、N信用金庫については、4ポイント以上の増加をみている（平成元年3月30.15％、平成2年3月34.42％）。これは、バブル期に、不動産業向け貸出を、正規の審査手続を行わずトップダウンにより積極的に実行したことによる[20]。市内大手3信用金庫との規模格差[21]があまりにも大きかったこともあり、業容拡大への経営陣のあせりが無謀な融資姿勢に現れたといえよう。

図表1－12は、合併後の同金庫の不動産業向け貸出金構成比率推移である。同比率は破綻直前まで高率で推移しており、最終的には、これらの不動産業向け融資の多くは不良債権化し、同金庫破綻の最大の要因となった。

なお、同金庫においては、内規では不動産担保評価は時価の60〜70％とし

図表1－10　F信用金庫の合併前の不動産業向け貸出金推移

（当座貸越除く、単位：百万円、％）

	平成元年3月	平成2年3月	平成3年3月	平成4年3月	平成5年3月
貸出金	93,336	114,834	125,020	121,573	124,905
構成比	20.30	21.96	21.42	20.22	19.84
総貸出金	460,272	522,958	583,730	601,282	629,636

（出所）　F信用金庫ディスクロージャー誌、1990年、1992年、1994年より筆者作成。

図表1－11　N信用金庫の合併前の不動産業向け貸出金推移

（当座貸越除く、単位：百万円、％）

	平成元年3月	平成2年3月	平成3年3月	平成4年3月	平成5年3月
貸出金	34,071	50,030	46,181	45,029	46,513
構成比	30.15	34.42	29.41	28.81	29.87
総貸出金	112,988	145,358	156,999	156,293	155,709

（出所）　N信用金庫ディスクロージャー誌、1991年、1993年より筆者作成。

ていたが、バブル期には時価の100％までは融資可能としていた。結果として、バブル崩壊後の地価下落に伴い担保価値が下落し、不良債権化した融資は回収不能となったのである。

　図表１－13は、同金庫の担保別貸出金の構成の推移を表すものである。取引先のレベルが根本的に異なることから、単純に比較はできないが、同金庫の不動産担保は60％以上であるのに対し、平成10年１月の全国銀行ベースでは、不動産・財団抵当の構成比は22.9％[22]とその違いは大きい。また、平成12年度の大阪府下の信用金庫平均は37.6％となっている[23]。

　信用保証協会・信用保険に基づく融資比率が低率であることも同金庫の特

図表１－12　合併後のF信用金庫の不動産業向け貸出金推移

（単位：百万円、％）

	平成６年３月	平成７年３月	平成８年３月	平成９年３月	平成10年３月	平成11年３月	平成12年３月
貸出金	178,814	182,609	175,971	177,810	168,105	166,580	177,734
構成比	20.80	20.90	19.80	19.60	19.10	19.00	21.60
総貸出金	859,267	872,902	888,886	905,816	881,838	878,088	819,708

（出所）　F信用金庫ディスクロージャー誌、1996年、1998年、2000年より筆者作成。

図表１－13　F信用金庫担保別貸出金構成比推移

（単位：％）

年度	平成３年	平成４年	平成５年	平成６年	平成７年	平成８年	平成９年	平成10年
預金・積金	4.3	2.8	3.7	3.9	4.1	3.7	3.8	3.5
有価証券	0.9	0.8	0.4	0.3	0.4	0.3	0.3	0.3
不動産	58.5	58.7	62.6	64.3	62.5	63.4	62.8	62.2
その他	0.7	5.3	0.3	0.3	0.4	0.4	0.3	0.2
信用保証協会・信用保険	13.0	12.2	5.3	5.6	5.0	6.5	6.5	3.3
保証	21.3	19.0	16.1	15.0	14.0	13.4	15.1	19.4
信用	1.3	1.2	11.7	10.7	13.6	12.4	11.1	11.1
計	100.0	100.0	100.0	100.0	100.0	100.0	100.0	100.0

（出所）　F信用金庫ディスクロージャー誌各年度より筆者作成。

徴である。当時の信用保証協会融資は中小企業向け融資に対して100％の保証を得られるものであり、回収に懸念のない健全な融資である。地域金融機関はこの協会融資を積極的に利用するのが通常である。そして、本来信用力の低い取引先に適用するはずである。

　しかしながら、図表1－13によると、平成3年度に13％であった同比率は破綻直前の平成10年度には3.3％にまで減少しており、同金庫の融資先はこれら信用保証協会の保証が得られない取引先を主としていたことがわかる。ちなみに、同時期の大阪府下の信用金庫平均は20％程度である（図表1－20参照）。

⑷　融資管理の問題

　融資業務は信用金庫における主業務であるが、同金庫においてはこの管理上の問題がみられ、これが不良債権を発生させ破綻へと導いた主要因となっている。以下では、これらの問題点を述べる。

①　協同組織金融機関としての特性

　信用金庫は信用金庫法によりその業務が定められているが、株式会社である一般の銀行とはその設立目的が異なる。まず、信用金庫は相互扶助を目的とする非営利の協同組織金融機関[24]である。次に、営業地域と融資対象企業が制限される[25]。

　同金庫は常に協同組織金融機関であることを掲げ、顧客との「おとなりづきあい」「ヒューマンバンク」をキャッチフレーズとしてきた。その点では決して信用金庫の目的を違えていなかったと考えられる。しかしながら、ある意味ではこれが甘い融資姿勢を招いたことは否めない。

　前述のように、信用金庫は営業区域が限定されているので、地場産業の保護と育成を、狭域地区内で行わねばならない。また、中小企業専門金融機関として融資対象企業が制限されているため、対象企業は財務体質の脆弱（ぜいじゃく）な中小零細企業になる。これらを勘案するとリスク分散はむずかしくなる[26]。

　また、非営利団体であるから、自己資本の蓄積をある程度は押さえて会員に還元する必要がある。したがって、銀行のように、収益面でマイナスであ

るというだけで簡単に支援を打ち切ることもできない。たとえば、同金庫は地場斜陽産業である和装関係業者に対して、ほかの金融機関が撤退した後も支援を継続している。

　なお、平成5年に行われた日銀考査において、「返済がストップしてすでに2年近くが経過しているにもかかわらず、地域の評判とか取引歴の古さといったことにこだわって、返済メドの立たないまま延々と支援資金融資を続けている」と指摘されているが、これが当時の同金庫の融資管理姿勢を表しているといえよう。

　②　融資人材の不足

　融資業務を強化するための融資人材育成は、同金庫の最も重視するところであった。たとえば、職員の昇格人事については、試験制度を設けていたが、融資に関する知識を最も重視するものであった。また、融資業務に係る集合研修は定期的かつ頻繁に行われていた。

　これら融資業務に関する教育は、融資法務・財務分析などの集合研修を主とするものであった。これらは、基礎的な素養を養ううえで重要な項目である。しかしながら、結局信用金庫にふさわしい融資人材は育たなかった。

　零細企業相手の融資業務には、財務分析能力等の教科書的な知識に加えて、現場担当者の「目利き」が重要である。たとえば、財務分析はシステムの普及により分析手法はほとんど定型化している。また、もとより零細企業の財務諸表はそれほど信用度のあるものではない。したがって、現場における日常的な観察こそ大切であり、この観察を行う目を養うことで、たとえば危険な兆候等が発見できるのである。

　本来、これらの教育は、現場におけるOJTによるべきものであり、融資判断の手法は経験者から後輩・部下へと伝えられていくものであろう。しかしながら、急速に業容が拡大していく過程で、この目利き能力を有する人材が、現場の融資担当者のなかで少数となった。

　また、新業務・新商品の出現等により金融機関業務が複雑化したことに加えて、融資業務以外の計数目標も課せられるなかで、部下あるいは後輩職員にきめ細かな教育を行う時間的余裕がなくなってきた。

現実に、ほとんど融資経験のない支店長も存在したうえ、まったく融資経験のない渉外担当者を融資担当役席とするような人事も行われていた。これらの職員に集合研修、通信教育等により融資業務教育を行っていたが、もとより融資業務は判断力を要し、また、その判断力は経験に基づき養成される部分が多いものであれば、結果として現場での実践に十分耐えうる能力をもちえなかったのである。

　ここで問題になるのは、これらの能力を備えもたない職員に対する権限委譲である。これは、当然大きなリスクを伴うものであり、結果として大きな損失を金庫に与えたと思われる。

③　融資決裁権限について

　同金庫は、融資先へのタイムリーかつスピーディな資金需要への対応を重視したことから、融資決裁権限の大幅な委譲が行われていた。ただし、一方でそれはリスク管理意識を欠くものであった。たとえば、平成4年6月現在では、最も小規模な店舗に対しても、1先当り1,500万円までの無担保融資が認められていた。また、手形割引は最も小規模な店舗でも1先当り7,000万円までは店長専決権限が認められていた。加えて、不動産・有価証券担保付融資は、担保でカバーされていれば、1億円まで店長専決権限で実行可能であった。これは、ほかの金融機関と比較しても大幅な権限委譲であった[27]。

　前述のように、融資判断能力を欠く店長、融資担当役席にこのような権限を付与することは、リスク管理上の問題を内包するものであった。しかも、融資額と融資先数の計数目標が与えられるなかで、その判断は甘くならざるをえなかった。

　また、本部における決裁権限についても大幅な権限委譲が行われていた。特に、権限をすべて専務理事に集中し、理事長も副理事長も関与しない時期が数年存在した。問題融資、大口融資を常務会決裁としたのも平成9年になってからである。経営トップのリスク管理意識の希薄さがうかがえる。

　なお、「藤原賢哉（2006）」では、旧住友銀行他有力都市銀行では、事業部制の導入により営業推進部署が直接融資決裁権限をもち、バブル期に大幅に

貸出金を増加させたが、けん制機能が働かず、結果的には不良債権を増大させたと述べている。同金庫の権限委譲もこれに類似するものであるが、金融機関全体の与信権限を、全面的に専務理事クラスにまで委譲した例はまれであろう[28]。

④　問題先の特別管理

平成8年に大蔵省（当時）近畿財務局の検査があったが、ここで、金庫はすでに債務超過状態となっていると指摘された。

大蔵省（当時）検査では金融機関の債権をⅠ～Ⅳ分類[29]に査定する。このうち第Ⅳ分類債権は、すでに破綻した融資先か実質破綻状態にある融資先に対する非保全貸出金が主体であり、回収不能債権としていた。第Ⅲ分類債権はその額の50～70％を回収不能と見込むケースが多かったが、破綻懸念のある債務者に対する貸出金で、担保でカバーできていない部分がこの分類の主体であった。第Ⅱ分類債権は要注意先に対する債権が主体となるが、この債権は問題債権ではあるが個別引当を要せず、貸倒引当金の引当率も低い[30]。したがって、第Ⅳ分類債権は回収不能で手の施しようがなく、第Ⅱ分類債権は当面放置しても引当額に大きな変動がないことを考えると、管理対象として重要視するのは第Ⅲ分類債権を保有する債務者となる。

同金庫では、この第Ⅲ分類債権を主体に有する破綻の懸念のある先と、要注意先の大口先を問題先として抽出し、本部で集中管理する方針を打ち出した。本部直轄で問題顧客を管理することにより、早期に企業の再生を行い、企業のキャッシュフローを増加させ、その結果、最終的な回収額を増加させることができる。また、回復見込みのない企業については早期にこれを見極め、支援を打ち切ることが可能になるという判断であった。

当初は、審査部内にこの問題先担当部門を設け、この部門の職員が顧客と直接面談して指導を行った。審査業務に精通した担当者がこれを行うのであるから、緊急策として功を奏するものと思われたが、結果的にはこれが裏目に出た。

問題先として抽出され、集中管理を行うことになった企業は前述したように大蔵省（当時）検査の第Ⅲ分類先と、第Ⅱ分類先のなかでも財務内容の特

に悪い企業であり、すでに再生がむずかしい先が多かった。同金庫の経営陣はこれらの先の早期支援打ち切りによる償却より、再生による債権回収を望んでいたため、担当者も簡単に整理することができず、ずるずると支援を継続し、不良債権を増加させていった。

　また、審査部は決裁権限をもつ部署であるが、これが直接顧客と接し交渉を行ったため、けん制機能が損なわれた。融資判断は、さまざまな角度からこれを行い客観的な結論を導くことが大切であるが、この方法では大局的な状況判断が行えなくなったのである。

　以上のような要因から、問題先に対し、赤字補填資金を継続的に支援し、あるいは利貸しを行い、不良債権を増加させていった。これ以前からも、不良先の延命策として追い貸しや利貸しが行われていたが、それが組織的に行われるようになったのである。また、すでに破綻懸念状態にある取引先に対して、苦し紛れの事業多角化資金を融資するケースもあった。

　たとえば、数億円の不良債権を回収するために、新規パチンコ店出店に20億円以上の融資を行い、回収不能となったケース、不動産業者に対して、多角化と称する、ビタミンタブレット製造工場建設資金を融資し不良債権化したケースがある。また、中小不動産業者に対して、大型プロジェクト融資を行い、これが結果的に回収不能となった例もある。

　なお、平成11年から平成12年にかけて、不動産業者向け融資が111億円（構成比は2.6ポイントの増加）の大幅な増加を示している（図表１－12）が、これは収益増加を企図して不動産業者に対する規制を緩めたことと、問題先不動産業者に対する追加融資がその要因である。

　ところで、これらの不良債権が表面化しなかった理由は以下による。

　不良債権の多くを占めた不動産業者は、通常、約束手形を発行しない。したがって、いわゆる不渡り手形の発生が少ないため、手形交換所の銀行取引停止処分が発生することはまれであり、構造的に法的破綻となりにくいという特徴があった。しかも、現実的には死に体であっても、物件購入に係る資金調達が可能であれば将来の利益計画が容易に立案でき、その利益から捻出する資金で債権回収を行うという計画を立てるのも簡単であった。机上にお

いては、どのような企業でも将来的に利益体質とする「再建計画」を立案することが可能なのである。

　同金庫の「自己査定基準」においては、この「再建計画」が重視されたため、大口不良先についてばら色の再建計画を作成し金融監督庁検査に備えることとなった。しかしながら、実際の検査においては、このような計画はほとんど無視される結果となった。

　なお、問題先の本部集中管理は、同金庫のみがこれを行っていたのではなく、他金融機関にも同様の事例がみられる。しかしながら、当時これらが不良債権処理、あるいは事業再生を行ううえで有効であったかどうかは疑問である[31]。

　また、前述したが、事業部制の導入により営業推進部署が直接融資決裁権限をもったため、バブル期に大幅に貸出金を増加させ不良債権を増大させたという例がある。もちろん、問題はこの組織形態が与信管理におけるけん制機能を持ち合わせなかったことにある。このけん制機能の欠如が、融資推進時においてのみでなく、不良債権管理においても問題を招いたのがF信用金庫の事例である。貸出審査部門の独立性は、金融機関の与信管理において最も重視されるべきものといえよう。

(5)　ま と め

　以上、F信用金庫が破綻に至った経緯、経営上の問題点をみてきた。破綻の原因は信用リスク管理のずさんさにあったといえよう。

　まず、F信用金庫によるN信用金庫との合併という判断ミスは、N信用金庫財務内容の調査不足とF信用金庫の経営体力の過信にあったといえる。

　また、F信用金庫の経営姿勢にも大きな問題があった。特に与信管理面においては、大口融資、不動産融資への傾倒によるリスク分散の未徹底が第一にあげられよう。さらに、不良債権隠しともいえる不良先への追加融資の実行、償却原資としての利益を求めての安易な新規融資も大きな問題である。

　さらに、切り口を変えると、協同組織の地域金融機関という業態が経営判断を誤らせたことも大きな要因である。地域の伝統産業に最後まで資金を供

給したF信用金庫は、当然その判断は誤っていたとはいえ、相互扶助精神を
貫いたともいえる。

　また、顧客に密着した取引を行っていたことも確かである。しかしなが
ら、顧客との密着と癒着は紙一重であり、最終的に破綻という結果を招来さ
せたことを勘案すると、正当な顧客密着が行われていたとはいいにくい。

　協同組織金融機関がリスク分散を図るには「規模の経済」を享受しうるほ
どの経営規模をもつとともに、他方で業務分野においても「範囲の経済」を
追求し、「規模と範囲の最適規模」を実現する必要がある[32]とされる。その
実現は容易ではないが、少なくとも、このようなメリハリのある経営戦略が
策定されず、もっぱら量的な拡大に終始したことも破綻を早めた原因であ
る。N信用金庫との合併も、１兆円金庫実現を企図したものであり、量的拡
大策の一環であった。

3　S信用金庫の事例

　ここでは、平成14年１月に破綻したS信用金庫の破綻の経緯と破綻要因を
述べる。

　同金庫破綻は平成13年度に発生したが、同年度は将来的に発動が予想され
たペイオフを視野に入れた金融行政が実施された時期である。なお、同金庫
の破綻は、平成11年度から始まった信用金庫破綻の終盤に位置するものであ
り、この年度以降信用金庫の破綻は発生していない。したがって、信用金庫
破綻の最後の事例を取り上げるものである。

　S信用金庫は、大正11年５月に信用組合として大阪市に設立された。昭和
26年10月に信用金庫に改組、昭和30年９月にS信用金庫と改称、大阪府下、
兵庫県の一部を営業区域とし、ピーク時には41店舗を有していた。高度経済
成長期にその業容を拡大し、1960〜1970年代には大阪府下では最大の信用金
庫であった。

　図表１－14は、昭和49年１月の全国主要信用金庫の預金順位であるが、S

信用金庫は第10位に位置し、当時ではいわゆるメガ信用金庫の一つであった。たとえば、平成26年3月末現在第10位の信用金庫は岐阜信用金庫であるが、預金量は2兆円超（2兆1,439億円）であり、これは第二地方銀行の上位、地銀でも64行中46位程度に位置する規模である。

　しかしながら、昭和50年頃からその伸び率が鈍化し、後に大阪市信用金庫に府下1位の座を奪われることとなった。その後は業績が低迷したため、業容拡大を企図してバブル期に不動産業向け融資を積極的に行った。ただし、

図表1－14　昭和41年1月末現在の信用金庫の預金順位

（金額単位：百万円）

順位	1人当預金	1店舗当預金	店舗数	預金総額	金庫名
1	134	7,408	45	333,354	城南
2	208	8,859	34	301,212	岡崎
3	174	9,253	28	259,093	京都
4	169	7,527	32	240,878	京都中央
5	161	5,919	38	224,932	岐阜
6	176	7,001	30	210,027	尼崎
7	131	7,314	25	182,845	八千代
8	143	9,632	16	154,116	川崎
9	119	7,347	20	146,949	東京
10	101	5,532	26	143,838	S信用金庫
11	149	13,003	11	143,034	巣鴨
12	153	7,626	18	137,269	伏見
13	127	4,434	30	133,030	埼玉県
14	166	5,279	25	131,963	瀬戸
15	132	11,905	11	130,956	王子
16	161	7,178	18	129,202	姫路
17	107	3,830	32	122,560	広島
18	138	8,744	14	122,411	朝日
19	120	6,031	20	120,624	横浜
20	176	6,647	18	119,946	播州

（出所）「森静朗（1977）」より。

これらは審査管理不十分のまま行われ、不動産業向け融資の多くはバブル崩壊とともに不良債権化した。また、平成4年9月に譲り受けた東洋信用金庫の貸出資産もその内容は悪化し、不良債権は大幅に増大した。

　平成8年度以降は経営改善に取り組むと同時に、積極的な不良債権処理を行い、その効果が現れつつあった。しかしながら、平成13年12月に平成13年9月末を基準日とする金融庁の立入検査があり、その結果破綻の申請を行うに至った。

(1)　業容拡大とビジネスモデルの崩壊

　高度成長期の、企業の資金不足状態のなかで、銀行は中小企業の手形を割り引く資金的余裕がなかった。そのような状況下で、同金庫は、定期積金を6カ月以上積み立てるとその積立額の2倍の金額の手形を割り引くという手法を用い、急速に資金量を拡大させ預金量を府下トップまで押し上げた。ちなみに、昭和44年3月の同金庫の貸出金は505億円で、うち割引手形は382億円であった[33]。その構成比は実に75%である。

　渉外職員はすべて歩合制であり、中途採用も多かった。「当時の渉外職員の営業は、商業手形割引と定期積金の申込書がセットされており、それさえカバンに入れておけば問題なかった」[34] といわれるほどこの手法に特化したものであった。

　しかしながら、このような手法は、顧客に定期積金残高の2倍までの融資予約を行うこととなり、手形の成因、信用力調査等はおろそかになりがちとなった。そして、実物取引の裏付けのない融通手形が持ち込まれることとなったが、当然このような融資先の経営体質は脆弱であり、結果として同金庫の経営基盤は脆弱とならざるをえなくなった。すでに述べたが、昭和41（1966）年の同金庫の預金量は全国527金庫中第10位であり、このような手法により同金庫をメガ信用金庫にまで押し上げたのである。

　なお、図表1-14をみると、同金庫の一人当り預金量は1億100万円と20金庫中最も少なく、図表中最も多い岡崎信用金庫（2億800万円）の半分以下である。これはその規模に比して職員数が多いことを示すが、いわゆる人海

戦術により預金の増加を行ったことを表している。安定性・効率性を犠牲にしてもひたすら量的拡大を図ったようすがみられる。

このように、歩合制によるインセンティブを渉外職員に与え、預金の増強を図ったが、安定した融資基盤を築くことなく預金増強のみに注力した量的拡大策は、同金庫の経営体質を脆弱にするものであった。

特に、定期積金の残高の2倍まで割引手形を行うという手法は、歩積両建預金[35]に抵触するものであった。同金庫は、大蔵省（当時）検査でこの指摘を受けたため、歩積両建預金の整理を行ったが、この結果、同金庫の業績は大きく落ち込み、定期積金と商業手形割引を組み合わせた同金庫独自のビジネスモデルも崩壊した。

(2) バブル期から破綻への軌跡

昭和63年頃から、上位信用金庫へのキャッチアップを企図して積極的な量的拡大策をとった。その主となったものが、不動産業向け融資である。特に昭和63（1988）年から平成3（1991）年にかけて積極的な不動産融資が行われ、「ピーク時には貸出残高の約4割を不動産関連融資が占めた」[36]とされる。

推進する融資は、基本的には不動産担保貸付のみであった。また、効率的な大口融資を推進していた。しかしながら、もとより、商業手形割引に特化した融資手法以外のノウハウがなく、通常の融資に対する審査能力を備えていなかった。

このような状況のなかでは、たとえば、顧客の設備投資資金の対応を行うなど真の資金需要に応えることができず、自然に顧客が同金庫から離れていった。職員に対する融資に関する教育も、融通手形を見分ける手法を教える等割引手形に関するもののみで、本来の融資判断力を養成するようなカリキュラムは存在しなかった。

なお、大口融資は自然と安易な不動産融資に傾倒するものになった。これらの不動産業者は後に不良先となるものが多かったが、その後も追い貸しを続け、当時の大口融資限度額の約60億円まで融資を継続しようとした。

図表 1 － 15　S信用金庫の主な経営指標推移

（単位：百万円、％、人）

年度	平成 7 年	平成 8 年	平成 9 年	平成10年	平成11年	平成12年
経常収益	27,439	23,605	21,748	20,225	18,480	18,432
経常利益	636	533	421	417	△8,152	1,050
当期利益	348	230	224	102	△7,915	1,016
純資産額	32,196	19,689	5,896	21,864	18,130	19,000
総資産額	657,634	619,475	619,030	634,880	595,400	605,001
預金積金残高	567,568	524,813	518,775	534,513	524,400	539,098
貸出金残高	501,411	465,452	450,798	450,018	419,576	388,910
有価証券残高	51,099	48,409	42,524	43,458	29,213	44,833
貸倒引当金	5,908	19,906	34,125	24,589	27,092	16,253
債務保証	37,303	42,998	42,625	45,896	46,734	40,916
自己資本比率	5.86	4.77	5.81	5.50	5.24	6.21
出資金	2,347	2,450	2,630	4,091	8,560	8,560
出資配当率	6	4	3	3	2	2
店舗数	40	40	40	40	40	39
常勤役職員数	1,112	1,049	960	886	807	738
会員数	46,085	46,406	47,261	48,259	50,619	50,151

（出所）　S信用金庫ディスクロージャー誌2000、2001年、「全国信用金庫財務諸表」各年度より筆者作成。

　平成 3 年の経営会議で、損失が発生している投資信託の損切りを行うべきであるという意見が議題に取り上げられたことがあった。しかしながら、経営トップの考えは、バブル崩壊後もいずれは株式相場が上昇に転じるであろうというものであり、結局そのまま保有することになった。これが最終的には21億円強の損失を発生させた。

　不動産融資に対する考えもこれと同様で、いずれは地価が上昇し担保価値も増加すると考えていた。経営トップのワンマン体制は、提言を取り入れるものではなく、以後このような提言がほかの役員からなされることはなかった。

(3) 公表データによる破綻前の経営行動分析

　本項では、同金庫が破綻に至るまでの経営行動について、同金庫の公表データに基づき分析する。

① 資金調達力を上回る過度な資金運用について

　図表 1 −16は同金庫の預貸率推移を表す。同金庫の比率は、平成 3 年度から平成 8 年度にかけて、90％弱の高率で推移している。同時期の全国信用金庫の平均預貸率は71〜74％[37]であり同金庫の預貸率がいかに高率であるかがうかがえる。同金庫が資金調達力を上回る貸出金運用を行っていたことは前述したが、この比率にもその特徴が明確に表れている。

　なお、平成 9 年度以降預貸率は大幅に是正されている。これは「積極的な不良貸出金の償却と資金需要の低迷によるもの」[38]であるが、後述するように、この是正の手段として貸出金の全信連代理貸付へのシフトも一部行われ

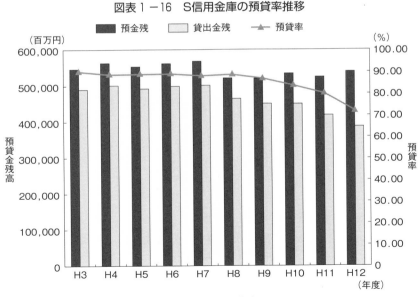

図表 1 −16　S信用金庫の預貸率推移

（出所）　「全国信用金庫財務諸表」各年度より筆者作成。

ている。

②　代理貸付の乱用

　図表1−17は同金庫の債務保証見返り等残高と全国信用金庫連合会（現在の信金中金）代理貸付残高の推移である。債務保証は主に代理貸付に対するものであることはすでに述べたが、全国信用金庫連合会代理貸付の比率が高いようすがうかがえる。

　さらに、図表1−16の預貸率と比較すると、債務保証が増加している平成8年度以降は預貸率が低下している。これは、同金庫のプロパー貸出金が一部代理貸付にシフトしたことを表しており、債務保証が預貸率の是正に活用されたと推察される。

　なお、代理貸付は、金融当局に規制されている大口貸出金の残高に算入されない時期があった[39]。F信用金庫の事例で述べたように、総貸出金に占める大口貸出金の比率が高い金庫においては、代理貸付によりその規制逃れを行っていた。また、業種別貸出金構成比率において業種集中を目立たなくさせる目的に利用されるケースもあった。このように、代理貸付は、信用金庫においてバッファー的な活用も行われていた。

図表1−17　S信用金庫債務保証見返り等残高推移

（単位：百万円）

年度	平成5年	平成6年	平成7年	平成8年	平成9年	平成10年	平成11年	平成12年
債務保証見返	52,903	41,383	37,303	42,998	42,625	45,896	46,734	40,916
内全信連	35,873	25,323	23,710	30,574	31,137	36,174	38,468	34,171
総資産	656,013	653,640	657,635	619,475	619,030	634,880	595,440	605,001

（出所）　ニッキン資料年報各年度より筆者作成。

③　不動産・建設業向け融資への傾倒

　図表1−18における業種別貸出金構成比率は破綻前4年度を表示している。

　全国平均値[40]と比較して、建設・不動産業の構成比が高く、貸出金の業種集中が行われていたといえよう。

なお、注目すべきは、破綻直前期である平成12年度に同業種の構成比が大きく上昇していることである。平成12年度は利益を計上しているが（図表1－15）、これらの業種に対する貸出金に基づくものであることを勘案すると、その貸出資産内容は決して良質なものとはいえず、本質的に利益体質に転換したとはいいにくい。

特に、不動産業は、平成11年度から平成12年度にかけて2.5ポイントも構成比が増加している。不動産価格はこの後も下落を続けていたことを考えると、貸出資産のさらなる質的悪化は避けられなかったと推察される。

図表1－18　S信用金庫業種別貸出金構成比推移

（単位：％）

年度	平成9年	平成10年	平成11年	平成12年
製造業	22.9	22.6	22.6	21.7
建設業	12.0	12.3	12.6	13.4
卸売業、小売業	16.6	15.5	15.5	17.1
不動産業	14.0	13.5	13.2	15.7
サービス業	10.1	11.4	11.8	11.8
その他	3.0	3.3	3.5	3.8
個人	21.4	21.4	20.8	16.5
合　計	100.0	100.0	100.0	100.0
（うち建設・不動産）	26.0	25.8	25.8	29.1

（出所）　S信用金庫ディスクロージャー誌各年度より筆者作成。

④　担保別貸出金構成について

図表1－19は貸出金の担保別構成比の破綻前4年度の推移である。

大阪府下における信用金庫の同時期の比率は、図表1－20に表示している。これらと比較すると同金庫の不動産担保融資比率は高率ではあるが、ほかにも同比率の高い金庫があり突出して高くはない。また、平成10年度から平成12年度にかけてその比率は低下している。同金庫が不動産担保融資を積極的に行っていたことは前述したが、比率自体はほかの健全信用金庫と変わりないことを勘案すると、むしろ個別の案件ごとの担保の質、担保評価等に

図表 1 − 19 　 S信用金庫貸出金担保別内訳推移

(単位：％)

年度	平成 9 年	平成10年	平成11年	平成12年
預金・積金	11.9	11.1	11.1	12.6
有価証券	0.5	0.4	0.4	0.3
不動産	45.8	41.5	40.9	39.3
その他	1.5	1.4	0.7	0.5
信用保証協会・信用保険	8.7	15.9	18.5	21
保証	12.6	12.1	11.8	11.5
信用	19.0	17.5	16.4	14.8
計	100	100	100	100

（出所）　S信用金庫ディスクロージャー誌各年度より筆者作成。

図表 1 − 20 　 平成12年度の大阪府下信用金庫の貸出金担保別構成比

(単位：％)

信用金庫名	不動産	協会・保証
S	39.3	21.0
大阪	24.4	38.3
十三	33.4	17.2
大阪厚生	44.3	24.8
大阪市	44.4	21.9
枚方	20.4	14.5
永和	41.0	24.0
大阪商工	48.2	13.5
大福	26.5	22.6
摂津	44.2	16.8
水都	47.2	13.8
平均	37.6	20.8

（出所）　各信用金庫ディスクロージャー誌各年度より筆者作成。

問題が存在したことが推察される。

　なお、不動産担保が実際以上に高く評価されていたことは日銀考査で指摘され、さらにこれが最終的に破綻のトリガーとなった。

　一方、信用保証協会保証は平成9年度から平成10年度にかけて伸びが著しいが、これは「中小企業金融安定化特別保証制度」[41] によるものである。同時期の不動産担保比率の低下は、担保不動産の処分によるものと、信用保証協会保証へのシフトによるものであろう。

(4)　まとめ

　以上、同金庫経営の歴史、経営指標により破綻直前までの経営の特徴を明らかにした。同金庫が破綻に至った経緯と破綻要因は以下のようにまとめられる。

　昭和36（1961）年頃の高度経済成長期に、大阪府下第1位、全国でもトップ10の大規模信用金庫に成長したが、これは、強い量的拡大志向に基づくものであり、経営規模は拡大したもののその体質は脆弱であった。すなわち、定期積金の掛け込み残高の2倍まで手形割引を行うという手法を活用した預金残高増強策は、過度な歩積両建預金の創設を伴うものであった。当然貸出資産の質は低く、預け入れた預金も安定的なものではなかった。

　昭和51（1976）年に、当時の大蔵省から「歩積・両建預金の自粛強化について」（昭51.11.18、蔵銀3243号）の通達が出され、歩積両建預金の自粛指導が行われた。この指導に伴い、これらに係る預金を整理した結果、預金および貸出金のシェアを低下させることとなった。

　ここで、このシェアを挽回するため不動産貸出に偏重した貸出金拡大施策を行った。しかしながら、当時の不動産業向け貸出は取引先の信用力ではなく、不動産担保の価値に重きを置いた審査を行っていた。この施策はバブル期まで継続されたが、バブル崩壊後は不動産の下落とともにその多くが不良債権化した。

　なお、このように特定業種への貸出集中が行われるという体制は、もとより、リスク管理意識の欠如した経営体質から生じるものである。営業基盤が

脆弱な状態で、このような、野放図な融資拡大戦略に預金吸収が伴わず、信金中金を主とする代理貸付を実行し、これに債務保証を行った。

このような融資戦略においては、審査承認レベルが低位となりがちであり、その結果として不良債権を増大させることとなった。

バブル崩壊以降は、さらに不良債権が増加し、不良債権の償却・引当を行いつつ、自己資本を維持するという、破綻回避に向けての対応行動が顕著となる。

しかしながら、積極的な破綻回避への施策を講じたにもかかわらず、不良債権の発生が継続し、やがては資本を食いつぶし平成14年１月、債務超過・破綻に陥った。

4　N信用金庫の事例

N信用金庫は平成５年11月にF信用金庫に救済合併された。この救済合併には全国信用金庫連合会の相互援助資金が利用されている。この救済合併がなければN信用金庫は破綻したといわれ、しかも、同金庫の救済合併がF信用金庫の破綻の原因であるといわれている。

経営者による独断専横が経営を危うくさせ、破綻に導いたという点では典型的な金融機関破綻のケースといえる。法的には破綻という事象は生じず救済合併により消滅したが、これは早期是正措置制度導入以前のものであったことが背景にある。

(1)　経営体質

①　融資管理体制の問題

融資の事前管理においては、財務分析が不十分であり取引先の業況把握力が弱かった。融資担当者のなかには、財務諸表の見方すら理解できていないものもみられた。

同金庫の主たる取引先の和装業界は特に融通手形が多いにもかかわらず、

割引手形の成因調査が不十分で、不渡りとなっても安易にその買戻し資金を融資し、しかもこれが固定化している帯地メーカー等が散見された。

　また、融資先の地元での知名度を過信したあまり、事業計画や収益見通し等の把握をなおざりにし、結果として融資固定化を招いていた。これらに加えて、融資実行に際して返済財源を無視した安易な対応が行われ、後日回収条件緩和を余儀なくされているものが不動産業者や和装関連業者で多数あった。さらに、不動産担保に関しては、地価の上昇を見越し、担保の時価まで貸し込んでいるものや保全不足となっているケースも多かった。

　事後管理が適切に行われていない例としては、不動産業者向け資金のうち、融資対象の物件が売却されているにもかかわらず、その回収を怠り、ほかに資金流用されていたため融資が固定化している大口先があった。さらに、融資後の業況のフォローが不十分なため、業績が悪化した融資先の回収条件変更を行ったうえ、利息分を含めた貸増しを行っているという事例も多数あった。また、虚偽稟議の事例もあった。融資規律の欠如が顕著である。

② 有価証券運用の問題

　有価証券運用については、特金（特定金銭信託）、金外信（金銭信託以外の金銭の信託）およびNCD（譲渡性預金）を含めたベースの預証率の上限を25％と定め全体としての運用額に枠を設けていたが、ロスカットルールを導入していなかった。そのため、国債先物取引の失敗に絡み、売却損を実質先送りするという不健全な売買操作が行われていた。

　そして、体制上の最も大きな問題は、有価証券の運用の判断は、実質的に一人の代表役員が取り仕切っていたことであった。

③ 事務リスク管理上の問題

　同金庫では、不祥事が多発していたが、それにもかかわらず、事務管理上の重大な不備が発生している。特に、現金に絡む事務処理に関しては問題が多く、いつ不祥事件や事故が起きてもおかしくない状況にあった。

　このような事務処理上の不備発生の原因は、役席から担当者に至るまで事務リスクに対する認識が弱いことにあった。特に役席者には事務知識の不足による検証指導能力の欠如がみられ、加えて役席と担当者の間では、規定手

続を軽視する風潮が根強く、規定等に従って事務処理を行うという基本動作が身についていなかった。この結果、口伝により事務手順が伝授され、不適切な事務処理手順が引き継がれることとなった。

④　リスク管理体制における問題点まとめ

以上同金庫の経営体質は、融資、有価証券運用、事務管理において多くの問題が内在するものであった。特に融資管理面における問題は、後の経営破綻を引き起こす最も深刻な問題である。

もとより、大口案件は経営トップのセールスで行われるため、案件ごとに詳細な分析を行う姿勢が担当者にはない。したがって、財務分析により業況を把握するという姿勢はなかったといえよう。また、融資金の実行は経営トップから指示されるので、営業店および本部審査部における融資審査は形式的であった。たとえば、「返済財源を他行の融資金による」とするような貸出稟議書もみられた。しかも、数億円の案件についてその詳細説明がほとんどなく、稟議書の表紙1枚のみというものもあった。

また、融資金の増加は不動産業やパチンコ業を中心とするサービス業によるもので、これらの大部分は後に不良債権化する。さらに、債務保証を伴う全信連代理貸付の多用は、ますます融資金を大口化させていった。

(2)　バブル期以降の経営行動

同金庫は、市内上位信用金庫へのキャッチアップを企図して業容の拡大を図った。特にバブル期には不動産関連融資を積極的に行い、融資残高は大幅な増加をみた。同金庫が、バブル期の土地価格上昇が将来も継続すると考えていたことがこの背景にある。また、バブル崩壊後の平成2年以降においても、他行の肩代わり融資を積極的に行い、融資金を増加させている。

ここでは、このようなバブル期以降の同金庫の経営の特徴を計数資料に基づき分析する。

同金庫の主な経営指標推移は図表1－21に掲げている。

①　積極的な融資金増加策

図表1－21、1－22をみると、合併4～5年前の融資金および預金の増加

率は非常に高い。また図表１－23によると平成２年度には預貸率が大きく上昇している。その後、合併３年前から貸出金増加率、預金増加率ともに減少し、直前期は減少に転じている。

　預貸率は合併３年前から85％程度となり、ほぼ横ばいで推移している。バ

図表１－21　N信用金庫の主な経営指標推移

（単位：百万円、％）

年度	昭和62年	昭和63年	平成元年	平成２年	平成３年	平成４年
経常収益	10,306	10,207	12,227	15,759	17,381	13,480
経常利益	1,394	1,470	913	117	156	134
当期利益	942	1,024	619	442	246	164
純資産額	7,180	8,178	8,737	9,012	8,932	8,796
総資産額	180,506	209,295	254,676	266,731	271,455	267,225
預金積金残高	127,090	143,502	175,514	185,240	194,647	194,113
貸出金残高	101,312	115,779	151,264	165,881	165,999	165,371
有価証券残高	29,469	30,132	27,602	24,011	25,863	22,563
貸倒引当金	789	745	741	758	775	912
債務保証見返残	20,898	30,324	35,808	40,598	42,479	42,856
単体自己資本比率	－	5.71	5.17	4.66	4.53	4.37
出資総額	861	920	970	988	1,008	1,039
出資配当率	8	8	8	8	8	8
店舗数	19	19	19	19	19	19
職員数	377	382	392	414	418	422
会員数	12,390	12,790	13,483	14,079	14,645	15,623

（出所）　N信用金庫ディスクロージャー誌より筆者作成。

図表１－22　N信用金庫預金・貸出金増減率推移

（単位：ポイント）

年度	昭和63年	平成元年	平成２年	平成３年	平成４年
預金増加率	12.9	22.3	5.5	5.1	－0.3
貸出金増加率	14.3	30.6	9.7	0.1	－0.4

（出所）　N信用金庫ディスクロージャー誌より筆者作成。

図表1−23　N信用金庫預金・貸出金残高および預貸率推移

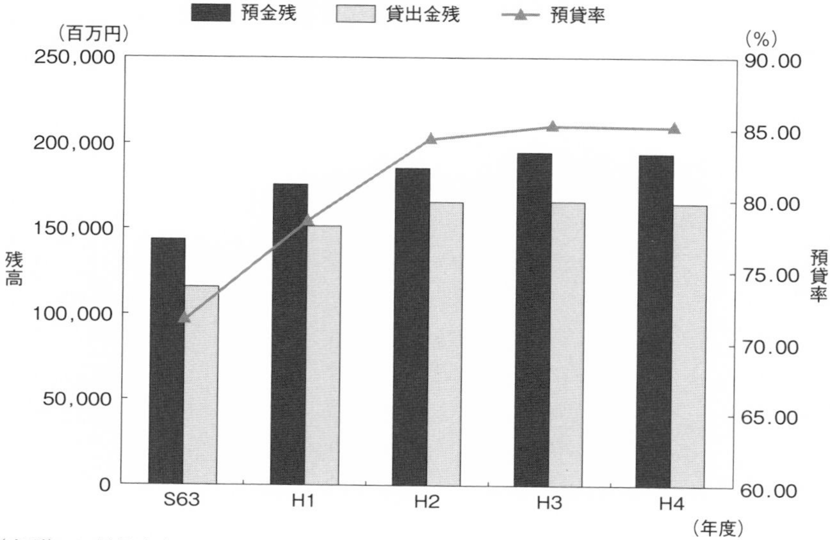

（出所）　N信用金庫ディスクロージャー誌各年度より筆者作成。

　ブル期かつ合併直前期に業容の拡大と収益の増大を企図して預金と貸出金の増加に注力したが、体力を上回る貸出金の増加は預貸率を増大させた。

　預貸率85％は市内他金融機関と比較しても異常に高く、資金繰りが限界に達していたことが推察される。ちなみに、平成5年度（平成6年3月）の同地区金融機関の預貸率は、F信用金庫82.01％、K銀行75.05％、K信用金庫78.25％、C信用金庫79.63％、KK銀行83.93％である。

　なお、これらの金融機関のうち預貸率が80％を上回る金融機関はその後すべて破綻したことは興味深い。資金調達力を大きく上回る無謀な融資金増加策が破綻の要因となったのである。

②　不動産業向け融資への傾倒と大口化

　図表1−24はN信用金庫の業種別貸出金構成比推移であるが、不動産業向け比率が突出している。しかも、その比率は30％前後と全国信用金庫平均である10％[42]の3倍という高率である。不動産業向け融資は融資量増加を図る

図表1－24　N信用金庫業種別貸出金構成比推移

（単位：％）

年度	昭和63年	平成元年	平成2年	平成3年	平成4年
製造業	11.8	10.4	12.1	11.0	11.3
建設業	3.4	3.7	3.6	3.9	4.7
卸・小売業	18.2	16.0	16.3	17.2	17.1
不動産業	30.2	34.4	29.4	28.8	29.9
サービス業	10.7	10.1	11.7	12.2	12.1
その他	2.2	1.9	1.9	2.3	2.2
個人	23.6	23.4	25.0	24.6	22.7

（出所）　N信用金庫ディスクロージャー誌各年度より筆者作成。

図表1－25　N信用金庫担保別貸出金構成比推移

（単位：％）

年度	昭和63年	平成元年	平成2年	平成3年	平成4年
預金・積金	10.81	9.4	10.0	8.7	8.2
有価証券	0.8	1.87	1.4	1.1	1.0
不動産	42.25	46.53	53.1	53.2	52.6
信用保証協会・信用保険	9.29	6.75	0.9	0.9	1.0
保証	14.25	12.95	12.1	11.8	10.5
信用	20.67	17.91	22.0	23.6	26.0
その他	1.93	4.59	0.6	0.8	0.9

（出所）　N信用金庫ディスクロージャー誌各年度より筆者作成。

うえで安易に活用される融資であることは先述したが、同金庫には異常とも
いえる不動産融資への偏重がみられる。

　図表1－25は同金庫の担保別貸出金残高の推移を示す。不動産担保融資が
突出しており、安易な不動産担保依存融資が行われていたことを示す。

　また、信用保証協会・信用保険に基づく融資比率が低率であることも同金
庫の特徴である。F信用金庫の事例でも述べたように、当時信用保証協会融
資は、中小企業向け融資に対して100％の保証を得られる回収に懸念のない
融資であった。地域金融機関はこの協会融資を信用力の低い取引先に対して

積極的に利用するのが通常である。

　同比率は平成2年度に急激に減少し、同時に不動産担保比率が増加している。この数値によると、同金庫の融資先はこれら信用保証協会の保証が得られない取引先を主としていたことが推察される。担保別貸出金構成からも同金庫の資産内容は合併前にかなり悪化していたことがわかる。

(3) 経営トップの専横と無謀な営業施策

　以上のような問題を現出した要因は経営トップの独断専横によるものとされる。

　同金庫の積極的な融資施策は、不動産業への集中融資から大口化を招いたことは前述したが、融資金増加施策とこれを支える資金調達策はその手段を選ばない無謀なものであった。

　同金庫は、他行に融資を打ち切られた企業に対しても肩代わり融資を積極的に行った。これらは、ボリュームを重視する営業政策に起因し、営業店が成績をあげるにはこの手法が最も効果的であった。そして、貸出金は必然的に大口化していった。

　さらに、これらの営業は経営層のトップセールスでも行われ、個別案件においてもトップからの指示によるものが多かった。特にトップと癒着関係の強い大口融資先に対する貸出は、厳正な審査が行われることなく実行されており、稟議書も簡便なものであった。なお、ほかの役員のけん制機能が働かなかったが、役員の人事権を経営トップがすべて掌握していたことによる。

　最終的にはこれら大口貸出金が不良債権化し、地価の下落とともに不良債権はさらに増大した。しかしながら、これら不良債権の表面化を糊塗（こと）するため、追い貸しを行い、企業の破綻を防止する必要があった。結果的にはこの追い貸しがさらに不良債権化するという悪循環を繰り返した。

　なお、これらの不良債権の隠匿の手段には、追い貸しに加えて迂回融資があった。F信用金庫破綻後の平成15年には、同金庫の元理事長と元専務理事が整理回収機構に提訴されている。この提訴では、これら経営トップの融資政策の問題をあげているが、これは彼らの融資姿勢を端的に示すものであ

る。具体的には、大口債務者に対する迂回融資、名寄せ外し等の問題があげられている。

　提訴された事案の概要は、「バブル経済の崩壊により経営が行き詰まっていた市内の不動産転売業者（1法人および1個人）に対する大口不良債権の表面化を隠匿するために、旧N信用金庫が営業をまったく行っていなかった同社の関連会社のK社（不動産業）を融資の受け皿として利用し、同信用金庫のほか、他行の利払い資金や給与等の運転資金を新たな担保もとらず反復継続的に合併の直前まで融資実行し、損害を拡大した」というものである。

　また、調達面では、市場性預金で高金利である譲渡性預金の獲得も積極的に行われた。譲渡性預金は高金利かつ大口のため高コストで不安定な資金調達手法である。資金繰りが厳しい金融機関は譲渡性預金を多用する傾向にある。

　総資産に占める譲渡性預金の比率は、平成3年3月以前はほぼ皆無であったものが、平成4年3月3.50％、平成5年3月4.68％と大きな値を示している。同年度の全国平均比率は平成4年3月0.12％、平成5年3月0.11％となっており、同金庫の比率の高さがうかがえる。

(4) まとめ

　(1)～(3)までに述べた同金庫の経営体質、経営行動に関する定性的および定量的要因を総合的にまとめると以下のようになろう。

　同金庫の営業区域は市内にあったが、上位3信用金庫と比較してその規模は小さく、シェアは低下する一方であった。加えて、主要取引先である和装業者は構造不況業種であり、同金庫も取引先の業況の低迷に伴い、将来存続の危機があった。

　そのようななかで、バブル期が到来し、不動産価格の急上昇に伴う不動産業の活況は地元企業の資金需要を旺盛にした。同金庫取引先の和装織物業者も活路を模索するなかで、多角化や業種転換を迫られており、これらが不動産業やパチンコ業へ参入した。

　同金庫は、これらの資金需要に積極的に応じ、不動産業向けの融資を大き

く増加させた。その結果、不動産業向けの業種別貸出金構成比は30％を超過する高率となった。

　また、この融資金増加に資金調達が伴わず、大口の市場性預金の取入れを積極的に行った。

　最終的には、バブル崩壊とともに、不動産価格は低下の一途をたどり、これらの取引先の多くは破綻状態となった。

　同金庫は、不良債権の発生を糊塗するために、これら実質的に破綻状態にある先に対しても、追い貸しを継続した。土地価格がいずれ上昇すれば、これらの不良債権も回収可能になるであろうとの甘い判断であった。しかしながら、結局土地価格は上昇することなく、多額の不良債権を抱えた同金庫は破綻状態になる。

　本来、このような状態は貸倒引当金の増加等、財務諸表面に表れるものであるが、「早期是正措置」の導入以前においては、不良債権の決算書への反映があいまいであったため、不良債権はほとんど表面化しないままであった。

　同金庫は、活路を他信用金庫との合併に求め、市内の複数の信用金庫に打診したが、最終的にはF信用金庫に救済合併された。結局、不良債権の実態は糊塗されたまま、F信用金庫に合併されたのである。

　なお、N信用金庫は不良債権の隠匿のため、追い貸しを継続したと述べたが、これらは迂回融資等の手段を用いており、F信用金庫破綻後に、N信用金庫の元理事長と元専務理事が整理回収機構に提訴されている。

　特に、元理事長は、同金庫の経営権を掌握し、かつ取引先との癒着は目に余るものであったが、これをけん制する役員が存在しなかったといわれている。いわゆるガバナンスの欠如がバブル期に同金庫を規律なき業容拡大に導き、結果として同金庫は破綻状態に陥ったといえよう。

5 H銀行の事例

　ここでは「古田永夫（2007）」[43]に基づきH銀行の破綻原因について述べる。

　1990年代のバブル経済崩壊後、多数の地域金融機関が破綻したが、特に第二地方銀行には大型の破綻が集中した。筆者古田氏はもとH銀行の行員である。

　なおH銀行の破綻概要については、『預金保険研究第4号』「資料　破綻金融機関情報一覧表・破綻原因・責任追及編」において、次のように述べられている。

　バブル経済期において本体および関連ノンバンクを通じて積極的な不動産関連融資を行ってきたことから、バブル経済の崩壊に伴い資産内容が急激に悪化。不動産価格の持続的な下落、阪神・淡路大震災の影響等により資産内容がさらに悪化し、平成7年（1995年）8月に行われた大蔵省（当時）検査では実質債務超過状態が判明。自主再建を断念。

(1)　バブル生成期から崩壊期における貸出行動比較

　同行のバブル前後の貸出行動を、営業地域および業歴面において条件的に似通った二つの金融機関と対比する。一つは、ほぼ同じ地域を営業基盤とし、最終的にH銀行を吸収合併するに至った阪神銀行[44]、もう一つはH銀行と同様に大都市圏に基盤を置き、独立色が強く、しかも昭和26年設立で業歴の近い池田銀行[45]である。

　まず、貸出金増加率では、バブル生成期の昭和60（1985）年から平成2（1990）年の間の推移は、H銀行と阪神銀行、池田銀行の間に極端な差異はみられない。ただし、バブル崩壊後の平成2〜平成3年にかけての貸出残高の増加率は、阪神銀行（16.1%→6.4%）、池田銀行（21.3%→5.5%）と、それまでの増加率を6〜8割減少させたのに対し、H銀行はさらに高い伸びを続け

た（18.6％→19.4％）。すでにバブルが崩壊し、都市銀行等が貸出抑制に転じた時期であったが、H銀行はこの時期でも貸出を積極的に行っていた。

　次に、3行の業種別貸出の増加寄与率（貸出金増加額のうちそれぞれの業種が占める割合）を、昭和60（1985）〜平成2（1990）年、平成2（1990）〜平成7（1995）年の2期間を比較してみる。

　バブル生成期の昭和60〜平成2年における業種別の貸出増加寄与率を比べると、H銀行と2行の間に貸出残高の増加率と同様に極端な差異はみられない。たとえば、不動産業の寄与率はH銀行の25.9％に対し、阪神銀行33.2％、池田銀行28.8％、建設業の寄与率はH銀行の9.8％に対し、阪神銀行13.6％、池田銀行6.0％であった。

　ところが、平成2〜平成7年における貸出増加の寄与率では、H銀行とほかの2行の間で大きな差異がみられる。まず、H銀行ではサービス業の寄与率は45％と突出している。同寄与率は阪神銀行27.3％、池田銀行14.3％とその差は大きい。H銀行の製造業の寄与率は−13.4％、卸小売業−7.6％とマイナスとなっているのに対して、製造業は阪神銀行10.7％、池田銀行20.8％、卸小売業は阪神銀行19.9％、池田銀行12.4％である。また、H銀行は不動産業、金融保険業の寄与率もほかの2行に比べ高かった。

　H銀行は、バブルが崩壊したにもかかわらず、不動産関連の大型の貸出案件に取り組んだことや、ほかの金融機関が撤退している債務者の貸出を肩代わりしたこと等が貸出を増加させたものと思われる。

　バブル生成期の貸出においては、H銀行とほかの2行の貸出残高は同程度の増加率で推移していることから、H銀行が特段無理な営業推進をしたようにはみられない。しかし、H銀行ではバブル崩壊後に大量の不良債権が発生したという結果から推察すると、ほかの2行に比べ、H銀行は内容的にハイリスクな貸出を中心に取引の拡大を行っていたことは明らかといえる。

　また、前述のように、H銀行は平成2年から平成3年にかけてほかの2行が貸出増加の抑制に転じたのに対し、昭和60年以降最大幅の貸出増加を行った。ほかの2行がバブル崩壊とその影響をなんらかのかたちで認識していたのに対し、H銀行はバブル崩壊の意味を的確に理解できず、他行の貸出抑制

を好機として貸出拡大に走ったことが考えられる。

(2) H銀行破綻のメカニズム

① 問題先への貸出

H銀行の主たるマーケットは、「優良企業・健全企業の後順位取引」か「事業を始めて間がなく実態が把握できない」「商品・サービスに競争力がない」「財務内容がいまひとつ」「不安定な業種」などなんらかの問題を抱えた企業であった。当然信用リスクは高い。

バブル崩壊までは、不動産を担保とすれば必ずその価値が上昇し貸出の保全ができるため、問題企業への貸出が不良化しても回収された。後発のH銀行において、短期間に貸出を増加させるため、不動産担保により信用リスクを回避しつつ、競争の少ない問題を抱えた企業・事業者の分野で取引拡大を図ることは、バブル崩壊までの状況下では至極合理的な行動であったと考えられる。

信用面で問題のある企業への貸出は、バブル崩壊後の景気の後退の影響を受け、いち早く不良債権化した。破綻したH銀行の不良債権は公表1兆5,000億円で、これは昭和60年以降平成7年までの貸出増加額1兆6,252億円にほぼ相当する。バブル期の貸出すべてが不良債権化したわけではないので、バブル期以前からの貸出のなかからも不良債権化したと考えられる。これは、H銀行が、バブル期以前からリスクの高い貸出を行う傾向があったことを示している。

② ほかの金融機関との相違点

ここでは、H銀行と似通った環境にある阪神銀行との相違点を検討し「破綻」に結びつく要因を指摘する。

①H銀行のメイン化運動

昭和62年以降、H銀行は貸出先基盤の充実を目指し、メイン化戦略を実施し、後順位のぶら下がり貸出からの撤退と、メイン取引先に対するH銀行グループによる貸出独占を図った。

H銀行の貸出資産は、メイン化推進のプロセスでメイン化できなかった取

引先の貸出を回収したことから、取引の集中による信用リスクの分散の効果が低下した。

　加えて、取引先が自行をメインバンクとしていなければ、取引先の業況が悪化した場合、自行の貸出をメインバンクに肩代わりしてもらうことも可能であったが、自行がメインバンクでは、むしろ他行の肩代わりを行わざるをえず、景気後退局面で信用リスクの高い貸出が急増する構造となっていた。

　阪神銀行は同時期のこのような運動は行っておらず、同じ環境にある二つの金融機関の命運を分けた大きな要因と考えられる。

②会長のワンマン経営

　H銀行の破綻について、「会長のワンマン経営のもと、拡大路線を突っ走った」ためと世上よくいわれている。この点に関して、阪神銀行（および池田銀行）と比較した際立った違いを指摘しておく。

　すなわち、金融機関のトップと、ほかの役員の年齢差である。池田銀行、阪神銀行の場合、有価証券報告書でみると平成2年時点でトップとほかの役員の年齢差は10歳まで、しかもトップと年齢の近い役員がいる。一方、H銀行は役員の平均年齢が50歳であるのに対し、会長H氏は84歳と34歳の年齢差がある。事実H氏に対等に物申せる役員は存在しなかった[46]。バブル生成期から崩壊の銀行経営のポイントとなる時期に、84歳のH氏が言い出さない限り、環境の変化に対応した適切な対応ができない経営体制が形成されていた。

　③　おわりに

H銀行破綻要因は以下のように整理できる。これは、後発の地域金融機関が過度な業容拡大に走った結果破綻する一つのパターンと思われる。

地域金融における後発性 → 積極的な拡大路線＋行員に対するプレッシャー → 信用リスクの高い取引先への積極的拡大 → 業容の拡大＝潜在的不良債権の増大 → バブル崩壊 → 不良債権の急増 → 破綻

　なお、後発金融機関であっても、堅実な取引を重ねていけば、不良債権に

よる破綻を免れることは生き残った金融機関の存在が証明している。

6　N銀行およびU信用組合の事例

「吉川和美（2007）」[47] は、N銀行とU信用組合の破綻事例を、営業譲渡された銀行の側から聞き取り調査し、報告している。ここではこの報告に基づき、N銀行およびU信用組合の破綻要因について述べる。

(1)　N銀行の破綻

N銀行の破綻概要については、『預金保険研究第4号』「資料　破綻金融機関情報一覧表・破綻原因・責任追及編」において、次のように述べられている。

昭和17年10月新潟無尽会社として設立され、平成元年2月普銀転換したが、同じ時期にOが頭取に就任して以降、バブル期において首都圏を中心に不動産業、金融業、サービス業向けに積極的な業務拡大を図った。その後、バブル崩壊により首都圏における融資の不良債権化が顕著となったことから、本部の審査・管理部門の強化を図るとともに、貸出案件の最終決定の場として取締役も参加する「経営会議」を設置する等、表面的には体制整備に注力した。

しかしながら、実際には頭取のワンマン経営体制のもと、頭取の意向が強く反映され頭取一人に権限が集中することを容認し、本部の審査・管理機能を無視した業務運営が行われた。特に、平成4〜9年にかけてゴルフ場やテーマパーク等の特定の案件が持ち込まれ、頭取が独断で決裁したものが多く、結果的にその大部分が不良債権となった。

平成11年5月25日に平成11年3月期決算（自己資本比率5.23%）を発表した後、6月4日に通知された関東財務局による検査結果（平成10年9月30日基準日、平成11年3月1日立入検査開始）に基づき自己査定を見直したところ引

当額が増加することとなったため、6月10日に11年3月期の自己資本比率が2.01%に低下する旨の決算修正を行った。

これに対して、6月11日金融監督庁から早期是正措置命令（第1区分）が発出され、預金の流出が始まった。加えて、9月20日には第三者割当増資も中止するに至り、預金の流出に拍車がかかった。そしてついに10月1日金融再生委員会に対して金融再生法68条1項に基づく申出を行い、10月2日金融再生委員会は当該申出および当行の資金繰り状況をふまえ管理を命ずる処分を行った。

「吉川和美（2007）」では、N銀行の破綻要因を以下のように分析している。

N銀行は、平成11年10月に破綻し、同13年5月に営業譲渡されたが譲渡先は第四銀、東日本銀、大光銀、八十二銀、群馬銀、東和銀と広範囲に及んでいる。N銀行は上場銀行であり大型破綻の一つといえる。

破綻の要因とされるのは、代表者の不正取引である。O頭取のもとでディベロッパーとの関係が深まり、ゴルフ場、テーマパークなど約2,000億円が焦げ付いたことが同行の破綻要因の一因となった。経営トップの独断で不正取引が行われると、部下がそれを制することはむずかしい。本来は社外取締役や監査が歯止めとなるべきであるが、ガバナンスが働かなかったといえる。

ゴルフ場のようなバブル案件には、すでに地元の地銀などは引き上げているにもかかわらず融資を継続している。また、上位銀行が貸さないような信用力の弱い企業に融資を行っており融資基盤が脆弱であった。しかも同地域には大手行も出店しており、地銀、信用金庫など競争相手が多くそのような環境下で無理な拡大路線をとったことが要因といえる。競争が激しく地盤のよくない環境下で拡大路線を継続するとなると、強力な力をもった頭取の専横は止めることがむずかしい。

(2)　U信用組合の破綻

　U信用組合の破綻概要については、『預金保険研究第4号』「資料　破綻金融機関情報一覧表・破綻原因・責任追及編」において、次のように述べられている。

　昭和29年2月上田市に設立。主要取引先である建設業、不動産業などの業況悪化から不良債権が増大。平成11年12月末の自己資本比率が2.11％まで低下、平成12年3月長野県より早期是正措置を受けた。平成12年4月に関東財務局に提出した経営改善計画に基づき、平成12年度に全信組連の劣後ローン3億5,000万円により資本増強を図ったが（平成13年3月期自己資本比率5.10％）、その後の大口倒産の発生や有価証券評価損の拡大により、平成13年9月末基準の自己査定で▲23億9,000万円の債務超過（自己資本比率▲9.19％）となったことから、平成13年12月28日預金保険法74条5項に基づく申出を行い、同日、金融整理管財人による業務および財産の管理を命ずる処分を受けた。

　「吉川和美（2007）」では、U信用組合の破綻要因を以下のように分析している。

　U信用組合は、総貸出金が4,000億円程度、市中の金融機関とノンバンクの間ぐらいに位置する規模である。同信用組合は上田市の零細企業を対象に、ほかの金融機関では貸さないような層に対してその隙間を埋めており、県内の金融機関にとっては逆にありがたい信用組合であった。

　このような金融機関であったため、たとえば八十二銀行クラスでは考えられないような基準で貸出を行っていた。また、定量情報に基づく貸出はなく、すべて定性情報に基づき貸出を行っていた。もとより定量情報に乏しい零細企業が貸出対象で、まさに隙間を引き受けていた信用組合といえる。

　同信用組合も、強力なトップが在任した際の貸付が不良化した。たとえ

ば、ある支店では6～7割が不良債権化していた。また、半分以上が不良債
権化している支店がいくつかあった。

　なお、同報告書では、破綻に至った両金融機関の共通の要因を以下のよう
にまとめている。
　まず、特定業種、特定大口先、特定地域への集中リスクである。破綻した
金融機関は必ず、融資が1業種に偏り、しかも大口先に集中している。
　U信用組合は顧客層が限られていたが、大口先が傷んでいた。特定業種
は、ほかの金融機関が融資しないような業種である。業種が不動産であれ
ば、その融資先はすでにほかの金融機関が撤退するような先である。たとえ
ば、造成はしたが販売ができないで焦げ付いているといったような案件であ
る。
　業容拡大を企図すると、トップが大口先と関係を深め、自ら関与する傾向
がみられる。N銀行もU信用組合も他行が出していないところに融資を出し
ている。共通して、ガバナンスがまったく働いていない。企業風土もある
が、強い経営者が強引に融資を決める。経営者の周囲がしっかりしないとガ
バナンスは働かない。
　しかし、状況は同情的である。地域が限定され、優良銀行が優良先を先に
囲い込んでしまうと、中以下の銀行は将来性のないところ、あるいは信用力
のない先を対象とせざるをえない。しかも、地域経済が特段に悪いときにこ
うした事例がおきている。資産デフレと経済の停滞が重なった時期である。
　追い貸しは存在した。融資先の破綻を回避するために運転資金を出さざる
をえなくなる。

7　地域金融機関破綻の歴史的事例

　「後藤新一（1983）」では、明治期から昭和2年の金融恐慌時代までの銀行
破綻を分析している。筆者は元三井銀行の役員であり、『日本金融史資料』

『東洋経済新報』『昭和経済史』等の資料分析に銀行員としての実務家の視点を加え、銀行の破綻原因を分析している。

　同書では、まず日清戦争後の明治期に設立された機関銀行が明治34（1901）年の恐慌で破綻した原因を分析している。そして、大正9（1920）年の恐慌、大正11（1922）年の恐慌、昭和2年の金融恐慌における銀行破綻の要因を分析している。ここでは、同書に基づき歴史的なわが国の金融機関の破綻事例を述べる。

(1)　明治34年恐慌時の銀行破綻

　明治34（1901）年春の恐慌は日清戦争後の好景気の反動とされるが、破綻した銀行は、特殊事業会社の機関銀行でありこれらの事業の資金吸収機関として利用されていた。支払停止に至った銀行は31行で、そのほとんどが大阪府と京都府を中心とした関西圏に本店を置く小銀行であった。関西以外では高松市に1行、九州に5行、三重県に1行、愛知県に1行であった。

　なお、当時の銀行設立状況は現在とは状況がかなり異なる。たとえば、明治34年末の普通銀行数は、1,890行あり多数の小銀行が乱立していた。また、事業家により私物化された銀行が多かった。したがって、破綻要因も最近の状況とはかなり異なっている。

　徳富猪一郎[48]では当時の銀行破綻の要因を、「銀行に人材がいなかったこと、銀行家自らが職務に忠実でなかったこと、銀行の重役が自己関係企業のために銀行の資金を利用していたこと」等、また、『東洋経済新報』第196号[49]では「内部の不始末重役の無責任に起因するもの」であるとしている。

　結果として、融資が不良債権化あるいは持ち株が価値を喪失し、その負担により破綻している。

(2)　大正9年および11年の恐慌時の銀行破綻

　大正9（1920）年は、第1次世界大戦後の反動恐慌が発生した時期で、バブル崩壊期であった。同年4月以降4カ月間における銀行取付事件は、ほとんど全国各地に横行し、本店銀行67行、支店銀行102店の計169店に及んだと

いわれる。

大正9年の恐慌時の銀行破綻について、『世界戦争終了後ニ於ケル本邦財界動揺史』[50] では、その破綻要因を「銀行重役が他の事業に直接関係し、投機や自らの事業の金融機関としていたこと、貸出の放漫であったこと、重役の責任観念が薄いこと、等」をあげている。特に貸出の放漫については、「情実貸出が多いこと、不動産抵当が多いこと、信用貸し（無担保貸出）が多いこと」をあげている。すなわち、「重役が銀行の資金を私用に供し、或いは資金の貸付を誤り固定せしめ、或いは取引先に対し過当の融通をなしその取引先の失敗により銀行に損失を招き、内部に欠陥を有することとなった」としている。

また、大蔵書記官岡田信は地方小銀行の通弊として、「重役の無責任、情実経営、執務の不規律」をあげている。なお、大口貸出については、「大口貸出が多すぎる銀行が少なくなく、1債務者の貸出金額が払込資本金の1割以上に相当するもののみを集計すると、総貸出の4、5割以上を占めている銀行は珍しくなく、総貸出の7、8割に達するものさえある」と述べている。

当時の代表的な破綻銀行の一つである七十四銀行は、第1次世界大戦後の好景気時に急膨張した貿易業者茂木合名の機関銀行であり、茂木合名破綻により同行も破綻した。茂木合名の当主茂木惣兵衛は「東に茂木惣兵衛、西に伊藤忠兵衛」ありといわれるほど財界の注目する人物であり、自ら七十四銀行の頭取となり、茂木合名の資金を同行から供給した。「七十四銀行の資本金のほぼ八割を茂木一族が保有し、貸出総額の四割以上が茂木関係貸出であった」とされるが、銀行業と事業との混同が最終的には破綻の要因となっている。

以上のように、この時期の銀行破綻は、事業会社の機関銀行が関連企業に大口与信を供与し企業と共倒れした例が多い。

(3) 昭和2年の金融恐慌時の銀行破綻

昭和の歴史は金融恐慌で幕を開けたが、この恐慌は片岡蔵相の失言恐慌と

いわれる。

大正12（1923）年9月関東大震災が発生したが、この震災により損害を被った商工業者を債務者とする割引手形を日銀が再割引し、これによって発生する損失について1億円を限度として政府が補償するという勅令[51]を公布施行した。ただし、この損失補償令に基づき日銀が再割引した震災手形は、勅令の再割引最終期限である大正13年3月までに、96行4億3,000万円にのぼった。

日銀に震災手形の割引を依頼した銀行は、台湾銀行、藤本ビルブローカー銀行、朝鮮銀行が大口であり、特に台湾銀行1行で1億1,500万円と総額の26.7％にのぼった。また、震災手形の大口債務者は鈴木関係、久原関係が圧倒的に多く、特に台湾銀行の58.8％は鈴木合名と鈴木商店であった。鈴木をはじめとするこれらの大口債務者は、戦時に急成長したが、大正9年の財界反動以来業績不振であり、震災補償令に便乗して逃げ道を見出し、整理されずに残っていた損失を震災手形に託して逃れようとしたものとされた。すなわち、すでに整理されるべき企業と銀行の焦付き債権の整理となったものが多かったといわれる。

昭和元（1926）年12月末時点で、震災手形で決済されずに残っている額は2億700万円にのぼった。そこで、大蔵大臣片岡直温はこれらについて、銀行、債務者に対して10カ年の猶予を与える法案[52]を提出した。この法案については、台湾銀行救済のためのものではないかとの疑惑がもたれ、さらに鈴木商店と台湾銀行との関係についても新聞に暴露記事が書かれたため、議会でも多くの議員から糾弾が行われた。

一方で、震災手形を所持するとみられる銀行に対する預金の取付けが始まりつつあったが、東京渡辺銀行もその一つであった[53]。そのようななか、昭和2年3月14日片岡蔵相は、衆議院予算委員会で、政友会の議員から、なぜ鈴木商店救済に奔走するのかと鋭く肉薄され、つい「現に今日正午頃において渡辺銀行がとうとう破綻致しました」と口走ってしまった。たしかにこの日同銀行は手形交換尻の決済に窮していたが、実際には決済資金の調達ができ、その日は平常通り営業を続けていたのである。この失言が導火線となっ

て昭和2年3月15日、東京渡辺銀行と同系のあかぢ貯蓄銀行が休業。次いで同3月19日、中井銀行が休業し、3月22日村井、八十四、中沢、左右田の4行が休業した

　この昭和2年の金融恐慌時の銀行破綻について、日本銀行編『関東震災ヨリ昭和二年金融恐慌ニ至る我財界』[54]は、「今回の銀行破綻の原因は、これを概括して見るときは、いずれも欧州戦争好況時代に各種事業に手を広げ放漫なる貸出を為したる結果、大正9年の財界反動の打撃を受け、同12年の震災に遭遇し資金の大部分を固定するに至り、一般財界の不況の為、漸次苦境に陥った」としている。また、同資料では破綻銀行に共通の経営上の欠陥として次をあげている。

- ・貸出方針積極的に過ぎむしろ無謀と称すべき程度のもの少なくないこと
- ・貸出先著しく偏向し欧州大戦中に勃興した基礎薄弱な事業に対するものや震災に関係が深い東京方面に対するものが大部分を占め、かつおおむね大口に偏していること
- ・重役関係事業に対する貸出が巨額でかつ貸出条件が不当であること
- ・信用貸しが少なくなく、有担保であっても担保品は不動産等換価や処分が容易でないものが多く、また、担保有価証券は債務者である法人の株式や社債よりなるものが少なくないこと
- ・大正9年の財界反動と同12年の震災により預金は漸減の傾向をたどり、一方貸出は固定化したにもかかわらず、これを整理せず、高配当率を維持し、その間営業資金の大部分を借入金等に頼り取り繕ってきたこと

また、日本銀行編『諸休業銀行ノ破綻原因及其整理』（昭和3年4～7月）は、ほとんどすべての破綻銀行について、その破綻原因を「①経営の放漫、特に②貸付の放漫、③重役やその一族の行金乱用・焦付等」であるとしている。そのほか、銀行によっては、「頭取の独断専行の経営振り、支配人の経営一任、貸付その他業務の不規律、情実絡む不正融資、担保不足ないし無担保融資、タコ配当等」をあげている。

　これらの破綻要因は、わが国のバブル期以降の金融機関破綻要因とかなり

の部分において共通している。時代は変化しても金融機関が抱えるリスクの
根本的なものは大きく変わるものではないと考えられる。

1 令和3年3月末では526機関である。地銀64行は62行に減少している。なお、金融機関には、労働金庫、農協、政府系金融機関は含まない。

2 昭和46年10月に、業界内で発生した信用上の問題は業界内で処理することを基本理念として創設された信用金庫の相互援助体制。

3 平成3年9月に長万部信用金庫が北海信用金庫に救済合併されて以来20金庫が救済合併されている。

4 同金庫の店舗評価は「店舗表彰制度」により行われた。この評価結果は、職員の賞与査定、昇給・昇格実施の判断を行う際の基準の一つとされた。

5 たとえばある支店においては、大口融資先1社の年間増加額だけで、店舗目標をすべて達成している。しかも、この大口融資先は後に実質破綻先となり、事業譲渡時に整理回収機構に送られている。

6 本来は資本として備えていなければならない部分を借入れでまかなっているが、金融機関からの借換え等により、事実上返済資金を調達する必要がない部分を指す（『2008年版中小企業白書』P.172）。

7 名寄せ後の1社、すなわち1企業グループ当り15億円が限度である。

8 平成6.10.11蔵銀第2018号　信用金庫基本通達　別紙9　資金運用基準　2.同一人に対する貸出金の限度
(1)同一人に対する貸出金の限度については、次により指導するものとする。
　　a. 同一人に対する資金の付付及び手形の割引の額の合計額（以下「貸出金」という。）の限度は当該信用金庫の出資の額、令第11条第2項に規定する引当金の額の合計額（以下「広義の自己資本の額」という。）の20／100に相当する金額（以下「貸出限度額」という。）と15億円のいずれか低い額とする。
　　　ただし、15億円が貸出金の限度となる信用金庫については、次のような取り扱いとする。
　　　　(a)中小企業金融の円滑化のためやむを得ない場合に限り、15億円を超過する貸出金（省略）の合計額が、当該信用金庫の総貸出金（金融機関に対する貸出金を除く。）の20／100に相当する金額の範囲内において、貸出限度額以内の貸出を行って差し支えないものとする。

9 代理貸付が行われると、信用金庫はこの貸付について、全国信用金庫連合会に対して債務保証を行うのが通常である。

10 平成11年3月末の同金庫の全国信用金庫連合会代理貸付は745億4,300万円、総融資金は8,780億8,800万円、総融資金に対する比率は8.49%（F信用金庫REPORT2000）。ちなみに、平成14年度信用金庫概況によると、同年の全国信用金庫連合会総代理貸付額は1兆8,410億円であり同金庫のシェアは約4%。

11 当時の自己資本の20%は100億円強であった。
　　算出根拠：平成8年3月期　590億900万円×20%＝118億100万円
　　　　　　　平成9年3月期　549億8,800万円×20%＝109億9,700万円
　　　　　　　平成10年3月期　576億2,500万円×20%＝115億2,500万円

12 平成15年5月14日㈱整理回収機構がM信用金庫旧経営陣を提訴したが、N信用金庫において、大口融資規制違反があったと指摘している。

13 預貸率の高い金融機関は支払余力のない金融機関であるという考えから、危険性の高い金融機関であるという見方をされる。このため預貸率を低く見せるためプロパー融資の代理貸付へのシフトを行うことがあった。

14 同金庫は、平成9年度にコンピュータ部門の関連会社への事業譲渡による譲渡益131

億円を、また、平成10年度に所有不動産の再評価益を35億4,000万円計上、不良債権償却・引当原資としている。

15　平成8年度に、出資金増加を図り、役職員、融資取引先を中心に出資金増強運動を行った。この結果、約23億円の出資金増加をみたが（平成8年3月末出資金63億円、平成9年3月末出資金86億円）、同年度の貸出金償却額は294億円であり、出資金増強の効果がいかに小さいかが理解できよう。

　　なお、この出資金増強の手法は次のようなものであった。

　　まず、大口融資先のなかで、数千万円程度の出資金購入についてはその負担が比較的少ない先をリストアップする。これらのなかで、定期預金がある先について、この預金を取り崩して出資金購入に充当させる。取引先は、定期預金の取崩しを行うだけでは、将来の資金繰りに不安を示すので同額の融資を無条件で行う。実態は、融資金との両建で作成したことになる。

16　たとえば平成8年度に大幅な給与カットと人員削減が行われた。ちなみに人件費および人員数の推移は以下のとおりである。

　　　平成7年度114億4,400万円（1,423人）　平成8年度99億8,900万円（1,311人）
　　　平成9年度95億5,600万円（1,222人）　平成10年度94億4,200万円（1,187人）

17　平成10年度の経常収益361億1,900万円に対して役務取引等収益は21億5,300万円、構成比約5.95％とウェイトは低い。

18　日本銀行「業種別貸出金調査表」より。

19　その後の、全国信用金庫の不動産業者向け貸出比率は、平成10年3月10.2％、平成11年3月10.4％、平成12年3月10.6％、平成13年3月10.8％、平成14年3月11.8％、平成15年3月12.4％、平成16年3月13.2％、平成17年3月14.9％と10％を上回り増加傾向にある（日本銀行「業種別貸出金調査表」より）。

　　また、F信用金庫と営業基盤をほぼ同じくするK信用金庫の平成16年3月の同比率は9.88％、同じくC信用金庫の同期の同比率は15.70％である。さらに、大阪府下で最大規模であるO信用金庫の同期同比率は9.7％である（各信用金庫ディスクロージャー誌より）。

20　詳細は本章4参照。

21　K信用金庫、C信用金庫、F信用金庫の3信用金庫であり、全国400信用金庫中、KとCは5位以内、Fは15位以内の資金量であった。

22　日本銀行「経済統計月報」より。

23　大阪府下信用金庫のディスクロージャー誌より筆者計算。

24　「信用金庫法」より抜粋する。

　　（目的）
　　第1条　この法律は、国民大衆のために金融の円滑を図り、その貯蓄の増強に資するため協同組織による信用金庫の制度を確立し、金融業務の公共性にかんがみ、その監督の適正を期するとともに信用の維持と預金者等の保護に資することを目的とする。

25　「信用金庫法」より抜粋する。

　　（会員たる資格）
　　第10条　信用金庫の会員たる資格を有する者は、次に掲げる者で定款で定めるものとする。ただし、第1号又は第2号に掲げる者に該当する個人にあってはその常時使用する従業員の数が300人を超える事業者を除くものとし、第1号又は第2号に掲げる者に該当する法人にあってはその常時使用する従業員の数が300人を超え、か

つ、その資本の額又は出資の総額が政令で定める金額※を超える事業者を除くものとする。

その信用金庫の地区内に住所又は居所を有する者

その信用金庫の地区内に事業所を有する者

その信用金庫の地区内において勤労に従事する者

※現在は9億円

26　「藤野次雄（2002）」は、「協同組織金融機関の基盤が狭い地域や特定の業種に限定される場合には、リスク分散の不十分さが問題となる」と述べている。p. 6

27　たとえば、筆者が勤務した地方銀行においては、無担保融資権限は大規模店舗で600万円、最小規模店舗では300万円であった。また、ある団体が全国の信用金庫を調査した結果では、無担保融資枠は最小規模店舗で300万～500万円程度が多くみられた。店長専決権限をいっさい認めない金庫もあった。

28　たとえば、筆者が勤務した地方銀行（前述）においては、与信残高5億円超の融資先については、頭取他役員全員が出席する委員会での決裁を要した。また、九州地方のある地銀の決裁権限規定では、同一債務者に対する貸出金の合計額が15億円超の先に対する案件、あるいは1件の金額が2億円超の案件は常務会決裁としていた。そのほか、筆者が調査した限りでは、決裁権限を専務理事クラスに全面的に委譲するというような事例はない。少なくとも、一定限度を超過すると経営トップの権限とするか、常務会、理事会、審査会といった名称の会議で決裁を行うのが通常である。

29　金融庁「金融検査マニュアル（平成22年9月）」の自己査定における債権の分類基準は以下のとおり。なお、この基準は当初のマニュアルから変化していない。

自己査定においては、回収の危険性または価値の毀損の危険性の度合いに応じて資産を、Ⅰ、Ⅱ、Ⅲ、Ⅳの4段階に分類する。

(1) Ⅰ分類は、「Ⅱ分類、Ⅲ分類、Ⅳ分類としない資産」であり、「回収の危険性または価値の毀損の危険性について、問題のない資産である。

(2) Ⅱ分類とするものは、「債権保全上の諸条件が満足に満たされないため、あるいは、信用上疑義が存する等の理由により、その回収について通常の度合いを超える危険を含むと認められる債権等の資産」である。なお、Ⅱ分類とするものには、一般担保・保証で保全されているものと保全されていないものがある。

(3) Ⅲ分類とするものは、「最終の回収または価値について重大な懸念が存し、従って損失の発生の可能性が高いが、その損失額について合理的な推計が困難な資産」である。ただし、Ⅲ分類については、金融機関にとって損失額の推計が全く不可能とするものではなく、個々の資産の状況に精通している金融機関自らのルールと判断により損失額を見積もることが適当とされるものである。

(4) Ⅳ分類とするものは、「回収不可能または無価値と判定される資産である。

なお、Ⅳ分類については、その資産が絶対的に回収不可能または無価値であるとするものではなく、また、将来において部分的な回収があり得るとしても、基本的に、査定基準日において回収不可能または無価値と判定できる資産である。

30　平成10年度の同金庫の要注意先の一般引当率は1.248%であった（同金庫内部資料「平成10年度貸倒引当金一般引当率」より）。

31　少なくともこの時期においては、筆者が聴取した金融機関では効果がなかったとの意見が出ているようである。ただし、この点に関しては、今後十分調査を行ったうえで結論とすべきと考える。

32　前掲「藤野次雄（2002）」

33　金融図書コンサルタント社『全国信用金庫財務諸表』より。なお、同誌によると、同
　　時期の大阪府下信用金庫の計数は、大阪市が貸出金301億円、割引手形122億円、十三が
　　貸出金298億円、割引手形116億円、大阪が貸出金308億円、割引手形82億円である。

34　元S信用金庫職員A氏弁

35　昭和38年4月公正取引委員会から各金融団体に対して、過当な歩積両建預金は独占禁
　　止法に規定する不公平な取引の一般指定に該当する、との見地から警告が発せられた。
　　そして、昭和39年6月25日の衆議院大蔵委員会において、「不当な歩積・両建預金の規
　　制に関する件」の特別決議が行われ、「歩積両建預金の自粛の徹底について」（昭
　　39．6．25、蔵銀822号）の通達が出された。
　　　その後、主として拘束性預金比率の引下げ等を指導内容とする整理の徹底を図る目的
　　で、「歩積・両建預金自粛措置の強化について」（昭41.10.31、蔵銀1453号）の銀行局長
　　通達が各金融団体に出された。

36　日本経済金融新聞（2002年7月31日）

37　「全国信用金庫概況」各年度より筆者計算。

38　同金庫ディスクロージャー誌2000年度p.9、同2001年度p.9

39　平成6.10.11蔵銀第2018号　信用金庫基本通達　別紙9　資金運用基準　2．同一人
　　に対する貸出金の限度参照。

40　全国信用金庫の平均値は次のとおり。平成9年度不動産業10.2、建設業12.0、平成10
　　年度不動産業10.4、建設業11.8、平成11年度不動産業10.6、建設業12.1、平成12年度、
　　不動産業10.8、建設業11.8（日銀金融経済統計より）。

41　平成10年8月に閣議決定された中小企業貸し渋り対策大綱に基づいて創設された保証
　　制度。政府は新たに総額30兆円の信用保証枠を創設し、平成10年10月1日から平成12年
　　3月31日までの期限付きで特別保証制度を設けた。

42　全国ベースの信用金庫の不動産業向け貸出金構成比平均は、平成4年3月9.68%、平
　　成5年3月9.81%と10%弱で推移（日本銀行「業種別貸出金調査表」より）。

43　金融庁『金融機関の破綻事例に関する調査報告書』（pp.32－42）
　　金融庁ホームページhttp://www.fsa.go.jp/news/18/20070330-5/02.pdf

44　昭和24年神戸市で設立された七福相互無尽㈱が起源。昭和26年相互銀行に転換、昭和
　　41年阪神相互銀行に商号変更。

45　昭和26年設立、大阪府池田市に本店を置く。大阪府北部と兵庫県東部を主に店舗展開
　　する。泉州銀行と合併して現在は池田泉州銀行となっている。

46　行内でも同氏（H氏）の意向次第で何でも決まることから“H商店”と自嘲する向き
　　があった。

47　前掲金融庁『金融機関の破綻事例に関する調査報告書』（pp.55－60）
　　金融庁ホームページhttp://www.fsa.go.jp/news/18/20070330-5/02.pdf

48　徳富猪一郎「銀行の破綻に就いて」『銀行通信録』第186号（1901年5月25日）p.73

49　『東洋経済新報』第196号（1901年5月25日）p.30

50　日本銀行調査局編（1928）『世界戦争終了後ニ於ケル本邦財界動揺史』日本銀行

51　「日本銀行ノ手形ノ割引ニ因ル損失ノ補償ニ関スル財政上必要処分ノ件」（大正12年勅
　　令第424号）

52　「震災手形損失補償公債法案」「震災手形善後処理法案」で昭和2年1月29日、第52回
　　帝国議会に提出された。

53　東京渡辺銀行の破綻については、小川功（2002）『企業破綻と金融破綻　負の連鎖と
　　リスク増幅のメカニズムの詳細』九州大学出版会、佐高信（1995）『失言恐慌—ドキュ

メント東京渡辺銀行の崩壊』社会思想社に詳しく述べられている。
54　日本銀行調査局「関東震災ヨリ昭和二年金融恐慌ニ至ル我財界」日本銀行調査局編
『日本金融史資料』明治大正編第22巻（大蔵省印刷局、1958年 9 月）

第2章

破綻金融機関にみられる共通の問題

前章においては、個別金融機関の破綻事例を述べた。本章ではこれらの事例から、破綻した金融機関の経営体質や経営行動の問題点を抽出し分析を加える。

1　破綻金融機関の経営体質

(1)　脆弱な自己資本と営業基盤

　ケーススタディーの対象とした金融機関は、自己資本が脆弱、かつ営業基盤も脆弱であった。

　F信用金庫は、昭和50（1975）年以降低収益体質となったため、自己資本の蓄積が進展しなかった。また、京都市内上位2信用金庫と比較して営業基盤は弱く、シェアも低下傾向にあった。

　S信用金庫は、大阪府下で最大規模の信用金庫であったが、もとより、歩積両建預金によりその規模を拡大した経緯もあり、やはり営業基盤は脆弱であった。営業推進は、主に中途採用職員の歩合制による預金獲得競争により行われていた。また、健全信用金庫に比して自己資本は脆弱であった。

　N信用金庫も、平均的な信用金庫と比較して自己資本が脆弱であった。営業区域は京都市内にあったが、ほかの3信用金庫と比較してその規模は小さく、シェアは低下する一方であった。加えて、主要取引先である西陣織業者は構造不況業種であり、同金庫も取引先の業況の低迷に伴い、将来存続の危機があった。

　H銀行の主たる融資対象は、優良企業、健全企業では他行の後順位取引、あるいは、業歴が浅く商品・サービスに競争力がなく、かつ財務内容が脆弱な不安定業種など、信用面からみて評価の劣る企業であった。

　N銀行は、上位銀行が貸さないような信用力のない規模の下位の企業に融資をしており融資基盤の脆弱性が問題であった。

　また、U信用組合は定量的情報ではなく、すべて定性情報に基づき企業融

資を行っていた。定量情報のない零細企業が貸出先で、まさに隙間を引き受けるという営業であった。

　以上のように、自己資本と営業基盤の脆弱さは破綻金融機関に共通に認められるものである。

(2)　経営トップの専横と経営規律の欠如

　ケーススタディーで取り上げたいずれの金融機関においても、経営トップの専横に伴う経営規律の欠如がみられた。

　F信用金庫においては、大蔵省（当時）からの天下りのトップが約20年間も君臨した。S信用金庫におけるトップのワンマン体制は、部下の意見や提言を受け入れないものであった。N信用金庫のトップは金庫の経営権を掌握し、これをけん制する役員が存在しなかったといわれている。

　また、H銀行、N銀行、U信用組合のいずれもが、経営トップの専横を許していた。

　このように、破綻したいずれの金融機関も体質的にガバナンスの欠如がみられ、これは同時に経営規律を欠如させ、リスク管理におけるけん制機能を喪失させた。

　けん制機能がリスク管理面に働かなくなると、融資施策面においては経営トップと取引先との癒着を生じさせることがあり、この癒着先に対する野放図な融資施策に表れる。

　地域金融機関は地域密着を信条とするが、このような業態の特徴は必然的に地域企業との関係を親密にする。しかしながら、この顧客密着と癒着とは紙一重のものである。この見極めができる金融機関とそうでないものとの差は、金融機関経営に大きな差異を生じさせる。F信用金庫の事例で述べたように、地域企業との関係が癒着となり、これが不良債権化するプロセスは以下のようなものであった。

　すなわち、地元有力企業に対する積極的な融資が行われ、その後、取引先との密着、癒着が始まり、役員との密接な関係が形成される。すると、融資金はますます大口化していくが、いったん融資シェアを増加させこれが大口

化すると、融資先の業況が悪化しても、これを他行にシフトすることが困難となる。したがって、追加融資を行い融資先の延命を図ることになるが、これがさらに不良債権を増大させることになる。

N信用金庫においては、理事長と取引先との癒着は目に余るものであったが、これをけん制できず、バブル期に同金庫を暴走させ、結果として同金庫は破綻状態に陥ったといえる。

(3) 地域金融機関のビジネスモデルの崩壊

高度成長期においては、取引先との親密な関係を形成し、その成長とともに地域金融機関も発展を遂げた。ただし、景気が下降局面に入ると取引先の業況が悪化し不良債権が増加する。

ところが、このような不良債権も、高度成長期においては、担保不動産価格の上昇により最終的には回収が可能であり、金融機関に大きな損失を生じさせることはなかった。また、たとえ損失が発生しても、持続的な株価の上昇による有価証券含み益は、不良債権処理におけるバッファーとなった。地域金融機関は取引先を最後まで支援し、しかもロスを最小限に抑えるというビジネスモデルを享受してきた。

しかしながら、このようなビジネスモデルはバブルの崩壊とともに成立しなくなった。従来は回収可能であった不良債権が、担保不動産価値の下落とともに損失となり、経営に大きくのしかかった。さらに、早期是正措置に伴う自己査定制度は、基本的には、メガバンクと同一の資産査定基準を求めるものであり、結果として、債務超過に陥り破綻する地域金融機関が発生したのである。

(4) 信用リスク管理体制の欠陥と信用リスクの集中

以上のように、破綻した金融機関で問題となったものはリスク管理の不備であったが、ここでリスクの集中という観点から、破綻金融機関のリスク管理上の問題点を考察しておく。

① 特定地域への集中

　地域金融機関、特に信用金庫はその営業地域が限定されているため、地場産業への融資が集中する。この地場産業は、たとえば京都の信用金庫においては室町、西陣等の伝統的な繊維関連企業、釜石信用金庫のような新日鉄釜石関連企業がある。したがって、これら特定の業種が構造不況に陥ると、信用金庫に与える影響は大きなものとなる。このような事情が信用金庫のリスク分散をむずかしくしている。

　ただし、これらの地場産業の衰退が信用金庫に致命的な影響を与えたのではない。たとえば、景気が低迷していた北海道に位置する信用金庫の経営体質は総じて良好であった。また、釜石信用金庫は、新日鉄釜石の撤退により地元の不況に直面したが、最終的に不良債権化した大口貸出金は地元釜石市の企業向けではないといわれる。同信用金庫は、地元で活路を見出せなくなり、ほかの地域の企業に新規融資を行い、これらが大口債権化し結果として不良債権化したのである。

　N信用金庫、F信用金庫においても、最終的に問題となった融資金は不動産業向け融資であった。

　このように考えると、地場産業における業績不振が直接的な原因ではなく、業績の維持あるいは拡大をほかの分野に求めて安易な融資を発生させ、結果として、これらが不良債権化し破綻の要因となったといえる。地域金融機関経営において、当然地場の景況は重要であるが、これのみでは破綻への決定的な要因とはならないと考えられる。

　なお、この点に関する指摘が平成25年度の『金融検査結果事例集』にみられる。

　ここでは、「県外貸出におけるデフォルト率が県内貸出の約2倍となっているなど、高止まりして推移していることが認められる」。したがって、信用リスク管理部門は、「信用リスク管理や融資戦略の策定に活用することができるよう、地域別の与信ポートフォリオの動向に係る監視態勢を強化し、与信ポートフォリオの分析を高度化させることが課題である」と述べられている。

地域集中リスク以上に、本来の拠点との地理的な距離が情報収集や中間管理を希薄にさせる点が懸念される。

　②　特定業種への集中

　バブル期における特定業種への集中は、基本的には不動産業向け融資への集中と言い換えることが可能である。前述したように、地元における融資先の減少に伴い営業基盤が脆弱化すると、これを補完するために安易な融資先を求めることとなる。この対象として最も取組みが容易な不動産業向け融資に傾倒する結果になる。

　不動産業向け融資は、金融機関が融資を行う際の基本的な要素であるａ. 資金使途の妥当性、ｂ. 返済財源の確実性、ｃ. 保全管理、ｄ. 企業財務内容の健全性といった点について、ｄを除き、網羅的に満たしている感を与える。このため、不動産業向け融資は簡便な融資案件であり、個別の案件もスキームが描きやすい。

　ただし、担保の意味がほかの事業者とは異なる。本来、企業融資はその事業収入を返済財源とするものであり、担保は事業が悪化したときの第二の返済原資であるはずである。ところが、不動産業向け融資は担保自体のキャッシュフロー（賃料や売却代金）が返済財源となるものであり、担保である商品価値の低下は、そのまま担保価値の下落につながり、有効な担保として機能しなくなる。このように不動産業向け融資は、信用リスクテイクというよりは、価格変動リスクという市場リスクテイクの側面が大きいのである。

　なお、「我国では、伝統的に企業との長年の取引関係に基づく信用度の把握を審査の基本におき、融資の対象となる事業のキャッシュフローの分析は軽視されて来たが、バブル期には特に、事業計画の検討がないまま、さらには事業計画のない物件に対してさえ融資が行われ、また当時の値上がり期待を反映して、土地の担保評価を時価の100％まで見ることが普通に行われていた」（「日下部元雄（1997）」p.118）とされる。

　すなわち、一般事業者に対しても、不動産業者向けと同様の感覚で融資を行ってきたのである。筆者自身の経験でも、このような融資案件は多数存在していたという記憶がある。

ところで、「預金保険機構（2005a）」によると、金融機関の破綻要因として、不動産関連融資への与信集中は46％、その他業種への与信集中は26％となっている。また、信用金庫破綻要因として、不動産関連融資への与信集中は37％、その他業種への与信集中は18％と、信用金庫の場合与信の集中リスクは全金融機関と比較してその構成比は低い。それでも、与信集中を破綻の主要因とするものは55％と、破綻要因のなかでは最も高い構成比を占めている。

　ジョン・K・ガルブレイスは、その著書『バブルの物語』[1]（p.32）のなかで、バブルが繰り返される要因の一つとして「金融に関する記憶は極度に短く、その結果金融上の大失態があっても、それは素早く忘れられてしまう」。さらに、「人間の仕事の諸分野のうちでも金融の世界くらい、歴史というものがひどく無視されるものはほとんどない」と述べている。後述する『金融検査結果事例集』では、毎年度このような業種集中に係る問題点の指摘が掲げられている。わが国の金融機関においては、バブル期の体験が忘れられつつあるのかもしれない。

③　特定企業への集中

　大口融資は小口融資と比較し効率がよく、また、企業融資におけるシェアを上げることにより、取引先に対する発言力も強くなる。したがって、そのコントロールを怠ると、金融機関の融資は大口融資に傾斜しやすい。これが不良債権化すると、大きく経営に響くことになる。

　F信用金庫においては、大口融資比率のコントロールは本部審査部で行っていた。これは、大口融資全体の月末時点でのコントロールを行うものであったが、個別の融資先に対する上限額が明確にされるものではなかった。このため、各営業店に対する徹底したリスク管理面での指導は行われず、大口融資の約9割が不良債権となった。しかも、それらはバブル発生以前には優良企業と目されていたものが大半であった。

　S信用金庫も大口融資への傾倒がみられた。同金庫では、大口融資は効率性がいいことに着目し、営業店に対して大口融資の推進を指示していた。たとえば、本部推進部門が、特定の企業先に対して多額の融資枠設定を指示す

るというようなこともあった。また、大口融資は自然と安易な不動産融資に傾倒するものになった。これらの不動産業者は後に不良先となるものが多かったが、その後も追い貸しを続けた。当時の大口融資限度額は約60億円であったが、この限度額まで融資を継続しようとした。

H銀行は、貸出先基盤の充実を目指し、メイン化戦略を実施し、後順位のぶら下がり貸出からの撤退と、メイン取引先に対する同銀行グループによる貸出独占を図った。ここで、特定企業への融資集中により信用リスクが増大した。

また、「後藤新一（1983）」では、大正9年の銀行破綻急増時においても、その要因を「大口貸出が多すぎる銀行が少なくなく、1債務者の貸出金額が払込資本金の1割以上に相当するもののみを集計すると、総貸出の4、5割以上を占めている銀行は珍しくなく、総貸出の7、8割に達するものさえある」と述べられている。

以上、破綻金融機関におけるリスク集中の実態を述べた。リスク管理の本質はリスク分散に尽きるが、破綻金融機関においてはこれに反してリスク集中が過度に行われ、これが破綻の大きな要因になったのである。

なお、前述した業種集中と同様、『金融検査結果事例集』では、毎年度このような大口集中に係る問題点の指摘が掲げられている。業種集中と大口集中はいつの時代も金融機関経営を危うくするものであり、金融庁もこの2点を最も重視していることが明らかである。

2　破綻金融機関の経営行動

(1)　融資拡大戦略に伴う業種偏重と大口化

破綻した各金融機関は収益の増強を企図して、量的拡大戦略をとったが、これらはいずれも融資金の増強を中心とするものであった。

F信用金庫においては、上位2信用金庫へのキャッチアップを企図して積

極的な量的拡大策が推進された。融資戦略においては、融資先数と融資量増加が積極的に行われた。特に、バブル期以降は、融資新規開拓および既存先への深耕が積極的に行われた。同金庫は、不動産業を中心に融資金を増加させるとともに、取引先企業のメインバンク化を図った。これは、必然的に大口化を促すこととなった。

S信用金庫の融資戦略は、商業手形割引に特化したものであったが、顧客に定期積金残高の2倍までの融資予約を行うという手法においては、手形の成因、信用力調査等が安易になりがちであった。

歩積両建預金の整理に伴い預金および貸出金のシェアを低下させたが、バブル期には、このシェアを挽回するため不動産貸出に偏向した融資金拡大戦略をとり、ピーク時には貸出残高の約4割を不動産関連融資が占めた。また、営業店に対して大口融資の推進を指示していた。

しかしながら、もとより、商業手形割引に特化した融資手法以外のノウハウがなく、融資審査能力を備えていなかった。また、不動産業向け貸出は取引先の信用力ではなく、不動産担保の価値に重きを置いた審査を行っていたが、バブル崩壊後は不動産価格の下落とともにその多くが不良債権化した。

N信用金庫も、その活路を見出すために、不動産業向け融資を増加させた。その結果、不動産業向けの業種別貸出金構成比は30％を超過する高率となった。最終的には、バブル崩壊とともに、不動産価格は下落の一途をたどり、これらの取引先の多くは破綻状態となった。

H銀行は、リスクの多い貸出を中心に取引の拡大を行っていたが、平成2年から平成3年にかけて地元のほかの2行が貸出増加の抑制に転じたのに対し、昭和60年以降最大幅の貸出増加を行った。ほかの2行がバブル崩壊とその影響をなんらかのかたちで認識していたのに対し、H銀行はバブル崩壊の意味を的確に理解できず、他行の貸出抑制を好機として貸出拡大に走ったとされる。さらに、他行の肩代わりを積極的に行い、景気後退局面で、信用リスクの高い貸出を増加させた。

N銀行は、上位銀行が手を出さないような信用力のない小規模企業に融資をしてきたことから基盤が脆弱であった。営業地域内は大手行の出店がある

うえに、地銀、信用金庫などとの競合が激しく、無理な拡大路線をとった。

　U信用組合も、ほかの金融機関が融資対象としないような業種に貸し込み、大口融資先が不良化していた。

　いずれの金融機関も融資金の増加は実現したが、審査基準の引下げがその背景に存在した。すなわち、リスク管理意識が欠如した融資金拡大戦略がとられたのである。

　これらは、不動産融資に限られたものではなかった。特にバブル期は、不動産価格の上昇に伴い、不動産業者のみならず、ほかの業種でも不動産購入を伴う設備投資が活発であった。これら購入不動産を担保に行われる不動産投資に伴う融資は、現実的には不動産業者向け融資となんら変わるものではなかった。設備投資効果とそれに伴う増加キャッシュフローを返済財源とするのではなく、最終的には購入不動産の売却を融資金回収手段と考える案件が多発していたからである。このような融資案件は、厳密な審査を行うことなく安易に取り上げられた。

(2)　預貸率の増加に伴う資金調達手段の変化

　以上のような融資拡大戦略に伴い、破綻した3信用金庫は預貸率が大きく増加し、いずれの金庫も80％を超過するようになった。この当時の信用金庫全国平均は70％弱であることを勘案すると、いずれの金庫も資金調達面で問題を抱えていたといえる。

　資金調達の増強を企図して、3金庫とも積極的な大口預金の吸収を図っている。しかも、いずれの金庫も地元中小企業のみではなく、上場企業など大手企業に高金利を付して預金を獲得している。

　また、N信用金庫、S信用金庫では譲渡性預金の獲得も積極的に行われた。この2信用金庫の、総資産に占める譲渡性預金の比率は、平成5年3月でN信用金庫は4.68％と全国信用金庫ベースで第2位の高率、S信用金庫は2.09％で同7位であった。

　ちなみに、同時期の上位10信用金庫のうち、現存する金庫は3信用金庫のみであり、7金庫は消滅している。うち3金庫は破綻、2金庫は相互援助資

金利用の救済合併、2金庫は救済合併されている。資金調達面においても、問題信用金庫は同様の行動をとることがわかる。

なお、これらの金庫は大口預金の獲得により預金量は増加したが、それでも融資金増加の速度に追従できず、各金庫ともその原資を預金以外に求めざるをえなくなった。並行して行われたのが、信金中央金庫の代理貸付である。この代理貸付に債務保証を行い、保証料を顧客から得ることで、無資金で融資を行ったと同様の効果が得られた。

F信用金庫の事例で述べたように、この代理貸付は信用金庫にとって重宝なものであった。大口貸出金比率から控除することができるとともに、預貸率の上昇を抑制することができたからである。

これらは、バブル経済が崩壊するまでは、業務純益を増加させ、それなりの業績を実現する効果があった。しかしながら、もとより不動産担保価値に裏付けられたものであり、バブルの崩壊とともにその返済財源を喪失し、最終的には不良債権化することとなった。

(3) 不良先への支援継続と事業再生

バブル期の不良債権の増加を抑制する目的として、不良先の事業再生を行い、自己査定における債務者区分のランクアップを図るという手法も試みられた。

F信用金庫においても、事業再生部門が設置された。しかしながら、事業再生には数年を費やすのが通常であることを勘案すると、このような施策には即効性がなく、最終的には不良債権の減少にほとんど寄与しなかった。むしろこの部門が追い貸しを主導する部門になった。

地域金融機関においては、地元経済に影響を与える大口倒産は起こせない[2]といった使命感がある。さらに、倒産による償却負担が重荷となるので、追加融資を行って、延命策を図ることとなる。F信用金庫の場合、事業再生を行うべき先として抽出されたものは、大蔵省（当時）検査において査定された、第三分類と第二分類先のうち財務内容がかなり悪化しているものであったが、いずれも再生が困難なものが多かった。経営トップは、早期の

支援打ち切りによる償却より、再生による債権回収に望みを託したことから、ずるずると支援を継続し、結果として不良債権額を増加させた。

　S信用金庫においても、大口融資は安易な不動産融資に傾倒するものになった。これらの不動産業者は後に不良先となるものが多かったが、その後も追い貸しを続けた。当時の大口融資限度額約60億円まで融資を継続しようとした。

　N信用金庫は、不良債権を糊塗（こと）するために、実質的に破綻状態にある先に対しても、追い貸しを継続した。土地価格がいずれ上昇すれば、これらの不良債権も回収可能になるであろうとの判断であった。しかしながら、結局土地価格は上昇することなく、多額の不良債権を抱えた同金庫は破綻状態になった。

(4)　サンク・コストとソフト・バジェット問題

　前項で述べたような支援継続に伴う、いわゆる「追貸し」という行動にはサンク・コスト、ソフト・バジェット問題が関係している。サンク・コストは事業に投下した資金のうち、事業の撤退・縮小を行ったとしても回収できない費用である。すでに実行した融資金は、この融資先が倒産すると金融機関の損失が確定してしまう。これはいわゆるサンク・コストである。にもかかわらず、これらを回収するために、新たに追加支援を行うという行動が発生する。

　「追貸し」はソフト・バジェット問題[3]としても生じる。「村本孜（2005）」は、「銀行融資におけるソフト・バジェット問題[4]とは、リレーションシップ・バンキングの対象先の取引企業の経営に問題が発生したときに、金融機関が追加の融資を拒否できるかという問題である」（p.20）と述べている。

　また、「滝川好夫（2007）」は、Dewatripont and Maskin[5]を引用して、ソフト・バジェット問題は「倒産の可能性や問題が生じたときに、銀行が追い貸しや再交渉に応じてくれると借り手企業が期待するとマイナスのインセンティブを有することになる。すなわち、もし貸出契約についての再交渉があまりにも容易であれば、借り手企業は経営努力を十分にしないというモラ

ル・ハザードを引き起こす」としている。

　まとめよう。継続的に融資している取引先に対しては、金融機関側はすで
にモニタリングコスト等を負担している。そこで、不良化した企業に対して
も追い貸しを行い、延命させ、少しでも融資を回収したいというインセン
ティブが働く。さらに、問題を表面化させ、貸倒引当金や償却を増加させた
くない、あるいは地域に悪評を起こしたくないというインセンティブが働
く。このように、金融機関側が当初の融資条件を安易に変更することが、企
業にモラル・ハザードを引き起こす。結果として、業績不振企業の再建計画
がうまく進行しないと考えられる。

(5)　自己査定における不良債権の糊塗と粉飾

　F信用金庫やS信用金庫がとった、破綻回避に向けての財務施策は一定の
効果を示したが、含み益の実現化、経費の削減等には限度があり、不良債権
のすべてを引当・償却するまでには至らなかった。しかも、融資金増強によ
り増加した収益も信用コストを伴うものであり、さらに不良債権を増加させ
るものとなった。そのため、最終的には、不良債権を少なく見せる行為、す
なわち不良債権の隠匿が行われた。

　平成9年3月、「早期是正措置導入後の金融検査における資産査定につい
て」に基づき自己査定制度の方向が明確にされた。従来、金融機関の資産査
定は大蔵省（当時）検査で行われ、金融機関がこれを参考に償却・引当を行
うという方式をとっていたが、この制度の導入により金融機関が自主的に資
産の査定を行い、償却・引当を行うことになった。「金融検査マニュアル」
によると、基本的には金融機関が自己責任原則に基づき、自己の内部管理体
制が十分であることを証明できればそれでよいという、個別金融機関の自主
性を尊重するものであった。

　F信用金庫で行われた自己査定基準作成の目的は、いかに甘い債務者区分
を行うことができる基準を作成するかということである。債務者区分を1ラ
ンクあるいは2ランク高く査定することにより引当額を少なく見積もってい
た。S信用金庫においても、1ランク上位に査定していた。また、担保額を

実勢以上に高く見積もり、やはり引当額を少なく見せていた。いずれも、貸出資産を実際以上に良好に見せるための粉飾決算である[6]。

　破綻したいずれの金融機関も破綻直前の決算は自己資本比率をプラスとしていることを勘案すると、同様の操作が行われていたことが推察される。これらの、具体的手法は以下のとおりである。

　融資金の返済が滞る状態になると、これらは延滞債権として公表を義務づけられる。そこで、この延滞債権を減少させるために、いわゆる追い貸しが行われた。この貸出金は、約定されている元本の返済や利息の支払に充当された。また、元本返済を猶予されている融資金に対しては、利払いの資金を融資する、いわゆる利貸しが行われた。これらの利息は信用金庫にとっては受取利息として計上され、収益として不良債権の償却・引当の原資となった。

(6)　不正のトライアングル

　ここで、前述のような粉飾を行うメカニズムを整理しておく。不正はこれに関与しようとする「動機やプレッシャー」とそれを実行する「機会」およびそれらの行為の「正当化」に関連している[7]。また、「千代田邦夫(2009)」は、「財務諸表における重要な虚偽の表示、つまり粉飾は、多くの場合経営者不正によってもたらされる」と述べ、経営者に不正に関与する「動機やプレッシャー」があり、不正を実行する「機会」があり、経営者の「姿勢」に問題があるとしている[8]。

　ここでは組織を生存させるための粉飾決算を行う「動機やプレッシャー」「機会」「行為の正当化」がみられる。たとえば、F信用金庫が粉飾を行うに至った要因は次のようである。

　「第1に金庫を絶対に破綻させてはいけないという使命感がある。金融検査マニュアルどおりの厳しい査定を行えば、引当金が自己資本を超過し債務超過となる。これはすなわち自らの破綻を意味する。(中略)次に債務者を保護しなければならないという使命感がある。信用金庫は非営利の協同組織金融機関であり相互扶助を目的とする。金庫とともに成長してきた企業を防

衛しようという本能が働くのはむしろ自然な行動と考えられる」[9]

　ここには、正規の決算を行い金庫が債務超過に陥っていることを公表すると金庫が破綻を余儀なくされるため、これを防衛しなければならないという動機が存在する。次に、金庫の存続による、取引先の擁護、職員の生活の維持を行わねばならないという粉飾に対する正当化がみられる。

　また、このような粉飾行為は経営トップの命令により金庫ぐるみで行われたが、トップの命令は絶対的なものでけん制機能が働かない。むしろ、自己査定や決算に従事する職員は、使命感をもってこれを行う心理が働く。これは職員自身の行為の動機と正当化である。粉飾を行う機会が存在しているのはいうまでもない。

1　「Galbraith J Kenneth（1991）」

2　多胡秀人『実践！リレーションシップ・バンキング』金融財政事情研究会。「中小・地域金融機関にとっては、その営業区域においてどのような評判を有するかということは非常に大きな問題である。（中略）地域の評判を気にするあまり過大なリスク負担を行ったり、再生が困難な企業との取引を継続する」（pp.39－40）と述べている。

3　Boot（2000）は銀行と融資先との間にはソフト・バジェット問題というコストが存在するとしている。Boot, A.W.A.,（2000）, pp.16－17を参照されたい。

4　村本孜（2005）は、ソフト・バジェット問題の意味を次のように説明している。「例えば、公的企業が収益獲得の努力をせず、赤字を発生させても、結局政府が赤字補填をするので、経営努力が行われなくなったり、あるいは、経営努力して費用削減しても翌年から予算を減らされるので、改善努力をしない状況が発生することになる。予算は一度決められれば変更されないが、政府が赤字を補填することにより、予算規制が緩く（ソフトに）なる」（p.20）

5　Dewatripont, M and E. Maskin（1995）"Credit and efficiency in Centralized and Decentralized Economics," The Review of Economic Studies, Vol.62, No.4, PP.541-555.

6　詳細は「石川清英（2012）」を参照されたい。

7　「田中恒夫（2007）」p.16

8　経営者不正をもたらす要因については、日本公認会計士協会監査基準委員会報告書第35号「財務諸表の監査における不正への対応」、2006年10月、付録1「不正リスク要因の例示」を参照されたい。

9　前掲「石川清英（2012）」p.217

第 3 章

金融庁の検査指摘事例にみる
信用リスク管理の問題

1　指摘事例の概要

　本章では、平成21年度から平成25年度までの、金融庁「金融検査結果事例集」（平成21年度のみ「金融検査指摘事例集」）における信用リスクに関する指摘事例を問題の項目別に分類・抜粋し、それぞれ解説を加えている。主として地域金融機関に対する指摘を掲げているが、重要であると思われたものについては、主要行や外国銀行に対するものも含まれている。

　金融庁の「金融検査結果事例集」にみられる信用リスク管理に係る指摘は、大別すると、与信集中（大口、業種集中）、格付、審査管理の三つに集約される。これらは、業態・規模にかかわらずいずれの金融機関も共通に抱えている問題である。

　また、信用リスク計測手法を用いている場合の検証方法についての不備の指摘も多くみられ、金融庁がリスク計測による金融機関の経営悪化の未然防止を重視していることがうかがえる。これらは主としてリスク計測手法を用いている主要行や大手地銀にみられるものであるが、中小金融機関に対する指摘もある。

　業種集中については、不動産賃貸業や住宅ローンの構成比増加を懸念したポートフォリオの是正についての指摘が多い。また、最近は業種集中（不動産、住宅ローン）の問題を掘り下げ、不動産賃貸業と住宅ローンの個別案件審査に関する不備の指摘が多くなる傾向にある。指摘は主としてこれらの審査手法の未熟さに関するもので、具体的な審査方法も指示している。

　なお、すでに述べた金融機関の破綻事例は、健全な金融機関にとっては、バブル崩壊後の一時期の特殊な事例に思われるかもしれない。しかしながら、大正、昭和初期の歴史的な事例にさかのぼって考察すると、実は経済の循環の過程で必然的に起こりうるものであることがわかる。

　以下に掲げる指摘事例では、過去に破綻した金融機関と同様の融資姿勢を問題とする指摘がいまだに多数みられることを示している。バブル期の体験と反省が忘れられつつあるのではなかろうか。特に、直近に発表された平成

25年度の指摘事例をみると、大口融資と不動産業向け融資の集中に関する指摘がほとんどである。金融機関間の過当競争が続くなかで、当局の関心が与信集中にあることを示している。すでに述べた金融機関の破綻事例がこれらに対処するうえで大いに参考になろう。

　出所は金融庁「金融検査結果事例集」[1]各年度であり、下線は筆者が付している。分量が多いので、下線部分だけに目を通せば、概要が素早く把握できるように配慮している。

2　信用格付の不備に関する指摘

(1)　信用格付の運用に関する問題点の指摘

　格付の不備に関する事例は以下に列挙しているが、指摘内容は限定的である。すなわち、随時格付が適切に行われていないことや期日管理が行われていないなど、適切な運用が行われていないことが大半である。信用格付はその制度を設計・制定したら、必ずそれに基づく適切な運用を行わねばならない。

　また、信用格付制度は客観性が要求される。定性情報を加味する場合も、あいまいなものではなく、これを点数化する等必ず一貫性と統一性をもたせた制度とする必要がある。

　第4章で格付制度の概要を述べているので参照されたい。

【格付の運用の問題】

・リスク管理部門は、業況悪化等の事象が生じた場合は格付を随時見直すと定めているものの、債務者区分が正常先にある債務者については、リスクは高くないとの判断から、信用格付の随時見直しは行わないこととしている。
　このため、債務者区分が正常先である債務者の業績が急激に悪化してい

るにもかかわらず、信用格付の随時見直しを行っていない。［地域銀行］
（平成21年度　個別の問題点）

・与信管理部門が、信用格付について、営業店における格付付与の期日管理
の実態把握や、格付付与の遅延原因の十分な分析を行っていない等の事
例。［地域銀行、中小規模］（平成23年度後期　個別の問題点）

・信用リスク管理部門が、信用格付について、決算期到来時点における信用
格付の正確性については検証しているものの、期中の信用状況の大幅な変
化に対する信用格付の随時見直しの検討が適切に行われているかどうかに
ついては検証していない事例。［地域銀行、大中規模］（平成24年度後期
個別の問題点）

・信用リスク管理部門が、信用格付モデルランクの判定後に定性評価により
修正を加える際の基準について、定性要因の「程度に応じて、モデルラン
クからの修正を行う」と定めるにとどまっており、統一的な運用が可能な
具体的なものとなっていない事例。［地域銀行、大中規模］（平成24年度後
期・平成27年６月　個別の問題点）

(2)　信用格付の検証に関する問題点の指摘

　債務者区分の整合性等による格付モデルの事後的検証や実績との乖離の検
証を行っていないなど格付の精度の問題が指摘されている。

　格付は、定量面ではモデルから導出されるPD（倒産確率）によるものが一
般的であるが、毎期実績PDとの整合性について検証しなければならない。
また、これらについて格付制度を設計する段階で必ず規定に盛り込まなけれ
ばならない。そして、いったん規定を制定したらこの規定に基づく運用を徹
底することが大切である。格付の検証についても、第４章で概要を述べてい
るので参照されたい。

【格付の検証にかかる問題】

・審査部門は、信用格付の随時見直しに係る期日管理が十分でないため、格付の見直しが期日を経過し、遅延している債務者が多数認められる。また、債務者区分の整合性等による格付モデルの事後的検証が行われていないなど、精度向上に向けた取組みが十分に行われていない。

　このため、信用格付の付与が遅延している債務者について、上位の格付を付与されたまま破綻している事例が認められる。［信用金庫および信用組合］（平成21年度　個別の問題点）

・与信管理部門は、審査部門に対して、黒字化見込みなど将来予測に基づいて信用格付を付与した債務者について、実績との乖離状況を検証するよう指示していない。

　こうしたなか、「来期黒字化見込み」を根拠として「正常先相当」の信用格付を付与した債務者について、その後、実際には赤字になったことが判明しているにもかかわらず、審査部門が、実績をふまえた信用格付の見直しを検討していない事例が認められる。［地域銀行、中小規模］（平成24年度前期　個別の問題点）

3　与信集中に関する指摘

(1)　大口集中の問題

　与信集中に関する指摘は、個別債務者の限度額管理の問題すなわち大口集中と与信ポートフォリオの問題の2点に分かれる。毎年度同様の指摘が行われている。

　個別債務者の限度額管理については、金融機関が限度額を定めているにもかかわらず、それを遵守することなく漫然と超過を許容しているという指摘が多い。しかも、これら超過先に対する財務内容等の実態把握が適切に行われていないことが問題となっている。

グループ先を意図的に名寄せから除外しているという指摘もある。バブル期の破綻事例で述べたような、大口与信隠匿がいまだに行われている。

　金融庁は平成26年度の「金融モニタリング基本方針」のなかで、「金融システムに影響のない小口の資産査定は、原則として金融機関の経営判断を尊重する」としている。一方で、「与信集中リスクについては、その管理態勢を検証する」こととしており、そのスタンスは大口融資と業種集中におかれていると考えられる。

　したがって、個別の大口与信供与先については、与信限度額を設定し、これを必ず遵守するという姿勢が重要である。やむをえず超過した場合は、その原因について十分な説明を必要とし、限度内への収束が将来的に可能かどうかの見極めを要する。また、可能でなければ限度額の見直しを行わなければならないが、単に限度額の見直しを行うのではなく、融資先の体力を吟味したうえで行わねばならない。

　同時に、これらの大口先の融資金全体に占める割合（大口与信比率）や大口与信先の未保全額の推移を継続的にとらえ、これをどの程度の水準としていくか等、銀行全体の大口融資金の現状把握と分析を行わねばならない。

　なお、第4章で述べた与信集中に係る信用リスク計測結果も重要な指標となる。大口融資先が増加すれば必然的に信用リスク量が増加する。

　以上のような観点から、自行の体力がこれに耐えうるかどうかを常に検証しなければならない。

【個別債務者の限度額の問題】

・貸出審査会は、前回検査で大口与信先の限度額管理について指摘されているにもかかわらず、毎期、与信限度額の増額を行ったうえで多額の追加与信に応じているほか、融資部門等が、特定の大口与信先に係る実態把握が不十分なことから、資金流用を看過している事例。〔信用金庫及び信用組合〕（平成21年度　評定事例）

・信用リスク管理態勢に係る業務改善命令に対し、改善に取り組んでいるな

か、取締役会の関与が不適切であることから、<u>大口与信先の管理などが依然として不十分</u>となっている事例。［地域銀行］（平成21年度　評定事例）

- 大口与信先の管理について、常務会は、信用リスク管理部門より、四半期ごとにTier 1の10%超過先の総与信に対するシェアおよび保全の状況並びに「与信ポートフォリオ管理に係る状況」、「支援先のランクアップの状況」の報告を受け、今後の対応、方針を協議する体制としているほか、<u>Tier 1の10%超過先に対する融資案件を審査している</u>。（中略）

  こうしたなか、同部門は、「信用リスク管理規定」に定める「同一企業グループ」の範囲を実質同一体に限定し、同企業グループの債務保証先を含めていない。このため、<u>企業グループの返済負担が増大する懸念のある先をグループ全体管理先から除外している事例</u>が認められる（後略）。［信用金庫及び信用組合、小規模］（平成22年度前期　個別の問題点）

- 理事会は、近年、<u>業容拡大を図るため不動産業向け融資を拡大しており、不動産業向けおよび大口与信先への与信集中が進んでいる。</u>

  しかしながら、理事会は、不動産業向け融資に係る審査態勢を整備しておらず、<u>不動産業等大口与信先に対する融資審査において、基本的な審査を行っていない</u>。また、<u>クレジット・ライン超過先に対する取組方針などの検討や策定を行っていない。</u>

  さらに、理事会は、<u>クレジット・ライン超過先などの融資案件を付議する態勢を構築していない</u>など、重要な融資案件の審査について、<u>理事長等に対するけん制機能が不十分</u>なものとなっている。

  こうしたことから、融資審査において、信用リスクに多大な影響を与える事例などが認められる。［信用金庫及び信用組合、小規模］（平成22年度後期　個別事例（指摘・評価事例））

- 取締役会は、「信用リスク管理規定」において、信用格付に応じた与信限度額を設定することとしている。

  また、審査部門は、「クレジット・ライン管理規定」において、やむをえず与信限度額を超過する場合には、半期ごとに与信取引方針を策定し、取締役会に付議することとされているほか、要注意先以下の与信先については、個別の与信限度額および与信取引方針を定め、経営会議に付議することとされている。

さらに、同部門は、前回検査の指摘をふまえ、与信限度額の超過先に対する中長期的な対応方針として、数年以内の超過是正に向けた段階的な改善方針を策定することとしている。

　しかしながら、同部門は、<u>与信限度額の超過先について、翌期の与信限度額を設定するにとどまり、超過是正に向けた今後の与信計画等の対応策を策定していない</u>。

　<u>また、同部門は、要注意先以下の与信先に対する個別の与信限度額の設定に当たって、与信先の収益や資金繰り状況をふまえた検討を行っておらず、具体的な根拠が不十分なまま、過大な与信限度額の設定を行っている事例が認められる</u>。［地域銀行、大中規模］（平成24年度前期　評定事例、平成27年6月その他参考事例）

・常務会は前回検査の指摘をふまえ、大口与信比率および大口与信先の未保全額の改善等に向けた検討を行うこととし、大口与信先に係る未保全額の自己資本額に対する割合について審査部門から報告を受けている。

　しかしながら、<u>常務会は、当金融機関の経営体力をふまえて許容できるクレジット・リミットの設定の検討が必要との提言を受けているにもかかわらず、具体的な検討を行っていない</u>。

　こうしたなか、<u>大口与信先に係る未保全額の自己資本額に対する割合が増加している実態が認められる</u>。［信用金庫及び信用組合、中規模］（平成24年度前期　評定事例）

・リスク管理委員会が、現行の与信集中リスク管理手法に問題がないかどうかについての洗出しに着手しておらず、クレジット・リミットを個社別に設定する必要がないかどうかなど、<u>大口与信先に対する与信集中の抑制に向けた具体策の検討を行っていない</u>事例。［地域銀行、大中規模］（平成24年度後期　個別の問題点）

・融資部門が、大口与信先に対する取引方針および取引方針枠の設定に当たり、現状の与信残高に当面の資金需要を見込んで設定するなど、<u>個社の特性を十分に把握・認識したうえで適切に設定することとしていない</u>等の事例［地域銀行、大中規模］（平成25年度）

・理事会が、総与信に占める大口与信先の与信残高等を確認するにとどまり、大口与信先の未保全額や当金融機関の収益力等をふまえたうえで、大

(2) 与信ポートフォリオの問題

　与信ポートフォリオの問題は、主として大口与信集中と業種集中に分かれる。いずれも具体的な管理方法を定めず、限度額の超過を看過していることを指摘している。ここでは、管理方法も含めた詳細な規定やマニュアルの制定が求められよう。また、債務者グループの実質同一債務者の認定誤りや、業種コード設定の不備など基本的な問題の指摘もある。これらは、定めた規定の運用上の問題でありこれを定着化することが重要である。

　業種集中は、不動産賃貸業と住宅ローンを問題の対象としているが、これらの審査手法の未熟さを指摘し、具体的な管理手法を指導している。

　なお、個別債務者の大口化も地域金融機関においては主として不動産業者向け融資の問題と考えてよかろう。地域金融機関においては、基本的に大口化がみられるのは不動産業向け融資が大半である。したがって、業種集中と大口集中は密接なつながりをもっている。不動産特に大口不動産融資をいかに適正範囲内にコントロールできるかが最重要課題である。

　昨今の都市部における地域金融機関の不動産融資への傾倒は、必然的に与信大口化を招いており、バブル期の状況が再び発生しつつある。このように考えると、本書の金融機関の破綻事例でみられた問題を克服することが、与信集中の問題を解消することとなろう。

　ところで、平成25年度の指摘事例集では、地域別ポートフォリオの分析不足についての指摘がある。県外など本来の営業地域を離れる融資先は、デフォルト率が高くなる可能性が高い。地理的に離れていると中間管理が高コストとなるためおろそかになりがちである。一方、店舗周辺の融資先とはその関係が密接になることから情報収集が容易であり、中間管理が行いやすい。いわゆる情報の非対称性を克服することがより可能である。

　したがって、地域外の顧客に対しては特別な管理を行うか、消費者ローン

等の定型商品のような中間管理を比較的必要としない融資商品を販売すべきであろう。

【与信ポートフォリオの問題】

・取締役会は、首都圏での融資推進において与信費用の増大を招いたことをふまえ、融資戦略担当部門を設置し、首都圏における新規開拓方針の明確化や一定額以上の与信先を重点管理先とするなどのリスク管理を行っている。

　しかしながら、同部門は、新規融資や大口与信先管理において、地域・業種・金額階層別等の貸出金ポートフォリオ分析に基づいたリスク管理を行っておらず、リスク管理の実効性が確保されていない。［地域銀行］（平成21年度　個別の問題点）

・業種集中リスクの管理について、常務会は、リスク統括部門が不動産業についてクレジット・リミットの設定に係る検討を行うことを承認している。

　しかしながら、常務会は、その後の検討状況の確認を行っていないほか、業種集中リスクが顕在化した場合に当行に及ぼす影響を把握するためのシミュレーション等を行うよう同統括部門へ指示していない。

・業種の判定基準について、審査部門は格付に係る財務データ登録時の業種を売上高比率の最も高い業種とすることと定めている。また、営業店が顧客の決算書を入手後に業種の見直しを行い、同部門へ報告することとしている。

　しかしながら、同部門は、営業店に対し、売上高比率の変化に応じて業種の見直しを行うよう指示を徹底していないほか、自己査定時における格付シートの登録内容に係る検証を十分に行っていない。

　このため、業種コードの登録誤りが多数発生し、クレジット・リミットを設定した特定業種に係る与信残高が誤っているほか、開示されている業種別貸出残高の大半が相違している。［地域銀行、中小規模］（平成22年度後期　評定事例）

・取締役会および与信管理部門は、大口与信先の突発破綻による信用リスクの顕在化が経営に大きな影響を与えていたことから、大口与信集中の是正が必要であると認識している。

しかしながら、取締役会は、その是正のために将来的に大口与信比率をどの程度の水準としていくかといった与信ポートフォリオの運営方針を明確にしていない。また、同部門に対して、現行の大口与信集中リスク管理手法の問題点の洗出しや大口与信集中是正に向けての改善策の検討を行うよう的確に指示していない。さらに、同部門も、過去に大口破綻が相次ぎ信用コストが高い状況にあると認識しているにもかかわらず、与信リミットの管理状況や大口債務者に対するモニタリング結果を取締役会に対して報告するにとどまっており、大口与信集中是正のための具体的改善策についての提案・報告を行っていない。

　こうしたなか、取締役会が、大口与信先への追加与信の妥当性を十分に検討しないまま、与信リミットを超過する融資を許容した事例が認められる。［地域銀行、中小規模］（平成23年度前期　個別事例（指摘・評価事例））

・取締役会は、「信用リスク管理規定」において、審査部門に、特定の業種への与信集中の状況を把握させ、必要に応じて対応策を立案させることとしている。

　こうしたなか、同部門は、特定業種向け与信の残高やELが増加していることを認識しているにもかかわらず、業種別与信限度額の設定の要否など、与信ポートフォリオのあり方についての検討を行っていない。また、同部門は、業種別集中リスクに着目したストレス・テストの実施の必要性について、リスク統括部門と協議を行っていないなど、業種別集中リスクの管理に向けた取組みは十分なものとなっていない。［地域銀行、大中規模］（平成23年度後期　評定事例）

・リスク統括部門が、総与信残高に占める不動産賃貸業に対する与信残高の割合が依然として大きいなかで、営業店別や信用格付別での不動産賃貸業に対する与信残高や与信先数の分析など、不動産賃貸業に対する与信の実態についての詳細な分析を実施していない等の事例。［地域銀行、大中規模］（平成24年度後期　評定事例）

・理事会は、アパートローンなど不動産業に対する融資増強を推進してきたところ、将来的に同業種の与信残高構成比率等が既定の上限を超過するおそれが生じたことから、上限の引上げを行っている。しかしながら、理事会は、当該引上げに当たり、同業種への与信集中が進むことにより生じる

リスクを検討することなく、当金融機関における同業種の融資シェアが県内のほかの金融機関と比較して突出したものではないことのみを理由として決定しており、業種集中リスク管理は不十分なものとなっている事例。［信用金庫及び信用組合、中規模］（平成25年度・平成27年6月その他参考事例）

・県外貸出を増加させているなか、信用リスク管理や融資戦略の策定に活用することができるよう、地域別の与信ポートフォリオの動向に係る監視態勢を強化し、与信ポートフォリオの分析を高度化させることが課題となっている事例。［地域銀行、中小規模］（平成25年度）

4 審査管理に関する指摘

　審査管理に関する問題は、債務者の実態把握の不備として、審査管理の基本的な問題を指摘している。具体的には、財務分析の不備、資金繰り把握の不備、資金使途の調査不足等をあげている。いずれも与信管理上のきわめて初歩的な問題といえる。

　また、業種集中を背景として、不動産賃貸業向け案件や住宅ローンにかかる審査手法の不備をあげている。

　統合リスク管理に関する指摘として、計測された信用リスク量が配賦リスク資本を超過しつつあるにもかかわらず、対応策を講じていないという指摘もある。

(1) 財務実態把握の不備

　財務分析による財務実態把握ができておらず、結果として保全重視の対応や定性的要因重視の与信審査となっている。また、デリバティブに係る含み損の処理を反映した実態財務諸表を作成せず、これが信用格付や債務者区分に反映されていない等の指摘がある。

　個別債務者の実態把握は必須であり、これは財務諸表等を主とする定量情

報を中心としなければならない。定性要因のみにより顧客を把握しているつもりでいることが大きな問題である。

【財務実態把握の不備】

> ・営業店は、実態的な財務内容の分析等を十分に行わないまま与信判断を行っており、審査部門もこれを容認するなど、審査態勢は不十分なものとなっている。
>
> 　こうしたことから、財務内容が不透明で過大な有利子負債を抱えている非上場企業に対し、地元の代表企業であることなど定性的な要因を重視した与信審査を行い、実態把握不十分なまま多額の融資を実行し、その後、短期間で不良債権化している事例等が認められる。［地域銀行、中小規模］
> （平成22年度後期　個別の問題点）
>
> ・審査部門は、為替デリバティブ取引を行っている債務者の突発的な破綻の抑止を目的として、営業店に対して、そうした債務者の資金繰りの見通しや円高による影響等を把握したうえで報告を行うよう指示している。
>
> 　こうしたなか、同部門は、為替デリバティブ取引による含み損を抱えている債務者について、含み損の実態財務諸表への反映方法を定めておらず、営業店に、含み損を反映した実態財務諸表に基づく信用格付や債務者区分の見直しを行わせていない。
>
> 　このため、営業店において、債務者が為替デリバティブによる多額の含み損を抱えていることを把握しながら、債務者区分の見直しを行わず、そうしたなか、同債務者より、資金繰りの行き詰まりを理由に約定弁済停止の申出を受けている事例が認められる。［地域銀行、大中規模］（平成23年度後期　評定事例）

(2)　経営改善計画の妥当性検証の不備

　経営改善計画の妥当性の検証を行わず、また、これらの進捗管理も行われていないという指摘がある。経営改善計画は実現可能性のチェックが重要であり、単体ではなくグループ企業も含めた業況見通しを検討しなければならない。

【経営改善計画の妥当性検証の不備】

> ・経営会議等が、大口与信先のグループ全体を捉えた業況見通し等を検討していないほか、経営改善計画の進捗管理を把握する態勢を構築していない事例。［信用金庫及び信用組合、大規模］（平成22年度前期　評定事例）
>
> ・審査担当理事等が、業況が悪化している大口与信先の審査に当たり、経営改善計画の妥当性や実現性等の検証を行っていない等の事例。［信用金庫及び信用組合、小規模］（平成23年度前期　個別の問題点）

(3) リスク資本配賦の問題

　リスク量の計測を行っているだけでその目的意識が欠如しているという指摘がある。これではリスク計測を行う意味がない。配賦リスク資本を定めたら、その範囲内にリスク量が収まるようにコントロールしなければならない。また、その増加に伴い事前にその対策を講じる必要がある。

　リスク資本配賦の実務については第4章で解説しているので参照されたい。

【リスク資本配賦の問題】

> ・理事会は、リスク資本配賦の設定について、統合リスク管理委員会で審議を行うことや、四半期ごとに見直すことなどを定めている。
>
> 　こうしたなか、同委員会は、前年度の信用リスク量が配賦リスク資本に迫り、超過する懸念が高まっていたにもかかわらず、事前に超過した場合の対応策などを講じていない。
>
> 　こうしたことから、その数カ月後に信用リスク量が配賦リスク資本を大幅に超過し、その後も増加傾向となったにもかかわらず、同委員会は、配賦リスク資本を適時に見直していないほか、破綻懸念先に係る管理の徹底など信用リスク削減に向けた取組みを行っていない。［信用金庫及び信用組合、大規模］（平成22年度前期　評定事例）

(4)　不動産賃貸業向け融資・住宅ローンの審査手法の不備

　不動産賃貸業向け融資に対する問題は、サブリース契約に伴うリスクが指摘されている。サブリース契約があるとその契約の相手方の信用に頼りがちであるが、契約の変更等に備え実際の賃料支払状況の実態把握が必要である。これは、定期的に行わねばならない。また、不動産賃貸業に特化したリスク分析手法として、DSCRやLTVの指標については、個別債務者のみではなく銀行全体の総合的かつ時系列的な分析を行わねばならない。

　住宅ローンについては、各金融機関の積極的な推進を背景として、その低収益性や信用リスクに関する指摘がなされている。特に住宅ローン特有の指標であるDTIやLTV等の指標について、情報を収集し銀行全体の継続的なリスク分析を行わねばならない。

　なお、住宅ローンのリスク管理手法の概要については、第4章で述べた住宅ローンの格付手法を参照されたい。

DSCR（Debt Service Coverage Ratio）
＝（対象資産の運用から得られる年間キャッシュフロー）÷（債権者に対する元利支払額）
LTV（Loan to Value）＝（与信残高）÷（不動産評価額）
DTI（Debt To Income）＝（年間元利返済額）÷（年間収入）
LTI（Loan to Income）＝年間収入÷借入残高

【不動産賃貸業向け融資・住宅ローンの審査手法の不備】

・与信管理部門が、不動産賃貸業向け融資について、キャッシュフロー等の検証方法や、当該検証結果に係る報告事項を定めていないため、営業店において、<u>アパートローンの対象物件について、サブリース業者による家賃保証特約の履行状況を把握していない</u>等の事例。[地域銀行、大中規模]
（平成24年度前期　評定事例）

・審査部門が、アパートローンについて、債務者（アパート経営者）が不動産会社との間で締結しているサブリース契約に伴うリスクを十分に認識していない等の事例。［地域銀行、大中規模］（平成24年度前期　評定事例）

・当行は、住宅ローンについて、収益を獲得する観点から積極的に取り組んでいるほか、主要な商品の一つとして拡大する方針としている。また、リスク管理委員会は、融資部門に対して、DTI、LTV、延滞率、代位弁済率等の分析結果を報告させているほか、統合リスク管理部門に対して、住宅ローンの残高やリスク量等を報告させている。
　　こうしたなか、住宅ローンの収益管理について、以下のような問題点が認められる。
　─統合リスク管理部門および融資部門は、住宅ローンの収益管理において、シーズニング効果などの住宅ローン特有のリスクや、プリペイメントリスク等をふまえた、長期的な収益分析を行っていない。
　─融資部門は、住宅ローンに関する過去のデータ蓄積が十分でないとして、過去に実行した住宅ローンと、直近に増加した住宅ローンとの、一定期間経過後にデフォルト率がピークを迎える住宅ローン特有のリスクをふまえた債務者属性の差異について分析を実施していない。
　　（注）
　　DTI：Debt To Income：住宅ローンの年間返済額の年収に対する比率。
　　LTV：Loan To Value：資産価値に対する負債比率。
　　シーズニング効果：一定期間経過後にデフォルト率がピークを迎えること。
　　プリペイメントリスク：期限前償還の増加により収益機会が減少すること。
　　　［主要行等及び外国銀行支店］（平成23年度後期個別事例（指摘・評価事例））

・信用リスク管理部門が、住宅ローンの借換案件に関するリスク分析を行っておらず、また、営業統括部門も借換案件の取扱いが増加することに伴い、同ローンの審査基準を見直す必要について検討していない事例。［地域銀行、大中規模］（平成24年度後期　個別事例（指摘・評価事例））

⑸ その他与信管理上の不備の指摘

　指摘は、主語を理事会、経営会議、審査部門等指導部署とし、その営業店に対する指導不足を問題とする形式になっている。ただし、いずれも与信管理上営業の現場で当然行うべき債務者管理が実施されていないという指摘に変わりはない。

　具体的には、債務者の資金使途確認、資金繰り管理、返済財源管理、グループ与信管理等の期中実態管理の不備を指摘している。年度によっては、資金繰り表、試算表、工事受注明細一覧等の徴求不備を指摘するなど、実務上の不備をより詳細に指摘するケースもみられる。

　いずれにしても、行内で制定されている融資規定やマニュアル等に定められていることを忠実に実践すれば解決する問題であろう。

　最近の指摘では、デフォルト事案について類似事案発生の未然防止を図る対応を行っていないことやコベナンツ条項の管理不足を指摘するものがある。

【資金使途確認、ほか】

・理事会は、「信用リスク管理方針」等を策定し、与信集中リスクの排除およびリスクの所在・規模の適切な把握、管理等を行うこととしている。
　　また、審査部門は、大口与信先の与信限度額管理について、個別与信限度額を定めるとともに、限度額超過先の与信審査は、理事会に付議することとしている。
　　しかしながら、理事会は、同方針において、取引先の実態把握や資金使途の調査・検討を実施することを定めているにもかかわらず、同部門に対して、審査に必要な情報収集や資金使途の確認を行うよう指示していない。
　　こうしたなか、同部門は、債務者の資金繰りが悪化するなか、多額の資金が代表者へ流出しているにもかかわらず、資金使途の確認など十分な実態把握を行わないまま、融資を実行している事例が認められる。［信用金庫及び信用組合、中規模］（平成23年度前期　個別事例（指摘・評価事例））

・審査部門は、債務者の突発的な破綻の抑止を目的として、資金繰りに注意を要する債務者を選定したうえで、営業店に、定期的な訪問や、資金繰り表の徴求を行わせることとしている。

　しかしながら、<u>同部門は、営業店における資金繰り表の徴求状況を十分に把握しておらず、資金繰りに注意を要する債務者から資金繰り表の徴求が行われていない事例</u>が多数認められる。［地域銀行、大中規模］（平成23年度後期　評定事例）

・審査部門および営業店において、<u>大口債務者のグループ会社の実態把握が不十分で、グループ全体の管理が十分にできていない</u>事例。［地域銀行、中小規模］（平成23年度後期　個別の問題点）

・経営会議が、審査部門に対して、<u>突発破綻した先の破綻原因や与信審査および期中管理上の問題点を分析させ、債務者の実態把握に活用させるなどの指示を行っていない</u>事例。［信用金庫及び信用組合、中規模］（平成23年度後期　個別の問題点）

・審査部門が、営業店に対して、<u>債務者の資金繰りや返済財源の確認を適切に行うよう徹底していない</u>事例。［信用金庫及び信用組合、大規模］（平成23年度後期　個別の問題点）

・審査部門および営業店が、<u>資金使途の確認や期中管理など債務者の実態把握を十分に行っていない</u>事例。［地域銀行、中小規模］（平成23年度後期　個別の問題点）

・与信管理部門が、営業店に対して、<u>業況不芳な大口与信先のモニタリング方法について十分な指導を行っていない</u>ことから、営業店において、<u>試算表等の入手による足元の業況把握の取組みなど、適時適切な実態把握を行っていない</u>事例。［地域銀行、中小規模］（平成24年度前期　評定事例）

・融資部門が、営業店に対して、<u>融資の実行時や実行後における事業計画の検証や進捗管理のほか、試算表や工事明細一覧などの徴求により、債務者の実態を把握するよう適切な指導を行っていない</u>事例。［信用金庫及び信用組合、中規模］（平成24年度後期・平成27年6月検査結果）

・審査部門が、デフォルト事案の原因分析を行っているものの、当該事案が発生した与信管理上の問題点に係る調査・検証を行い、類似事案発生の未然防止を図るといった対応を行うには至っていない等の事例。[主要行等及び外国銀行支店]（平成25年度）

・融資部門が、営業店におけるコベナンツ条項の管理状況の報告時期を与信先の決算開示時期より早期に設定しているなか、営業店に対して、当該報告後に行われた与信先の決算開示結果についての検証を指示していない事例。[地域銀行、中小規模]（平成25年度）

5　信用リスク計測手法の検証項目に関する指摘

(1)　リスク計測の対象範囲の問題

　信用リスク計測手法にかかる問題点としては、ストレス・テストやリスク量計測の対象範囲に関しての指摘がみられる。具体的には、正常先を対象としていない、あるいは当座貸越利用枠の空き枠を対象としていない等の基本的な問題点をあげている。

【リスク計測の対象範囲の問題】

・総合企画部門および融資部門は、信用リスクのストレス・テストにおけるストレス・シナリオについて、要注意先（要管理先）以下の大口与信先の非保全額等を予想損失額としていることから、正常先およびその他要注意先からの損失が想定されておらず、適切なストレス・シナリオとなっていない事例が認められる。[信用金庫及び信用組合]（平成21年度　個別の問題点）

・審査部門は、当座貸越について、使用実績額を基に信用リスク量を計測するにとどまり、空き枠を含む当座貸越枠全体や、推定される使用額等を基

にした信用リスク量の計測を行っていない。

　このため、同部門は、信用リスク量を過少計上しており、適切なリスク評価を行っていない。［地域銀行、中小規模］（平成22年度後期　個別の問題点）

(2)　リスク計測に利用するパラメータ適用等の問題

　モデルから導出された推定PDと実績PDとの間に乖離があるにもかかわらずモデルが是正されていない、モデルのパラメータ変更後の影響を分析していないなど、実績値によるモデルやパラメータの検証が不十分であるという指摘である。

　モデルについては事後検証を定期的に行うと同時に、モデルと実績との間に乖離が生じれば、放置するのではなくモデルの変更を行うなどの対処が必要である。また、変更後はリスク量の計測結果に及ぼす影響も分析する必要がある。

【リスク計測に利用するパラメータ適用等の問題】

・与信管理部門は、「信用リスク管理規定」において、信用リスク量の計測に当たり、推定PDを実績PDの過去５年平均とし、直近PDとの間に乖離が生じていないかどうかを検証する旨を定めている。

　しかしながら、同部門は、直近の実績PDが上昇傾向にあるにもかかわらず、推定PDに過去５年平均の数値を使用することの妥当性について検証していない。［地域銀行、大中規模］（平成23年度前期　個別の問題点）

・与信管理部門は、当行の与信データに基づいてPDを推計し、信用リスクを計量化することとしている。

　しかしながら、同部門は、信用リスク量の計測モデルで使用するパラメータを変更した結果、リスク資本配賦の対象となる信用リスク量が増加しているにもかかわらず、各々のパラメータの変更が信用リスク量の計測結果に及ぼす影響を分析していない。［地域銀行、中小規模］（平成23年度後期　個別の問題点）

・信用リスク管理部門は、住宅ローンの生涯収益分析に当たって、実行年度別、保証料率帯別および地区別の試算を行うこととしている。その際、同部門は、生涯収益を試算する際のパラメータである経過年数別のデフォルト率について、当行のデフォルトデータの蓄積が十分でなかったことから、外部機関のデフォルトデータを使用することとしている。

　こうしたなか、当行のデフォルトデータが蓄積された結果、当行と外部機関との経過年数別のデフォルト率の形状が異なっていることが明らかになっているにもかかわらず、同部門は、当該試算について、当行の実態に適したパラメータを使用する観点からの見直しを行っていない。［地域銀行、大中規模］（平成24年度後期　個別の問題点、平成27年6月その他参考事例）

1 金融庁ホームページ（http://www.fsa.go.jp/policy/br/shitekijireishu/）
なお、「金融検査結果事例集」は平成27年6月を最後にその後は公表されていない。

第4章

信用リスク管理の概要

第1章で述べた地域金融機関の破綻要因は、一言で述べると信用リスク管理の欠陥であった。適切な信用リスク管理を行えば、今後も地域金融機関の健全経営は確保されるはずである。したがって、本章では地域金融機関に必須である信用リスク管理の基本について述べる。ここでは、前章で述べた「金融検査結果事例集」における問題に対処するための、基本的事項をほぼ網羅している。

1　リスクとリスクマネジメント

⑴　リスクマネジメントとは何か

　リスクとは第一義的には危機や事故発生の可能性と定義されるが、広くは「社会活動の結果の不確実性」を含めて考えるのが一般的である[1]。どちらかといえば、マイナスのイメージでとらえられるが、企業活動においてはむしろリスクを積極的にとり、これを大きな収益の源とすることが可能である。

　「リスクはクスリ」[2]とおっしゃった先生がおられた。薬のように適量をとると効果的であるが、とりすぎるとそれは副作用を生じ毒となる。少なくとも営利企業である限り、収益を獲得するためのリスクテイクは避けて通れないものであるが、これを過度にとり続けると当然事業全体に支障をきたすこととなる。したがって、これをコントロールするマネジメントの手法が必須のものとなる。

　企業財務の立場で考えると、企業の最大目的は企業の総価値の極大化である。それは企業の資産価値を最大化することであるが、これは企業の将来キャッシュフローを最大化することにより決まると考えられる。

　ここで、企業aの総価値Vaは、この企業のt期における期待キャッシュフローを$E(NCFa、t)$、割引率をraとすれば、以下の式で表される。

$$Va = \sum_{t=0}^{T} \frac{E(NCFa, t)}{(1+ra)^t}$$

　これは、将来キャッシュフローを現在価値で割り引いたものの総和を示す。

　なお、厳密に述べると、企業の価値は、リスク調整後の将来キャッシュフローの現在価値の総和で決まる。したがって、より変動幅の少ない安定的なキャッシュフローを獲得できる体制づくりが必須のものとなろう。企業価値を高めるために、この変動幅を適切にコントロールする体制を構築することが企業のリスクマネジメントである。

(2)　エンタープライズ・リスク・マネジメント・フレームワーク

　米国では、1970年代から、粉飾決算や企業会計の不備など企業のコンプライアンスの欠如が社会問題となっていた。そこで、こうした状況に対処するため、1985年に米国公認会計士協会の働きかけで、産学共同組織としてトレッドウェイ委員会組織委員会（COSO）が発足した。同委員会では1992年から94年にかけて内部統制のガイドライン（COSOフレームワーク）を作成したが、さらに2004年に、これを拡張するかたちでエンタープライズ・リスク・マネジメント・フレームワーク（ERMフレームワーク[3]）を提示している。

　ERMフレームワークは全社的にリスクを理解し評価するためのフレームワークである。わが国の金融検査マニュアルもこの影響を大きく受けている。また、金融庁の「健全性政策基本方針」「中小地域金融機関向けの総合的な監督指針」ではRAFの重要性について言及しているが、ERMとRAFの概念はほぼ同義と考えられる。これらにかんがみERMフレームワークの概要を述べる。ERMにおける重要な概念は、「組織体全体にわたり適用されること」「リスク選好を考慮すること」「リスクと事業機会を識別すること」「リスクは発生可能性と影響の両者を考慮すること」である。概要を以下にまとめている。

図表4-1　ERMの概念

- ・ERMは組織体全体にわたり適用される

　　すなわち、役員から下位職まで企業のすべての階層により責任をもって
取り組まねばならない。
- ・リスク選好が考慮されなければならない

　　リスク選好とは企業価値を高めるため企業が許容するリスクの量であ
り、リスクが発生した際にその影響を制限する組織が構築されていなけれ
ばならない。
- ・リスクと事業機会が識別されるように事象を識別する

　　事象とは内部もしくは外部の原因により、組織体の目的の達成に影響を
与える出来事である。ここで組織体の目的の達成にマイナスの影響を与え
るものをリスクと定義し、組織体の目的の達成にプラスの影響を与えるも
のを機会と定義する。この識別が重要である。
- ・リスクは発生可能性と影響を考慮して決定される

　　影響が大きく、発生可能性が高いリスクは高リスクで優先的に対応を行
う。一方、影響が小さく発生可能性が低いものは低リスクである。

（出所）　「Enterprise Risk Management-Integrated Framework Executive Summary」
　　　　COSOホームページの記述に基づき筆者作成。

図表4-2　COSO ERMの構造を示すキューブ

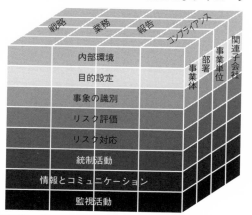

（出所）　「Enterprise Risk Management-Integrated
Framework Executive Summary」より。

COSO ERMフレームワークには、「四つの目的」と「八つの構成要素」、そして事業体（全体）や部署（部分）といった「適用範囲」があり、それらが立方体（キューブ）の関係にあると紹介されている。以下では、「Enterprise Risk Management‐Integrated Framework Executive Summary」（COSOホームページ[4]）における記述に基づきその概要を述べる。

企業の「四つの目的」とは「戦略（Strategic）」「業務（Operations）」「報告（Reporting）」「コンプライアンス（Compliance）」であり、以下のように定義されている。

図表4‐3　企業の「四つの目的」

戦略	事業体のミッションと連動しそれを支える高次元の目標
業務	事業体の資源の有効かつ効率的な利用
報告	報告の信頼性
コンプライアンス	適用される法令規則の遵守

（出所）「Enterprise Risk Management‐Integrated Framework Executive Summary」COSOホームページの記述に基づき筆者作成。

また、「八つの構成要素」とは「内部環境（Internal Environment）」「目的設定（Objective Setting）」「事象識別（Event Identification）」「リスク評価（Risk Assessment）」「リスク対応（Risk Response）」「統制活動（Control Activities）」「情報とコミュニケーション（Information and Communication）」「監視活動（Monitoring）」である。

なお、ERMは、ある一つの構成要素が次の構成要素のみに影響するというような厳密に連続的なプロセスではなく、ほぼすべての構成要素がほかの構成要素に影響を与える可能性のある、多面的で反復的なプロセスである。

図表 4 − 4　ERMの八つの構成要素

内部環境	内部環境は、組織の気風を組み込み、リスクを事業体の人々がどのようにとらえて対処するかということについての基礎を構築する。そのなかにはリスクマネジメントの考え方、リスク選好、誠実性、倫理観、ならびにそのなかで構成員が業務活動を行っている環境などが含まれている。
目的設定	経営者が目的の達成に潜在的な影響を及ぼす事象を識別する以前に、目的は存在していなければならない。ERMは、経営者が目的を設定するプロセスをきちんともつこと、およびその選ばれた目的が事業体のミッションを支援し、ミッションの方向性と合致して事業体のリスク選好とも整合性がとれていることを保証するものである。
事象識別	事業体の目的達成に影響する、事業体内部と外部の事象は、リスクなのか事業機会なのかを識別されなければならない。事業機会は、経営者の戦略や目的の設定プロセスにフィードバックされることになる。
リスク評価	リスクをどのように管理するかを判断する基礎として、発生可能性と影響度を考慮しながらリスクが分析される。リスクは、そのリスクが本来もつ固有ベースと残余ベースで評価される。
リスク対応	経営者は、リスクの回避、受容、低減および共有などのリスク対応策を選択し、事業体のリスク許容度およびリスク選好とリスクとの方向性が合致するように、一連の活動を選択する。
統制活動	リスク対応策が有効に実行されることを保証する手助けとして方針や手続が設定され、実施される。
情報とコミュニケーション	関連する情報が認識、捕捉され、人々が自分たちの実行責任を全うできるようなやり方や時間枠で伝達される。広い意味での有効なコミュニケーションは、事業体の上から下へ、水平に、下から上へとどの方向にも流れるものである。
監視活動	ERMの全体はモニターされ、適宜補正されている。モニタリングは、継続的な経営活動、独立した評価、あるいはその両方で遂行される。

（出所）「Enterprise Risk Management − Integrated Framework Executive Summary」
　　　　COSOホームページの記述に基づき筆者作成。

(3)　リスクマネジメントのプロセス

「亀井利明・亀井克之（2009）」ではGriffin& Ebert[5]を引用し、リスクマネジメント・プロセスは、①リスクの確認、②リスクの評価、③リスク処理手段の選択、④リスクマネジメント計画の実行、⑤結果の監視の五つに分類されると述べている。

リスクは大きくは、投機的リスクと純粋リスクに分類されるが、それぞれを分けて評価、処理を行わなければならない。ここで投機的リスクは積極的にとりに行くリスクで、純粋リスクは必然的に発生するリスクである。

①リスクの確認にはリスクの調査・発見を含み、②リスクの評価はリスクの測定・予測・分析等を含む。③のリスク処理手段には、回避、除去（低減）・保有（受容）・転嫁（共有）の四つの選択肢があるが、リスクの種類・重要度・頻度などに応じて意思決定する。④計画の実行では、③で選択され

図表4−5　リスクマネジメント・プロセス

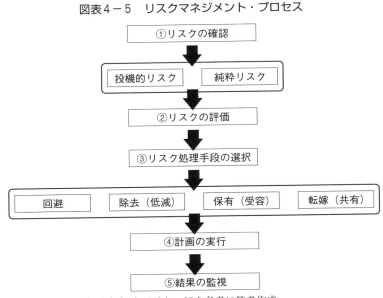

（出所）「亀井利明・亀井克之（2009）」p.93を参考に筆者作成。

たリスク処理手段とそれに関連するマネジメント活動を実行する。ここでは
リスクを処理するための組織構築と実行が行われる。⑤はモニタリング活動
でありリスクマネジメントの正否のチェックを行う。

　なお、リスク処理手段については次項で詳しく述べる。

(4)　リスク処理手段

　リスクは発生可能性（Probability）と影響度（Impact）を考慮して評価さ
れる。これは、ERMにおける重要な概念のひとつである。図表4－6は、
これらを考慮したリスク評価の例である。リスクの影響度と発生可能性によ
り処理手段の使い分けが必要である。

図表4－6　リスクの影響度と発生可能性

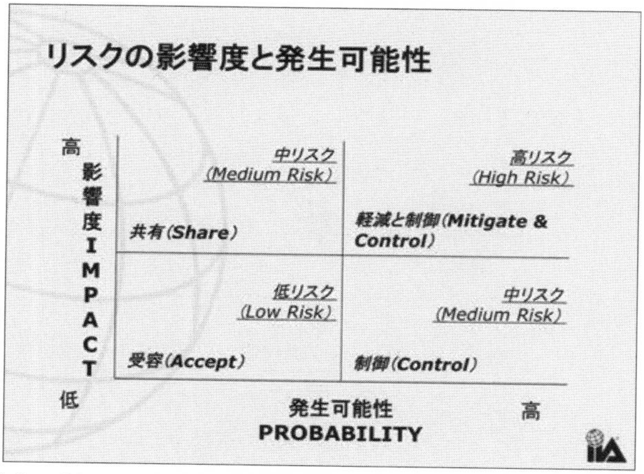

（出所）　Applying COSO's Enterprise Risk Management-Integrated Framework p.39
　　　　COSOホームページ（http://www.coso.org/ERM-IntegratedFramework.htm）より。
　　　　訳語は筆者追加。

　リスク処理手段は、リスクコントロール（危険制御）とリスクファイナン
ス（危険財務）に分けることができる。

　リスクコントロールとはリスクの発生の回避、リスク発生時の被害の低減

の管理を指す。回避、除去（低減）がこれに相当する。

　また、リスクファイナンスは、リスクが発生した場合に被る損害に備えて経済的な対策を実施することを指すが、リスクの転嫁（共有）に類似した概念である。

① リスクコントロール

a　回　避

　リスク処理手段のなかで最も単純な処理方法である。リスクを遮断するために、その活動自体を行わないことでリスクを処理する。たとえば、移動の手段としての飛行機は危険であると考え、いっさい飛行機は利用しないことがこれにあたる。あるいは、新規事業に対する融資に伴う信用リスクを回避するため、これを行わない等が考えられる。

　しかしながら、これによりそのリスクは避けることができるものの、その代替行為が必要となるため、別種のリスクを抱えることとなる。すなわち、飛行機の代替手段としての船や鉄道の利用による事故のリスクを抱えることになろう。

b　除去（低減）

　リスクを積極的に予防し軽減すること。すなわち、リスクの発生可能性あるいは影響の大きさを低減する行動をとること。リスクの除去には、リスクの防止、分散等が含まれる。

　予防は、たとえば火災に備えて建物を耐火構造にすることなどがこれに当たり、分散は金融機関の融資を小口化することや業種分散を図ることなどが考えられる。

② リスクファイナンス

a　保有（受容）

　リスクを積極的に予防し軽減することを行わない。すなわち、リスクの発生可能性あるいは影響の大きさを低減する行動をいっさいとらないこと。たとえば、自然災害の危険に対して保険料のコストと災害復旧にかかるコストを見積もった結果、保険料のコストが上回るため保険契約を締結しないこと。

b　転嫁（共有）

　リスクの一部を移転または共有することによって、リスクの発生可能性あるいは影響の大きさを軽減すること。典型的なものは保険であり、火災保険契約の締結などがこれに相当する。また、危険の転嫁には危険の相殺も含む。たとえば、外国通貨や商品相場における現物買いと同時に先物売りを行うヘッジ取引等がこれに相当する。

図表4−7　リスク処理手段のまとめ

○リスクコントロール（危険制御）…事故発生前、技術操作
　・回避…危険の遮断、行動の中止
　・除去（低減）…危険の防止（予防、軽減）、分散、結合、撤退、制限
○リスクファイナンス（危険財務）…事故発生後、資金操作
　・転嫁（共有）…保険・共済、デリバティブ、ヘッジ、下請け
　・保有（受容）…準備、自家保険、危険負担、挑戦

（出所）　「亀井利明・亀井克之（2009）」p.44を参考に筆者作成。

2　金融機関のリスクマネジメント

⑴　金融リスクの体系

　金融機関が生来抱えるリスク（Inherent Risk）は、プライマリー・リスク（Primary Risk）とコンセクエンシャル・リスク（Consequential Risk）に2分できる[6]。プライマリー・リスクは、信用リスク、流動性リスク、市場リスクなど、金融機関が収益を得るために積極的にとるリスクであり、コンセクエンシャル・リスクは業務を遂行した結果発生するリスクで能動的にとりに行くべきリスクではない。広くはオペレーショナル・リスクといわれるが、具体的には事務リスク、システムリスク、法務リスク、風評リスク等がある。

プライマリー・リスクは、前項で述べた投機的リスクに相当し、コンセク
エンシャル・リスクは純粋リスクに相当すると考えられる。

　プライマリー・リスクとしての、信用リスク、流動性リスク、市場リスク
などは収益獲得のため積極的にとらねばならず、リスク処理手段は前項で述
べたリスクコントロールが主となる。すなわち、変動幅を適切にコントロー
ルすることが最重要課題である。

　一方、コンセクエンシャル・リスクである事務リスク、システムリスク、
法務リスク、コンプライアンスリスク、風評リスク等は業務遂行上やむなく
発生する消極的リスクとして、発生の未然防止体制と発生時の適切な対応策
の確立を図ることが重要である。リスク処理手段は主としてリスクファイナ
ンスの対象となる。しかしながら、実務上はリスク処理手段を厳密に区別で
きないものもあり、両者をあわせて実施することになろう。

図表4−8　金融機関の抱えるリスク

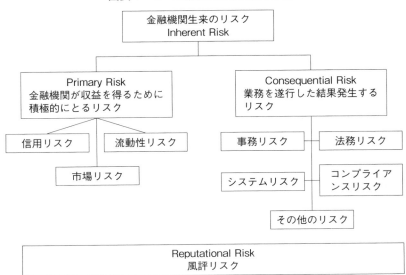

（出所）「有馬敏則（2012）」p.7を参考に筆者作成。

図表4－9　プライマリー・リスクとコンセクエンシャル・リスク

カテゴリー	リスクの定義	リスク処理手段
プライマリー・リスク （Primary Risk）	金融機関が収益を得るために積極的にとるリスク	主としてリスクコントロール
コンセクエンシャル・リスク （Consequential Risk） ＝オペレーショナル・リスク	業務を遂行した結果発生するリスク	主としてリスクファイナンス

⑵　金融リスクの種類

「金融検査マニュアル」[7]では金融リスクを項目別に分け以下のように定義している。

なお、事務リスク・システムリスクは広義のオペレーショナル・リスクに属すると考えられる。

①　信用リスク

信用供与先の財務状況の悪化等により、資産（オフ・バランス資産を含む）の価値が減少ないし消失し、金融機関が損失を被るリスクである。このうち、特に、海外向け信用供与について、与信先の属する国の外貨事情や政治・経済情勢等により金融機関が損失を被るリスクを、カントリー・リスクという。

②　市場リスク

金利、為替、株式等のさまざまな市場のリスク・ファクターの変動により、資産・負債（オフ・バランスを含む）の価値が変動し損失を被るリスク、資産・負債から生み出される収益が変動し損失を被るリスクをいう。なお、主な市場リスクは以下の三つのリスクからなる。

a　金利リスク

金利変動に伴い損失を被るリスクで、資産と負債の金利または期間のミスマッチが存在しているなかで金利が変動することにより、利益が低下ないし損失を被るリスク。

b　為替リスク

　外貨建て資産・負債についてネット・ベースで資産超または負債超ポジションが造成されていた場合に、為替の価格が当初予定されていた価格と相違することによって損失が発生するリスク。

c　価格変動リスク

　有価証券等の価格の変動に伴って資産価格が減少するリスク。

③　流動性リスク

　運用と調達の期間のミスマッチや予期せぬ資金の流出により、必要な資金確保が困難になる、または通常よりも著しく高い金利での資金調達を余儀なくされることにより損失を被るリスク（資金繰りリスク）および市場の混乱等により市場において取引ができなかったり、通常よりも著しく不利な価格での取引を余儀なくされたりすることにより損失を被るリスク（市場流動性リスク）をいう。

④　オペレーショナル・リスク

　金融機関の業務の過程、役職員の活動もしくはシステムが不適切であることまたは外生的な事象により損失を被るリスク（自己資本比率の算定に含まれる分）および金融機関自らが「オペレーショナル・リスク」と定義したリスク（自己資本比率の算定に含まれない分）をいう。

　オペレーショナル・リスクには、以下で述べる、「事務リスク」「システムリスク」を含むほか、「法務リスク」「コンプライアンスリスク」「風評リスク」「その他のリスク」が含まれる。

⑤　事務リスク

　役職員が正確な事務を怠る、あるいは事故・不正等を起こすことにより金融機関が損失を被るリスクをいう。

⑥　システムリスク

　コンピュータシステムのダウンまたは誤作動等、システムの不備等に伴い金融機関が損失を被るリスク、さらにコンピュータが不正に使用されることにより金融機関が損失を被るリスクをいう。

⑦　法務リスク

　金融取引において不備な契約や法令違反に伴う法的責任の発生などにより損失を被るリスクである。すなわち、不十分または不適切な契約内容により、契約が実行できなくなることから生じる経済的リスクである。

⑧　風評リスク

　金融機関の行動が評判を落とし、その風評が広まることにより、顧客や市場における信用低下により損失を被るリスク。図で示しているように金融機関が生来抱えるリスク（Inherent Risk）全体に対して存在する。適切にリスク管理が行われないと、経済的損失のみでなく、評判を著しく低下させ、場合によっては致命的な影響をもたらす可能性すらある。

⑨　その他のリスク

　その他のリスクとしては、役職員等の生産性低下や金融機関の信用失墜につながる行為等により損失を被る「人的リスク」、損害賠償請求により損失が発生するリスクである「損害賠償リスク」などがある。

　上で述べたリスクのうち①から③はプライマリー・リスクとして金融機関が能動的にとるリスクで、④以降はコンセクエンシャル・リスクとして発生の未然防止と発生後の対応が必要である。

(3)　金融リスクへの金融機関の対応

　金融機関の上記リスクへの伝統的な対応方法としては以下のようなものがある。

①　与信審査と与信管理

　信用リスクへの対応としては、融資等与信の個別案件の可否を判断する「与信審査」を厳格に行うことや与信実行後の債務者の状況をモニタリングする「与信管理」が必要である。

　また、金融機関全体の与信に対して、業種集中や債務者集中がないかの管理を行う「与信ポートフォリオ管理」が重要である（本章4(8)参照）。

【融資業務のフロー例】

1. 融資申込受付	財務諸表等徴求（決算書，会社概要など） 融資内容について融資申込者ヒアリング	
2. 財務分析システム	財務分析システムに財務データ投入→財務分析帳票自動作成	
3. 財務内容分析	財務分析帳票、決算書、決算書付属明細などの分析	
4. 格付の付与	格付モデル→倒産確率の導出→自動格付→定性情報，実態財務補正による調整→債務者区分との整合→格付決定	
5. 自己査定	債務者区分の決定（格付との整合）	
6. 個別案件審査	融資内容の詳細検討	
7. 融資可否の決定	営業店権限の場合　店内審査→店長による可否の決定 本部権限の場合　本部審査→本部権限者による可否の決定	
8. 融資実行	債務者との融資契約締結→融資金交付	
9. 実行後のモニタリング	与信管理（融資金返済状況・債務者の変動など）	
10. 融資金の完済	契約の終了	

② ALM（アセット・ライアビリティ・マネジメント）

流動性リスクや金利リスクに対応するため、金融機関は資金運用（資産：Asset）と資金調達（負債：Liability）の総合的な管理を行うことが求められる。この管理を行うことをALM（Asset Liability Management）という。金利や為替相場の変動により金融機関の資産と負債がどのような影響を受けるのかを把握したうえで、リスクヘッジを行うと同時に資産と負債との最適な組み合わせを決定する手法である。

③ バリュー・アット・リスク（VaR）

VaRとは、市場価格の変動により、一定の期間（保有期間）に一定の確率（信頼水準）で被る最大損失のことである。過去の統計データからモデルにより算出される。主に市場リスク管理に用いられるが、信用リスク管理に用いる場合は信用VaRという（本章4⑧参照）。

④　BCP（業務継続計画）

地震や風水害などの自然災害や情報システムなどの障害に対し、事業資産の損害を最小限にとどめつつ、中核事業の継続・早期復旧を可能とするために、平常時に行うべき活動や緊急時における事業継続のための方法・手段などを取り決めておく計画をBCP（Business Continuity Plan）という。近年の自然災害の大型化やシステム障害の頻発に伴い、同計画の策定は必須とされる。

(4)　信用秩序維持政策

前項で金融機関のリスクへの対応について述べたが、これらは各金融機関の自主性に委ねられており、必ずしも完全なリスク管理が行えるものではない。そこで、金融機関の健全性を予防的に確保するとともに、万一破綻するような金融機関が発生しても、その影響を最小限に抑えることができるような政策が実施されている。これを信用秩序維持政策（プルーデンス政策）という。

以下では、主な規制の概要を述べる。

①　自己資本比率規制

自己資本比率規制は債務超過による破綻を抑制するため、総資産に対する自己資本の割合を規制するもので「バランスシート規制」の一つである。この代表的なものが「BIS規制」または「バーゼル合意」と呼ばれる国際的な自己資本比率規制である。これは、国際業務を行っている金融機関が遵守すべき基準であり、自己資本比率は、分子を「自己資本」、分母を「リスク・アセット」として計算する。

分子である自己資本は、その内容によって「TierⅠ」（基本的項目：資本金など）、「TierⅡ」（補完的項目：貸倒引当金、有価証券含み益など）、「TierⅢ」（準補完的項目：短期劣後債など）に分けられる。分母である「リスク・アセット」は貸出などの資産の種類ごとに「リスク・ウエイト」を乗じて計算される（図表4−10参照）。

わが国でも、BIS規制を採用し、銀行法により国際統一基準行は8％以

図表4-10　リスク・アセット計算時のリスク・ウエイト例

区分	リスク・ウエイト	備考
国（ソブリン）・地公体向け	0～150%	ソブリン格付に応じて変動
金融機関向け	20～150%	日本の金融機関は20%
法人向け	20～150%	外部格付に応じて変動
中小企業・個人向け	100%	小口分散基準などを満たす場合は75%
住宅ローン	75%	第1順位抵当権かつ完全保全は35%

上、国内基準行は4％以上を維持することが求められている。

　また、1998年に導入された「早期是正措置」は、自己資本比率が一定の基準を下回った場合に、金融庁が業務改善計画の提出と実施命令を出すなどして経営の改善を求める仕組である。金融機関が破綻する前に早期に破綻の未然防止を行う政策である（図表4-11参照）。

図表4-11　早期是正措置の概要

	国際基準行	国内基準行	早期是正措置の内容
最低自己資本	8％	4％	－
発動の基準となる自己資本比率	8％未満	4％未満	経営改善計画の提出とその実施命令
	4％未満	2％未満	個別措置の命令（増資、資産の圧縮、店舗の統廃合、海外業務の縮小など）
	2％未満	1％未満	自己資本の充実、業務の大幅縮小、合併などの命令
	0％未満	0％未満	業務停止命令（全部または一部）

②　その他のバランスシート規制

a　大口信用供与等規制

　リスク分散の観点から、同一の企業グループに対する信用供与に上限を設ける制度である。「銀行法」により、銀行グループ全体の自己資本の25％が上限とされている。

b　銀行の株式保有制限

「銀行等株式保有制限法」（2001年施行）により、銀行は中核的自己資本（TierⅠ）を超えて株式を保有することができない。これは、保有株式の価格変動リスクにより、銀行の収益が不安定になるのを防止することを目的としている。

c　銀行等の議決権保有規制

「銀行法」では、銀行とその子会社が一般事業会社の議決権を合算して5％を超えて保有することを原則として禁止している。これは「5％ルール」と呼ばれているが、銀行による事業支配を防止すると同時に、銀行が本業以外の事業により健全性を損なわないようにするためである。

なお、以上は金融機関の資産・負債の保有について様々な比率を設定し、その遵守を義務付ける規制であり「バランスシート規制」と呼ばれる。また、これらは主として金融機関破綻の予防的措置であるが、金融機関が破綻した後の事後的措置としては次に述べる「預金保険制度」などがある。

③　預金保険制度

同制度は、金融機関破綻時に、預金保険機構[8]が一定額を限度に預金者に支払いを行う制度である。なお、金融機関の破綻が発生した場合に、預金保険機構が行う破綻処理には、ペイオフ方式と資金援助方式の二つがある。

a　ペイオフ方式

ペイオフとは預金者への保険金支払のことであり、金融機関が破綻した場合に、預金保険機構が預金者に直接保険金を支払う。普通預金や定期預金など主な預金が預金保険の対象となっている（外貨預金や譲渡性預金等対象外の預金もある）。保護の範囲は「預金者一人当たり1,000万円までとその利息」を限度としている。ただし、無利息の決済性預金については全額保護される。

この方式は、限度額を超える預金は保護されないことから、金融システムに与える影響が大きく、過去に一度発動されただけである（2010年9月に破綻した日本振興銀行[9]に初めて発動され、その後発動されていない）。

b　資金援助方式

　金融機関が破綻した場合に、破綻金融機関を救済合併、あるいは事業譲受してくれる金融機関を見つけ、合併、事業譲受時に救済金融機関に対して資金援助を行う方式である。バブル崩壊後の金融機関破綻処理のほとんどはこの方式により行われた。

④　公的救済処置

　その他、金融機関の破綻処理の手法としては、破綻した金融機関の受け皿が見つからない場合、ブリッジバンク（承継銀行）が破綻金融機関の業務を暫定的に引き継ぐブリッジバンク方式がある。2002年に「日本承継銀行」が設立され、破綻した石川銀行や中部銀行の受け皿となった。

　また、1998年の日本長期信用銀行、日本債券信用銀行などの大手金融機関の破綻の際には、預金保険機構がこれらの銀行の全株式を取得して「特別公的管理」下に置き、一時国有化する方式も行われた。2003年に破綻した足利銀行も同様の方式で一時国有化が行われた。

(5)　金融庁「健全性政策基本方針」とリスクアペタイト・フレームワーク

　サブプライムローン問題に端を発した、2000年代後半の金融危機とその後の収益環境の悪化を背景に、「単にリスクを抑制するのみではなく、むしろどのようなリスクをどのように取って収益を得るか」という考えが重視されるようになってきた。そこで、経営管理・リスク管理をより包括的、かつ一体的に行う枠組みが必要となってきたが、その一つがリスクアペタイト・フレームワーク（RAF）である。

　金融庁が2019年3月に発表した「健全性政策基本方針」では、「リスクアペタイト・フレームワークとは、自社のビジネスモデルの個別性をふまえたうえで、事業計画達成のために進んで受け入れるべきリスクの種類と総量を『リスクアペタイト』として表現し、これを資本配分や収益最大化を含むリスクテイク方針全般に関する社内の共通言語として用いる経営管理の枠組みをいう」（同方針p.40）と述べている。

　具体的には、「リスクアペタイト（RA）」とは、「事業戦略」や「財務戦

図表4-12　RAFを構成する用語の定義

リスクアペタイト（RA）	金融機関がその戦略目的や業務計画を達成するために、リスクキャパシティ（RC）の範囲内で意図的に取ろうとするリスクの種類とその総量
リスクアペタイト・フレームワーク（RAF）	「事業戦略（どの業務をどのように行うのか）」「財務戦略（どのような財務状態にしたいのか）」「リスクテイク戦略（どの種類のリスクをどの程度取るのか）」を包括的に行う枠組み
リスクキャパシティ（RC）	金融機関の規制上の資本・流動性要件や業務環境、顧客や利害関係者（預金者、保険契約者、株主、債券投資家等）等に対する責任より生じる制約に抵触することなく、「事業戦略」や「財務戦略」を達成するために、取得可能なリスクの上限
リスクアペタイト・ステートメント（RAS）	RAFを文書化したもの

（出所）　信金中金信用金庫部研修資料等を参考に筆者作成

略」を達成するために、取得可能なリスクの上限である「リスクキャパシティ（RC）」の範囲内で、組織が意図的にとるリスクの「種類」と「総量」であり、「リスクアペタイト・フレームワーク（RAF）」とは、「事業戦略（どの業務をどのように行うのか）」「財務戦略（どのような財務状態にしたいのか）」「リスクテイク戦略（どの種類のリスクをどの程度取るのか）」を包括的に行う枠組みである。

　また、金融庁は「『健全性政策基本方針』における健全性の評価の視点は、リスクアペタイト・フレームワークの構築に当たっても重要な要素であり、金融機関がそれぞれのビジネスモデルに基づき、これらの視点の相互関係を勘案しつつ、どのように全体としての健全性を確保しようとしているかについて、当局と金融機関が対話するにあたり、リスクアペタイト・フレームワークの考え方を活用することについて、検討を進める。」（同方針pp.40-41）と述べ、リスクアペタイト・フレームワークを重視することを強調している。

　なお、同方針では、伝統的に金融機関の健全性の主要6要素とされた

図表4－13　金融庁健全性政策基本方針のポイント

金融機関の健全性の評価の視点

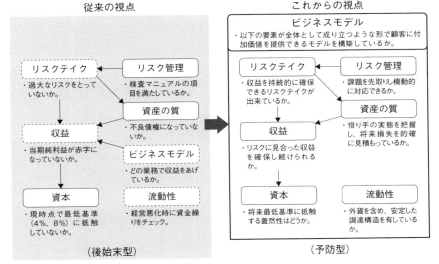

（出所）　金融庁（2019a）

CAMELSについても言及している。CAMELSとは、Capital Adequacy（自己資本の充実度）・Asset Quality（資産の質）・Management（経営管理）・Earnings（収益性）・Liquidity（流動性）・Sensitivity to Market Risk（市場リスクに対する感応性）の頭文字をとったもので、米国等の金融監督当局による金融機関の評定で用いられている健全性評価の視点である。このうちEはEarnings（収益性）を示すが、「従来から、収益性は健全性監督の重要な着眼点の１つとされていたが、高齢化、人口減少、世界的な低金利の持続など、金融機関の収益環境が厳しさを増す中、欧州当局をはじめ、ビジネスモデルや収益の持続可能性に監督上の焦点を当てる当局もみられるようになっている」（同方針p.21）と述べている。

　同方針における金融機関の健全性の評価の視点は図表４－13にまとめられているが、金融庁のリスクテイクに対する考え方が、より前向きに変化していることがうかがえる。なお、リスクテイクと収益確保とは微妙な関係にあ

る。すなわち、リスクテイクは収益獲得につながり自己資本蓄積に寄与するが、一方で損失発生の原因でもありこれは自己資本を毀損させる。金融機関は、CAMELSのそれぞれの要素についてバランスの取れたビジネスモデル構築を行うことが求められる。

3　信用リスク管理手法の発展

　本章2で述べたように、金融検査マニュアルにおいては、「信用リスクとは、信用供与先の財務状況の悪化等により、資産の価値が減少ないし消失して損失を被るリスク」と定義されている。言い換えると、債務者が債務を履行できずに金融機関が損失を被る可能性である。

　金融機関は預金者からお金を預かり、この金を企業や個人に融資するという仲介業を営んでいる。そして、企業の倒産等による信用状態の悪化等すなわちデフォルト[10]により、融資したお金が返済されなくなり、資産の価値が減少ないし消失するが、これを予測することが信用リスク管理の基本的課題である。

　金融機関においては、信用リスク管理は経営上の最重要課題であることはいうまでもない。金を貸すという行為の基本は時代に関係なく普遍的なものである。したがって、個別案件の融資の手法自体は現在も大きく変わるものではない。しかしながら、昨今金融工学の発展に伴い、その計量化が行われるようになったことから、その管理手法は大きく変化してきた。計量化を行ううえで最小単位となるのは債務者であり、それぞれのデフォルト率の測定値を求めることが基本となる。

　個々の企業のデフォルト率の推定にはさまざまな方法がある。たとえば、最もよく利用されるものには、企業の財務諸表データと統計手法を用いるものがある。本書ではこの手法を中心に述べるが、その他にもオプション・アプローチなどいくつかの手法がある。また統計的手法にもさまざまな種類がある。以下では、財務分析手法の高度化から倒産予知モデルへの発展の歴史

をたどりながらこれらを概観しておく。現在信用リスク管理に不可欠な倒産予知モデルは一見複雑なようであるが、実はわれわれになじみの深い財務分析の延長線上にあることがわかる。

(1) 財務諸表分析手法の発展

　財務諸表分析は19世紀末に米国において誕生し、金融機関において融資対象企業に対する与信判断に用いられたといわれる。主に比率分析を中心に展開されてきた。その後、20世紀に入り分析手法が確立されると、利害関係者によってその目的に応じた公表財務諸表の分析を行うために利用されるようになっている[11]。

　米国における財務諸表分析の発展は、債権者のために行われる外部分析としての信用分析（credit analysis）と経営管理者のために行われる内部分析である経営管理分析（managerial analysis）の二つの分野に分けることができる[12]。

　経営管理分析は企業内部における経営管理目的のため、主に収益性指標が重視される。この収益性について、資本利益率を頂点とした比率体系を最初に示したのはJames H. Blissであり、「Bliss（1923）」で論理的に完成させた。彼は資本利益率を売上高利益率と資本回転率に分解するという一貫した比率体系を提示している。この考え方は、デュポン・チャート・システム[13]として現在の経営分析にも大きな影響を及ぼしている。

　一方、信用分析は支払能力指標を重視する外部分析であり、主として金融機関における融資先に対する与信判断に利用されてきた。わが国の金融機関においても銀行、信用金庫等の業態にかかわらず、ほぼ同様の比率と分析手法に基づき融資先審査に活用してきた。たとえば、日本興業銀行では36指標[14]を企業審査に用いていたが、これらは収益性、安全性、生産性、活動性等を判定するものである。なお、企業の財務数値のデータベースには、『法人企業統計年報』（財務省）、『日経経営指標（全国上場企業版）』（日本経済新聞社）等がある。また、中小企業対象の指標として『中小企業実態基本調査』（中小企業庁）等がある。金融機関はこれらの指標から利用する指標を選

択している。

　これらの比率を用いた典型的な分析手法としては、比率交叉法、標準比率法、指数法、時系列分析法等がある。

　財務諸表分析は、前述した指標をこのような分析手法を組み合わせることにより企業の財務上の長所・短所を明らかにし、融資審査等に活用するものである。実際の融資審査の現場においては、たとえば流動性が標準値より低ければ、この点に企業の問題を見出すであろう。企業の返済能力はその倒産可能性との関連が深いが、流動性は企業の支払能力を判断するものであり、この一面では倒産可能性が平均より高いという判断になる。同様に「自己資

図表4－14　デュポン・チャート

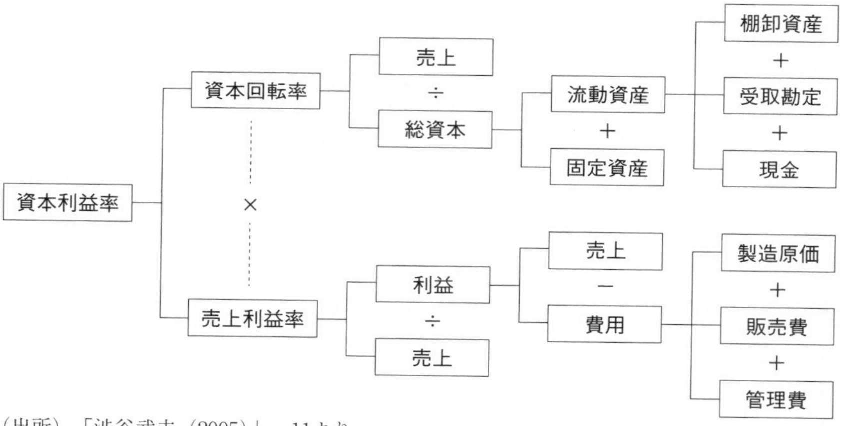

（出所）「渋谷武夫（2005）」p.11より。

図表4－15　資本利益率の分解

$$資本利益率 \quad = \quad \frac{利益}{総資本}$$

$$= \quad \underset{（売上利益率）}{\frac{利益}{売上高}} \quad \times \quad \underset{（資本回転率）}{\frac{売上高}{資本}}$$

本比率」「固定長期適合率」などそれぞれの指標が倒産可能性を判断する根拠となる。

　しかしながら、このような伝統的な分析においては、「分析者の深い知識・経験・洞察力が必要とされる。分析者によって分析内容の広がりや深さが異なることは避けられず、分析結果の客観性について問題が残る場合が少なくない」。[15]

　このような分析手法に対して現れた「新しい分析手法は大量データに統計解析の手法を適用して、評価に客観性をもたせ、バラツキをなくそうとするものである」。[16]

　「「Beaver（1967）」は、倒産企業と非倒産企業のサンプルを集め、両者の比率値に、どのような相違があるかを統計学的に明らかにしようとした。これは、分析者の経験や洞察力に依存する伝統的な分析から、大量のデータすなわち客観的な証拠に基づく科学的な分析へと、財務諸表分析の発展的変容

図表４－16　財務分析の方法

手　法	説　明
比率交叉法	たとえば、対象企業の利益の減少について、その原因を調査する場合、まず「総資本利益率」をみたうえで、その原因が「売上高利益率」にあるのか、「総資本回転率」にあるのかを分析する。そして、「売上高利益率」に問題があれば、さらに「売上原価率」に問題があるのかを検討するというように、問題となる源泉を探究する方法である。前掲のデュポン・チャートを参照されたい。
標準比率法	対象企業の目標とする標準比率を求め、これと実績比率とを比較し、企業の状態を判断する。たとえば、「流動比率」が少なくとも100%を超えていなければならない、あるいは200%を超えていれば万全であるという目標を定める。
指数法	各種の財務比率に評点を付与し、この合計数値により総合得点を求める。この得点の大きさによって、企業の良否を判断する。後掲の「Wall & Dunning（1928）」が採用した比率と重要度を参照されたい。
時系列分析法	対象企業の当期の財務数値を過年度と比較する手法。企業の財務状態の良化・悪化のトレンドを分析する。

（出所）　「後藤実男（1989）」等を参考に筆者作成。

を試みるものであった」[17]。なお、「Beaver（1967）」の研究は統計的手法を利用したが、1変量ごとの分析を行うものである。

　ところで、1指標のみの検討では企業倒産の予測を総合的に行うことは不可能である。そこでこれらの検討を同時に行う方法が必要になる。時代はさかのぼるが、「Wall & Dunning（1928）」は信用分析において、「流動比率」「負債比率」などの8指標にそれぞれ重みをつけて評点を与える指数法を採用している。信用分析を目的とする場合は、この指数法を用いて企業の破綻の可能性を判断することになると考えられる。ただし、総合的な評価ではあるがあくまで1変量の組合せである。経験的に企業の信用格付を行う場合には現在でもその考え方は踏襲されている。

　その後「Altman（1968）」をはじめとして多変量解析を行う研究が主流となる。「Altman（1968）」は、「Beaver（1967）」のアプローチを踏襲しているが、新たな統計学的フレームとして、多変量判別関数（Multivariate Discriminant Analysis）を採用した。この両者の研究を契機として、1970年代から1980年代にかけて多数の倒産予測モデル研究が行われた。

　しかしながら、「奥野忠一・山田文道（1978）」が指摘するように、これらは「統計的分析で、個別企業の持つ独自性は捨象し、多数の企業によって構成される集団を規定するとともに、その集団の特徴を明らかにする」[18]もの

図表4－17　「Wall & Dunning（1928）」が採用した比率と重要度
（カッコ内は重みづけの比率）

・流動比率（20％）
・負債比率（20％）
・固定比率（13％）
・受取勘定比率（棚卸資産／受取勘定、12％）
・売上債権回転率（10％）
・棚卸資産回転率（10％）
・固定資産回転率（10％）
・自己資本回転率（5％）

（出所）「後藤実男（1989）」p.9

である。「そこには科学の持つ合理性はあるが、微妙なニュアンスや定性的な要因まで含めたきめ細かい分析・評価は行いえない」[19]のである。

　倒産予測モデルは、手法の発展とともにさらにこのような経営分析的視点から離れていくことになる。

(2)　統計的手法を利用した企業破綻分析

　前述した「Beaver（1967）」と「Altman（1968）」の研究の延長線上に位置づけられる研究としては、「Meyer and Pifer（1970）」「Deakin（1972）」「Edmister（1972）」「Blum（1974）」「Libby, R（1975）」「Sinkey（1975）」「Wilcox, J. W.（1976）」「Altman, Haldeman and Narayanan（1977）」等があげられる。

　これらの研究では、財務比率、あるいは財務比率に基づいて導出したダミー変数等に対し、判別関数あるいは類似の技法が適用されモデルの展開が行われている。

　また、倒産の確率を算出し、その可能性を予測しようというモデルがある。初期の代表的な研究としては、「Santomero and Vinso（1977）」「Martin（1977）」「Ohlson（1980）」がある。このうち「Martin（1977）」「Ohlson（1980）」はロジット手法（ロジスティック回帰モデル）を用いるものであり、これにより倒産の確率を計算し、導出されたモデルにより企業ごとに倒産確率を付与しようというものである。

　わが国の研究では「戸田俊彦（1984）」「後藤実男（1989）」「白田佳子（1999）」「白田佳子（2003）」などがある。「戸田俊彦（1984）」はペアードサンプル方式で、「Altman（1968）」同様多変量判別関数モデルを導出している。また、「後藤実男（1989）」は比率財務諸表の各項目を変数として財務諸表上の変数の有用性を網羅的に検討し、多変量判別モデルを導出している。「白田佳子（1999）」「白田佳子（2003）」は、モデル構築に係る統計的手法を吟味し、ほかの手法に対する線形判別関数の優位性を主張し、最終的には4変数の多変量判別モデルを導出している。

　なお、ロジット手法（ロジスティック回帰モデル）は、後に銀行内部の企業

格付において多用されるに至り、現在では判別関数とともに企業の良否を識別するうえで重要な地位を占めるに至っている（本章4(4)参照）。

(3) 近年の倒産予知分析

　倒産予知分析には種々の分析手法が採用されている。主な倒産予知分析手法としては、前述した多変量判別分析モデル、ロジットモデルがある。また、近年金融工学の発展とともに種々の手法が用いられているが、代表的なものにハザードモデル、オプション・アプローチ、マクロファクター、二進木モデル、人工知能アプローチ、数理計画法等がある[20]。

　ハザードモデルでは、時点 t でデフォルトを起こしていなかった企業が次の t + 1 時点でデフォルトを起こす確率を示す。ある企業がデフォルトを起こす年をXとして、年n年までデフォルトを起こさなかった企業が、n + 1 年でデフォルトを起こす確率、$h_n = \Pr\{n \leq X \leq n + 1\}$ をXのハザード確率という。このハザード関数に、景気や為替レートなど外的要因（共変量と呼ぶ）を取り入れた関数は、「COXの比例ハザードモデル」と呼ばれる。「Lane, Looney, Wansley（1986）」はこのモデルを利用した先駆的な研究であり、分析対象は金融機関である。

　オプション・アプローチは、投資市場において用いられてきたオプション・アプローチを、企業倒産予測に応用しようとするものである。これは、企業の貸借対照表において、将来の企業資産価値が負債額を下回る、すなわち債務超過状態になることをデフォルトと定義し、企業資産価値を原資産価格、負債額を権利行使価格とするヨーロピアン・コールオプションとみなして価格づけを行い、同時に倒産確率を推定するものである。このようなオプション・モデルを用いた基本的なアイデアは「Merton（1974）」によるが、わが国では、「森平爽一郎（1997）」がある。

　財務データによる手法では、個別企業の倒産確率は景気変動や特定の産業要因に関係なく変化しないと仮定されている。マクロファクターを用いる手法は、マクロ要因の信用リスクへの影響を重視し、個別企業の信用リスクに影響を与えるとみられるマクロ経済変数によって倒産確率を算出する方法で

ある。マクロファクターによる手法としてよく知られるのが、米国マッキン
ゼー社によるマクロ・シミュレーション・アプローチで、格付遷移とマクロ
ファクターの関係をモデル化し、マクロのショックをモデルに与えることで
遷移確率が時間とともに変化していくようすをシミュレートする方法であ
る。これによって、マクロファクターが一単位変化した場合の倒産確率への
影響を推定することが容易となり、信用VARを算出することが可能となる
とされる。

　二進木モデルとは、全体の集合を財務変数等の変数によって類似のグルー
プ（リーフ）に分類していく方法である。過去の倒産実績からリーフごとの
デフォルト率を計算し、企業の属性により分類されたリーフのデフォルト率
をその企業のデフォルト率とする。二進木モデルの代表的なものとしては、
「G. V. Kass（1980）」におけるCHAID（Chi-square Automatic Interaction De-
tection）,「Breiman, Freidman, Olshen, Stone（1984）」におけるCART（Clas-
sification and Regression Trees）などがある。

　ニューラル・コンピューティング（Neural Computing）は、線形モデル・
非線形モデルを多数階層に繰り返すことによって、倒産・非倒産企業を判別
するものである。開発したのは「Altman, Marco and Varetto（1994）」であ
る。この手法は、非線形の関数をいくつも組み合わせることで倒産・非倒産
企業の判別力をあげていると考えられる。

　この手法のメリットは、倒産とそれを規定するファクターとの間の明確な
関係を必要としないこと、単に結果あるいは出力である倒産・非倒産の事実
とそれに影響を与えるだろう入力（説明）要因データを用意すれば予測可能
であること、モデル定式化のコストが低いことなどがあげられる。ただし、
この手法は、結果が導出される経過がブラックボックスとなっており、結果
の分析がむずかしいことが欠点である。

　線形計画法（Linear Programming：LP）、非線形計画法（NLP）等の数理計
画法を用いる倒産予測モデルは、線形判別分析モデルのように、正規性、等
分散性等を仮定することなく、倒産企業と非倒産企業を判別できるという利
点をもつ。最適化のための数学的手法で、目的関数が与えられたとき、目的

関数に直接あるいは間接に含まれる変数のうちで目的関数を最大または最小にするものを見つける方法である。「Gupta、Ramesh and Prabir（1990）」等の研究がある。

このように、コンピュータの発展に伴い、財務諸表分析から倒産予知分析へとその手法は複雑になり、モデルはますますブラックボックス化していく。信用リスク管理の高度化は倒産予知分析による倒産確率をいかに精緻に行うかに注力されてきた。しかしながら、それがエスカレートしてモデルがブラックボックス化するとフィードバックが行いにくく、結局は問題点の所在が明らかにできないという問題を抱えることになる。信用リスク管理の基本は個別債務者の信用状態の把握がその根本にあり、それは融資審査業務の延長線上にあることにも留意しなければならない。

図表4-18　デフォルト率、格付遷移確率推定モデルの比較

		メリット	デメリット
格付けデータを用いるアプローチ		・株価等市場データのない中堅・中小企業を含めた格付け付与先全ての企業で信用リスク分析が可能 ・銀行内部の審査プロセスと平仄を取ることが容易	・格付けの信頼性に依存 ・データのサンプル数の問題 ・過去データによる将来の予測性の問題
財務データを用いるアプローチ		・上場企業や大企業でなくてもほぼ全ての企業で財務諸表データが利用可能であるため、中小企業や非上場企業の信用リスク分析が可能	・財務データの入手頻度、信頼性に依存
	判別分析	・計算が容易	・正規性、分散共分散行列が倒産、非倒産企業で等しいと仮定
	回帰分析	・倒産確率やその信頼限界を直接推定可能	・特に非線形回帰モデルを用いる場合、対象企業数が増加すると計算量が指数関数的に増大
	Coxの比例ハザードモデル	・限界倒産確率を直接推定。従って累積倒産確率を推定することが可能	・計算はやや複雑であり、特別なソフトウェアが必要
オプション・モデルを用いるアプローチ		・市場データ（株価とそのボラティリティー）からリアルタイムに倒産確率を推定可能 ・株価を用いるため、投資家の将来の予想を織り込んだ倒産確率の推定が可能（Forward Lookingアプロー	・株価データが必要なため、本来上場企業に限定 ・企業価値と株式価値、あるいは負債価値との関係を明確にする特定のモデルが必要 ・株式あるいは債券市場がその企業の

	チ）	信用リスク度を明確に織り込んでいない場合は倒産確率推定精度は極めて悪化するため、上の財務データアプローチとの併用が必要
マクロファクターを用いるアプローチ	・倒産率に影響を与えるマクロ、あるいは産業ファクターの影響度を知ることが可能 ・債券や株式のマルチファクターモデルと同様なため、市場リスク管理モデルとの統合が容易	・倒産「率」データの入手可能性がモデルの成否を決定 ・倒産「確率」が倒産「率」に等しいという保証なし ・個別企業の倒産率の推定は不可能
二進木モデル	・倒産を規定する要因の確率分布を特定化（たとえば正規分布）あるいは等分散性を仮定する必要なし ・予測力は他の方法に比べて高い	・予測力を高めるためには枝（ノード）の数が増加 ・精度を上げるために大量のデータが必要
ニューラル・コンピューティング	・倒産とそれを規定するファクターとの間の明確な関係を必要としない ・単に結果あるいは出力である、倒産、非倒産の事実とそれに影響を与えるであろう入力（説明）要因データを用意すればよい ・モデル定式化のコストが低い	・データマイニング・アプローチであるため、過去の異常値に対してもモデルを過剰にフィットさせようとする傾向があり、将来に適合するかどうかは不明 ・計算時間は企業数が増加するにつれて飛躍的に増加 ・層（layers）をいくつにするか、あるいは層やノード間を結ぶ線形・非線形関数をあらかじめ決める必要があるが、統一的指針なし ・監査可能性の問題
数理計画法	・倒産を規定する要因の確率分布を特定化（たとえば正規分布）あるいは等分散性を仮定する必要なし ・特に線形計画モデルの場合、企業数が増加しても計算が容易 ・信用リスクの「制御モデル」との統合が容易	・倒産確率の推定はモデルからの正解率に基づく ・どのような要因が倒産予測に効いているかを判定する基準が統計的な分析方法に比べて不明確 ・線形計画モデルでは、変数間の相関を明示的に考慮しないため、予測力が落ちる（相関を考慮すると非線形計画法を用いることとなるため、計算量が増大）

（出所）「金融監督庁（1999）」p.51

4 信用リスクの測定

(1) 信用リスクと信用コスト

信用リスクは債務者が債務を履行できずに金融機関が損失を被る可能性であると述べたが、厳密には信用コストと信用リスクに分けることができる。

まず、予想デフォルト率と予想回収率から期待値として算出されるEL（予想損失）は、発生が当然予想されるべきものでこれをコスト（費用）としてとらえる必要がある。したがって、これを「信用コスト」と呼ぶ。

次に、予想デフォルト率と予想回収率の悪化等により、一定の信頼区間のなかで発生しうる最大損失までの変動部分としてとらえられるUL（非予想損失）がある。これは、予想を上回るコスト（費用）と考え、将来における「信用リスク」ととらえるべきである。

図表4-19 信用コストと信用リスク

種　類	説　明
予想損失 EL：Expected Loss	将来発生が予想される損失の平均値である「信用コスト」
非予想損失 UL：Unexpected Loss	一定の信頼区間のなかで発生しうる損失の最大値から信用コストを差し引いた部分に該当する狭義の「信用リスク」

(2) 信用リスク測定の尺度

信用リスクを測る尺度としての要因は大きく分けて四つある。この四つのリスク要因とは、「デフォルト率」「デフォルト時損害率（回収率）」「相関関係」「与信集中」である。これに、「デフォルト時エクスポージャー」が加えられる。

「デフォルト時エクスポージャー」とは、デフォルト発生時に融資金の残

高がいくらあるか、あるいは投資しているかを表すもので、EAD（Exposure at Default）と略される。

　「デフォルト率」は、融資先等が現時点から一定期間内にデフォルトする確率を表す。PD（Probability of Default）と略される（なお、以後「デフォルト確率」「倒産確率」と表現される場合も同義である）。

　「デフォルト時損害率」は、デフォルト発生時に融資額や投資額がどの程度回収できないかを表すものである。たとえば、融資額に対して担保処分による回収が30％可能であれば、回収率は30％、デフォルト時損害率は70％（1－0.3）と計算される。デフォルト時損害率は、LGD（Loss Given Default）と略される。

　「相関関係」は、債務者間の相関性で、いわゆる融資先の共倒れリスクを表す。

　「与信集中」は大口化のリスクを表す。たとえば、債務者がすべて同じ倒産確率を付与されていても、分散化されていない大口融資を多くもつポートフォリオは、1社の倒産のみで多額の損失を被るという、極端な損失変動リスクを保有することとなる（(8)ポートフォリオ単位の信用コスト参照）。

図表4－20　信用コストと信用リスクの基本要因

・基本的なリスク要因

・信用コストと信用リスク

信用コスト
（EL：予想損失）

信用リスク
（UL：非予想損失）

⑶ 債務者単位の信用リスクの測定

信用リスクの測定においては、債務者単位とポートフォリオ単位との2段階の計測過程がある。債務者単位でのリスク計測には、前項で述べた要因のうち「デフォルト時エクスポージャー」「デフォルト率」「デフォルト時損害率（回収率）」の三つの要素が必要になる。そして、「予想損失額（信用コスト）」は以下のような算式で表すことができる。

なお、この段階では信用リスク（非予想損失）を含まないことに注意されたい。

$$予想損失額（信用コスト）＝ EAD \times PD \times LGD$$

予想デフォルト率は債務者がデフォルトする確率であるが、一般的には1年以内に倒産する確率を推定する。

デフォルト率には、過去に実際に倒産した件数と、債務者数から計算される比率である実績デフォルト率と、モデルを作成して個々の融資先がデフォルトする可能性を計算する推定デフォルト率（予想デフォルト率）がある。

実績デフォルト率は、期首、たとえば4月1日の融資先数を分母におき、

図表4−21　信用コスト算出の要素

項　　目	説　　明
デフォルト時エクスポージャー EAD：Exposure at Default	リスクにさらされている与信相当額 貸出金であれば元金
債務者の予想デフォルト率 PD：Probability of Default	内部データ、外部データから統計的に求める
デフォルト時損害率 LGD：Loss Given Default	1−予想回収率で表す
予想回収率	保全部分：担保等により保全されている部分の信用エクスポージャーに対する割合 非保全部分：保全されていないが損失を免れる部分の信用エクスポージャーに対する割合

翌年の3月31日までにデフォルトした先を分母として求められる。これが1年間の実績デフォルト率である。同様に1カ月や四半期、2年間、3年間などのデフォルト率を求めることができる。さらに、業種別・地域別、などを求めることも可能である。

　自己査定における引当率は、正常先、要注意先、破綻懸念先等の債務者区分別にこの実績デフォルト率を求め、これに基づき算出される。

　また、次に述べるモデルによる推定デフォルト率を、実績デフォルト率との比較により検証を行うことも一般的に行われている。

図表4-22　デフォルト率の考え方

・実績デフォルト率 $= \dfrac{\text{その期のデフォルト先数}}{\text{期首の融資先数}}$

・推定デフォルト率　モデルを用いて個々の債務者がデフォルトする可能性を推定する

(4)　個別企業の推定デフォルト率の算出

　上で述べた実績デフォルト率では、幾種類もの区分でそのデフォルト率の算出が可能であるが、個別企業のデフォルト率を推定することは困難である。たとえば、業種別で製造業の実績デフォルト率を求めても、そこに属する個々の債務者の信用度は一律ではなく、個別のデフォルト率はそれぞれ異なるはずである。したがって、個別企業のデフォルト率を求めるには推定デフォルト率算定の手法が必要となる。

　すでに述べたように、その手法にはさまざまなものがあるが、ここでは最も一般的に用いられる、ロジスティック回帰モデル（ロジットモデル）について紹介しておく。ロジスティック回帰モデルは、回帰モデルをロジスティック関数に当てはめることにより倒産確率を導出するモデルである。

　なお、地域金融機関において、独自にモデル作成が行われることはまれで、ほとんどの金融機関では、外部モデル[21]を利用していると思われる。し

たがって、ここでは、基本的な考え方が理解できる程度に説明をとどめることとする。

　ところで、モデル作成はデフォルト企業と健全企業の財務データのサンプルが相当数あれば、SPSSなどの統計ソフトで容易に行える。筆者は著書『信用金庫破綻の教訓－その本質と経営行動－』（日本経済評論社刊、2012年）で信用金庫の破綻モデルを作成しているが、モデル作成の過程を詳細に説明しているので同書を参照されたい。

(5)　財務諸表データによる個別企業のデフォルト率推定モデルの作成

①　第1ステップ：データの収集と精査

　過去に発生した倒産企業の財務諸表データを収集すると同時に健全企業（非倒産企業）の財務諸表データを収集する。倒産企業は健全企業に比してデータ数が少ないので、統計的な有効性を確保するために極力多くのデータを収集する。健全企業のデータは比較的集めやすいが、時期の同一性を図るため、倒産企業と同時期のデータを収集することになる。

　また、データが収集できても財務諸表の各科目に欠測値や異常値があるものはデータから除外や削除を行う。

②　第2ステップ：説明変数（リスクファクター）の選択

　財務データのなかから破綻・非破綻を最もよく判別する財務比率を選択する。ここでは、たとえば「自己資本比率」「経常利益率」などの財務比率が選択されよう。なお、説明変数を複数個とする多変量解析では、個別の比率では判別力が弱くても、ほかの比率と組み合わせると有効性が高まるなど、人間の頭脳では判断できないような結果が生じる場合がある。

　また、相関の強い財務比率を同時に説明変数に組み込むと、いわゆる多重共線性[22]の問題が発生する。したがって、説明変数間の相関係数の値が高ければその変数を除外するという作業も必要になる。

　さらに、t値、F値、AIC等[23]を用いた定量的な有意性の検証も必要である。一方、説明変数の係数の正・負が経験的に理にかなったものとなっているかなどの経験的な検証も重要である。

モデル構築時に用いた企業の財務情報のなかに異常値が含まれていると、モデルの精度に影響が及ぶ可能性がある。その場合には、異常値の控除や置換えの処理を適切に行う必要がある。

　ところで、判別力の向上のみを求めて、説明変数を多数選択する、あるいは対数変換を多用するなど説明変数そのものを複雑にしてモデルを複雑化すると、その期は判別力が強くても、時代の経過によりモデルが陳腐化する可能性が高い。そうすると、短期間にモデルの更新を行わねばならない。モデルの普遍性、フィードバックの容易性等を考慮して投入する説明変数を極力少なくし、また説明変数も普段から財務分析に活用するような財務比率を投入することがモデルの構造を理解しやすくし、ブラックボックス化を防止することになる。なお、モデルは極力シンプルにするほうが望ましいことは、いくつかの先行研究でも明らかにされている。

　③　第3ステップ：モデルの構築

　モデルの構築とは方程式（判別式）を作成することで、これは前述の統計ソフトやExcel[24]を利用することで比較的簡単に作成できる。ここでは、統計モデルの考え方を理解しやすいようにその考え方を示しておく。

　図表4-23では、横軸（X軸）に説明変数の値、縦軸（Y軸）に目的変数をとる。縦軸の目的変数は1と0のみであるが、1は倒産確率が100％、0は倒産確率が0％を表している。すなわち、過去の一定時期に倒産した企業のサンプルは1の値にすべて並ぶ。一方同時期に倒産しなかった企業のサンプルは0の値に1列に並ぶことになる。横軸は、たとえば問題企業が健全企業より高くなる「負債比率」等を置くと理解しやすい。つまり、「負債比率」1変数のみを説明変数とするモデルを想定することとする。

　ここで、説明変数とその結果である目的変数の関係を表す線を引くことをイメージする。データを投入しExcelや統計ソフトを利用すると回帰式ができるが、これが実は線を引くということである。すなわち、ここから導出されるのは、$y = a + b \cdot x$という一次回帰式である。

　以上の説明で、破綻・非破綻のモデル作成の概要がイメージできたが、一次式のままでは、図表4-23のように倒産確率がマイナス、あるいは1を超

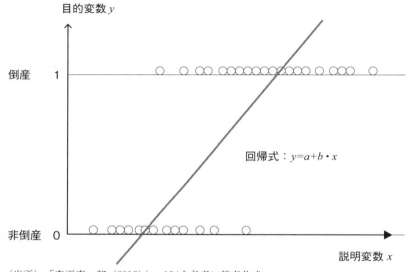

図表4−23　破綻・非破綻のイメージ図

目的変数 y

倒産　1

回帰式：$y=a+b \cdot x$

非倒産　0

説明変数 x

（出所）　「森平爽一郎（2012）」p.134を参考に筆者作成。

える結果が算出されてしまう。確率はその定義により0から1の間をとらねばならず、一次式のままでは実態と異なる結果が算出されてしまうことになる。

　そこで、図表4−23のような直線を当てはめるのではなく、推定倒産確率PDが0と1の間に入るようなS字曲線を当てはめデフォルト率算出への拡張を行う。ここでは、ロジスティック曲線といわれるものを当てはめ、0から1の倒産確率を算出できるようにしている。ここで、推定倒産確率PDは、

$$PD = \frac{1}{1 + \exp^{(-Z)}}$$

で表される。Zは信用リスク度を表すが、この場合はたとえば「負債比率」という変数で決定する。すなわち、PDはZ値のロジスティック変換により推定することとなる。expは、自然対数の底（≒2.718）である。

　なお、説明をシンプルにするために、1変数のみを想定したケースを紹介

図表 4 −24　デフォルト確率算出への拡張（ロジスティック曲線の当てはめ）

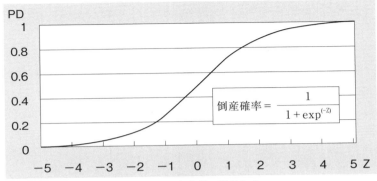

（出所）　「森平爽一郎（2012）」p.139を参考に筆者作成。

しているが、実際のモデルの説明変数は複数、すなわち多変量となることが
通常である。すなわち回帰式は $y = a + b \cdot x + c \cdot x + d \cdot x \cdots$ のようになり、こ
れをロジスティック曲線に当てはめることとなる。本例では、Z値が大きく
なるほど推定倒産確率が高くなる式を当てはめているが、Z値が大きいほど
良好な企業を表す回帰式であれば、曲線はこの逆を描くことに注意された
い。ここでは、この式の意味等を特に理解する必要はなく、Z値が大きくな
れば（あるいは小さくなれば）なるほど倒産確率は1に近づく（倒産確率は0
に近づく）ことをイメージ願いたい。

(6)　予想回収率

　債務者が倒産しても貸出金の全額がロスになるものではない。たとえば、
担保や保証があれば、これらによりカバーされる額は回収が可能である。こ
のように、貸出金に対してどの程度回収が可能であるのかを示す予想回収率
は、信用リスク計測の一つの尺度となる。また、前述のようにデフォルト時
損害率（LGD）は、<u>1 −回収率</u>で表される。

　この予想回収率についてもう一歩踏み込んで考えてみよう。

　まず、一般的な回収率の概念は式①のようなものである。すなわち、デ

フォルト時の与信額に対する回収金額の割合である。

　しかしながら、回収は通常一度のみではなく、将来にわたり何度も起こると考えられる。その場合の考え方は式②となる。

　また、回収は将来的に発生するものであることを考慮するとその価値は現時点とは異なることから、現在価値に引き直す必要が生じる。したがって、厳密には回収率は式③によって表されるであろう。

図表4−25　予想回収率の考え方

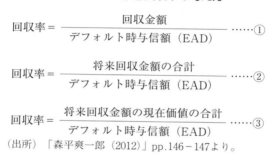

$$回収率 = \frac{回収金額}{デフォルト時与信額（EAD）} \cdots\cdots ①$$

$$回収率 = \frac{将来回収金額の合計}{デフォルト時与信額（EAD）} \cdots\cdots ②$$

$$回収率 = \frac{将来回収金額の現在価値の合計}{デフォルト時与信額（EAD）} \cdots\cdots ③$$

（出所）「森平爽一郎（2012）」pp.146−147より。

　なお、説明を単純にするためにここでは表していないが、実際には回収には費用が発生する。たとえば法的回収に係る法務費用や回収活動に伴って発生する人件費などがある。これらを勘案すると、回収率はさらに低く見積もる必要がある。たとえフル保全ではあっても、それが保証であれば代位弁済にかかる費用、不動産担保であればその処分費用などを想定しなければならない。

　回収に係る費用の算出には、回収に係る活動コストを算出することが可能であるABC（Activity Based Costing：活動基準原価計算）が有効である。ABCによる活動コストの算出については後述する[25]。

(7)　信用リスク（非予想損失）の考え方とプライシング

　「非予想損失」である「信用リスク」は「予想デフォルト率」と「予想回収率」の悪化等により、一定の信頼区間のなかで発生しうる最大損失までの

変動部分としてとらえられる。したがって、ここではデフォルト率の変動と
回収率の変動を加味する必要がある（図表4－26）。

図表4－26　債務者単位の信用コスト・信用リスクの構造

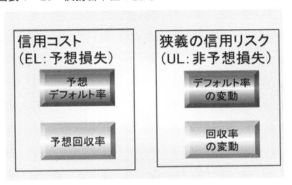

① 　デフォルト率の変動とプライシングの考え方

　まず、デフォルト率は将来の景気変動等により変化すると考えられるので
そのブレを考慮する必要がある。たとえば、以下のようなケースを考えてみ
よう。平均倒産確率が7.62％の債務者のグループがあり、そのグループの分
散を表す標準偏差が3.14であったとする。これらが正規分布すると仮定する
と、図表4－28の正規分布表から信頼区間を約95％とする時のZが1.645で
あることがわかる。信頼区間95％とは理論上100年に5年以下の確率でしか
これを超える場合が発生しないことを表している。そして、次式によりこの
場合の倒産確率が計算される。

　平均倒産確率＋1.645（信頼区間を95％とする場合）×標準偏差

　実際の数値を当てはめると、7.62＋1.645×3.14＝12.79（％）となり、
12.79％でリスク率を見積もればこれを超える倒産確率が示されるのは100年
のうち5年以下であるといえる。これが、将来のデフォルト率のブレを考慮
した非予想損失の考え方であり、12.79％－7.62％で求められる5.17％が信用
リスク部分であると考えられる。

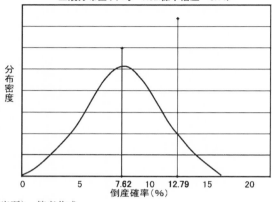

図表4－27　デフォルト率の変動の考え方

> 信用リスク率＝平均倒産確率＋1.645（信頼区間を95％とする場合）×標準偏差

下図によると 7.62＋1.645×3.14＝12.79％以下の部分に95％が入る。
つまり、12.79％でリスク率を見積もればこれを超える倒産確率が示されるのは
100年のうち5年以下であるといえる。

正規分布図（平均＝7.62.標準偏差＝3.14）

分布密度

倒産確率（％）

0　　5　　7.62　10　12.79　15　　20

（出所）　筆者作成。

図表4－28　正規分布表

■正規分布表　normal distribution
（標準正規分布 N(0,1) standard normal distribution ）

$$\Pr[\,y \le z\,] = \int_{-\infty}^{z} f(y)\,dy \qquad f(y) = \frac{1}{\sqrt{2\pi}} e^{-\frac{y^2}{2}}$$

z	+.00	+.01	+.02	+.03	+.04	+.05	+.06	+.07	+.08	+.09
0.0	0.5000	0.5040	0.5080	0.5120	0.5160	0.5199	0.5239	0.5279	0.5319	0.5359
0.1	0.5398	0.5438	0.5478	0.5517	0.5557	0.5596	0.5636	0.5675	0.5714	0.5753
0.2	0.5793	0.5832	0.5871	0.5910	0.5948	0.5987	0.6026	0.6064	0.6103	0.6141
0.3	0.6179	0.6217	0.6255	0.6293	0.6331	0.6368	0.6406	0.6443	0.6480	0.6517
0.4	0.6554	0.6591	0.6628	0.6664	0.6700	0.6736	0.6772	0.6808	0.6844	0.6879
0.5	0.6915	0.6950	0.6985	0.7019	0.7054	0.7088	0.7123	0.7157	0.7190	0.7224
0.6	0.7257	0.7291	0.7324	0.7357	0.7389	0.7422	0.7454	0.7486	0.7517	0.7549
0.7	0.7580	0.7611	0.7642	0.7673	0.7704	0.7734	0.7764	0.7794	0.7823	0.7852
0.8	0.7881	0.7910	0.7939	0.7967	0.7995	0.8023	0.8051	0.8078	0.8106	0.8133
0.9	0.8159	0.8186	0.8212	0.8238	0.8264	0.8289	0.8315	0.8340	0.8365	0.8389
1.0	0.8413	0.8438	0.8461	0.8485	0.8508	0.8531	0.8554	0.8577	0.8599	0.8621
1.1	0.8643	0.8665	0.8686	0.8708	0.8729	0.				
1.2	0.8849	0.8869	0.8888	0.8907	0.8925	0.				
1.3	0.9032	0.9049	0.9066	0.9082	0.9099	0.				
1.4	0.9192	0.9207	0.9222	0.9236	0.9251					
1.5	0.9332	0.9345	0.9357	0.9370	0.9382	0.9394	0.9406	0.9418	0.9429	0.9441
1.6	0.9452	0.9463	0.9474	0.9484	0.9495	0.9505	0.9515	0.9525	0.9535	0.9545
1.7	0.9554	0.9564	0.9573	0.9582	0.9591	0.9599	0.9608	0.9616	0.9625	0.9633
1.8	0.9641	0.9649	0.9656	0.9664	0.9671	0.9678	0.9686	0.9693	0.9699	0.9706

> 0.950は0.9495と0.9505の間の数値をとる。したがって、1.645がZ値となる。

（出所）　「TACファイナンス研究会（2001）」p.192に基づき筆者作成。

なお、この考えは個別金利決定時の要因、すなわちプライシングの基礎となるものである。信用リスク部分を債務者にすべて負担させると突出した高金利となるため、基本的には信用コスト率を債務者に負担させ、このうちのいくらかをリスクプレミアムとして上乗せし、最終的な金利を決定することになる。図表4－29にプライシングを構成する要素の概要を、図表4－30にプライシングの考え方を示している。

図表4－29　プライシングを構成する要素

項　　目	説　　明
調達金利	本支店レート、資金調達原価率等
信用コスト率	・予想デフォルト率（PD） 企業の財務データからモデルが算出→実績に応じ統計的に設定
目標収益率	・リスクプレミアム 信用リスクのブレ（UL）への備え＋金融機関として確保したい収益率
経費率	・融資コスト 従来型一律経費率や「ABC」による顧客別経費率

　また、信用コスト率は厳密には、$\dfrac{（1-回収率）\times デフォルト率}{1-デフォルト率}$

で求められる。分母に（1－デフォルト率）を置くのは、信用コストは基本的にその格付グループ内の生存債務者が負担しなければならない、という考えに基づいている。

　② 回収率の変動

　回収率を決める主要因は担保や保証であり、この将来的な価値の変動により回収率も変動する。また、それ以外にも、与信の規模、景気の動向、業種によってもその変動率が左右されることが知られている。

　ただし、担保や保証以外の要因は前述したデフォルト率の変動要因と重複する部分が多く、単純化するためには保全（担保・保証）額の変動を回収率の変動と考えてよかろう。したがって、債務者単位の信用リスク・信用コス

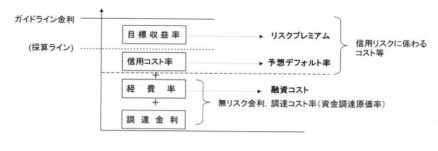

図表4－30　プライシングの考え方

※信用コスト率 ＝

$$\frac{(1-回収率)×デフォルト率}{1-デフォルト率}$$

（出所）　「日本銀行考査局（2001）」p.24より筆者作成。

トの見積りにおいては、将来の担保価値の変動に伴う保全率を考慮すること
が重要になる。方法としては担保価値の下落率や期間を考慮したシナリオを
作成することとなるが、実務上はこれらの変動を考慮することは計算を複雑
化することとなる。

　したがって、債務者単位のリスク測定においては、保全率一定、あるいは
保全額を一定としても差し支えなかろう。なお、後述するポートフォリオ単
位での信用リスク測定には、これらの変動を加味する必要がある。

(8)　ポートフォリオ単位の信用リスク

　ポートフォリオ単位の信用コストは、前述した債務者単位の信用コストの
集合と考えられる。ただし、ここでの信用リスクの測定においては、債務者
単位の信用リスクで述べた二つの要因である「デフォルト率の変動」と「回
収率の変動」に加えて、「与信集中」と「相関関係」を加えなければならな
い（図表4 –31）。

　すなわち、ポートフォリオ単位でとらえる場合も、予想損失である信用コ
スト計測においては、債務者単位とその要素は変わらないが、非予想損失で
ある信用リスクの計測においては、大口融資に係る与信集中リスクと債務者

間の共倒れに係る与信相関を特に考慮しなければならず、計測手法はさらに複雑化する。

図表4-31　ポートフォリオでの信用リスクの構造

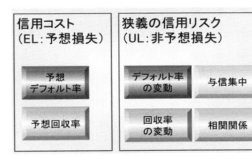

① 債務者間の相関性

前述のように、債務者間の相関性とは、いわゆる共倒れリスクである。これは、いくつかの企業が同時にデフォルトする可能性を表すものである。たとえば、グループ企業や関連企業、同一地域内企業、同一業種等は似通った経営環境のなかで営業を行っており、これらが連鎖的にデフォルトする可能性は高いと考えられる。このように、理論上はこの要素は確実に存在するが、その計測は非常にむずかしい。したがって、バーゼル規制においてはデフォルト率により一義的に決まるようにその係数を決めており、計測はそれに従い行うこととなっている。

なお、債務者間の相関に起因する共倒れリスクを回避するにはグループ企業を一体管理すること、業種分散と地域分散を心がけることとなろう。しかしながら、地域金融機関は地域分散を図ることがむずかしいことを考えると、最終的には債務者分散すなわち小口分散を図ることがリスク管理上最も重要であろう。これは次に述べる与信集中とかかわるものである。

② 与信集中

ポートフォリオの信用リスク計測においては、上記の債務者間の相関性に加えて、与信集中による非予想損失額の見積りが重要である。

たとえば、債務者がすべて同じ10%の倒産確率を付与されており、10社に均等に1,000万円を融資している1億円のポートフォリオ（図表4－32）と、9社に100万円、1社に9,100万円を融資している1億円のポートフォリオ（図表4－33）は、いずれも倒産確率10%、1億円のポートフォリオに変わりない。しかしながら、確率通り10社に1社が倒産すると考えると、前者ではどの債務者がデフォルトしても一様に1,000万円の損失であるが、後者は100万円の損失ですむ場合と9,100万円の損失を発生させる場合があり、極端な損失変動リスクを保有することとなる。つまりELは両者とも1,000万円であるが、ULは両者間で大きく異なると考えることができる。

　なお、この計測においては、モンテカルロシミュレーション[26]により算出することが一般的である。

図表4－32　小口分散のポートフォリオ

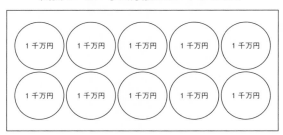

図表4－33　与信集中がみられるポートフォリオ

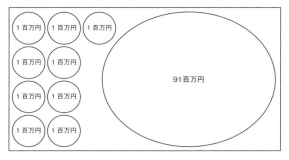

③　ポートフォリオにおける損失分布

　以上述べたような要因を加味したモデルと計測手法により、金融機関全体の予想損失と非予想損失の損失分布を描くことが可能となる。図表4 −34は

図表4 −34　与信ポートフォリオの信用リスク計量

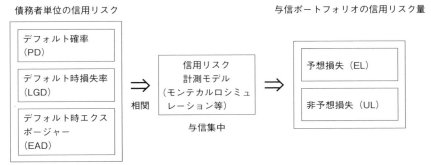

（出所）「日本銀行金融機構局（2005a）」p.36を参考に筆者作成。

図表4 −35　信用コスト（予想損失）と信用リスク（非予想損失）

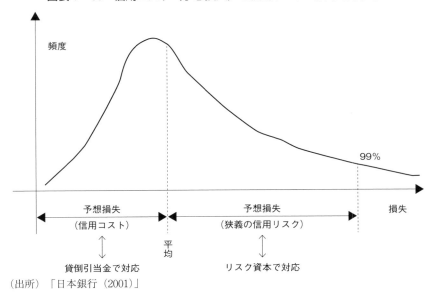

（出所）「日本銀行（2001）」

計測のプロセスを、図表 4 - 35は横軸（X軸）に貸倒損失額を、縦軸（Y軸）にその可能性を表す頻度（確率）を示している。

　通常金融機関では損失額の少ない融資が多数を占めており、平時には損失はさほど発生しないと考えられる。しかしながら、不況時には多数の融資先の倒産や大口の倒産の発生が顕著となり、多額の損失が発生する可能性がある。したがって、損失の分布は図のように右側の裾野が広い分布を示すことが通常である。

④　必要自己資本の見積り

　損失分布をその平均値と最悪の場合の損失額で表すと、この二つの指標がいわゆる予想損失と非予想損失になる。

　予想損失はすでに述べたようにEL（Expected Loss）と呼び、信用コストとして、平均的に予想される損失である。したがって、これは毎期の貸倒引当金でカバーされなければならないとされる。

　これに対して非予想損失はUL（Unexpected Loss）と呼ばれ、予想損失からのブレがどの程度あるかを示すものである。これは信用リスクととらえられ、自己資本でカバーされるべきものとされる。つまり、予想損失はすでに貸倒引当金でその期にカバーされているので、その差額を自己資本でまかなうことができれば、将来にわたって経営が健全であるとみなされる。

　図表 4 - 35では最悪の状況を確率99％の割合と仮定し算出を行っている。この算出は、前述したモンテカルロシミュレーションで行うのが一般的であるが、これをいわゆる信用VaR（Value at Risk）と呼ぶ。ここで、99％の確率とは、100年に 1 回生じる信用イベントを想定している。

　なお、バーゼルⅡでは、99.9％を考えているが、これは1000年に 1 回生じるような最悪の場合を想定するもので、一見非常に厳しい基準でほとんど起こりえない事態のように思われる。しかしながら、平成20年に発生したサブプライム危機では、現実にこのレベル以上のイベントが発生したといわれている。このように考えると、リスクの測定は現実的には平時においてのみ有効なものといえよう。

⑼　リスク分散の考え方

　リスク分散の考え方を「卵を一つのかごに盛らない」という言葉から考え
てみよう。ここでは、野口（2000）を参考に述べる。

　なお、この例では、卵の総数を30個、かごを落とし、かごの中の卵がすべ
て壊れる確率を1/3とする。

　下表Aのケース１はかごを落とさない場合、ケース２は落とした場合を示
している。

　A：30個の卵を１つのかごに入れた場合（ケース２が生じる確率を３分の
　　　１とする）

ケース	壊れる卵の数	確率
1	0	2/3
2	30	1/3

　期待値と分散は以下のように計算される。

　・期待値の計算

　　$0 \times 2/3 + 30 \times 1/3 = 10$

　・分散の計算

　　$\{(0-10)^2 + (0-10)^2 + (30-10)^2\} \div 3 = 200$

　すなわち、期待値10、分散200のポートフォリオと考えられる（標準偏差
は$\sqrt{200} \fallingdotseq 14.14$）。

　次に、同数の卵をａ、ｂ、ｃ３つのかごに10個ずつ入れた場合を考える。
×はかごを落として卵が壊れたこと、○はかごを落とさないことを示す。

B：30個の卵を３つのかごに入れた場合（かごを落とす確率を３分の１とする）

ケース	かご a	かご b	かご c	壊れる卵の数	確率
1	○	○	○	0	8/27
2	×	○	○	10	4/27
3	○	×	○	10	4/27
4	○	○	×	10	4/27
5	○	×	×	20	2/27
6	×	○	×	20	2/27
7	×	×	○	20	2/27
8	×	×	×	30	1/27

※○はかごを落としていないこと、×はかごを落としたことを示す

この場合の期待値と分散を計算する。

まず、それぞれのかごを落とす事故は独立して発生するので、ケースごとの確率は以下のように計算される。

・ケースごとの確率の計算

ケース１： $2/3 \times 2/3 \times 2/3 = 8/27$

ケース２〜４： $1/3 \times 2/3 \times 2/3 = 4/27$

ケース５〜７： $2/3 \times 1/3 \times 1/3 = 2/27$

ケース８： $1/3 \times 1/3 \times 1/3 = 1/27$

期待値と分散は以下のように計算される。

・期待値の計算

$0 \times 8/27 + 10 \times 4/27 \times 3 + 20 \times 2/27 \times 3 + 30 \times 1/27 = 10$

・分散の計算

$\{(0-10)^2 \times 8 + (10-10)^2 \times 12 + (20-10)^2 \times 6 + (30-10)^2\} \div 27 = 66.67$

すなわち、期待値10、分散66.67のポートフォリオと考えられる（標準偏差は$\sqrt{66.67} \doteqdot 8.16$）。

Ａと比べると期待値は同じであるが、分散は小さくなっている。つまり、Ａと比較してより期待値通りとなるケースが多くなる。いいかえれば、極端

な損失が発生するケースが少なくなり、リスク分散を図ることができる。これは前項で述べたポートフォリオにおける損失分布の右側の裾野の分布を狭くすることとなり、いわゆるテールリスクをより少なくする効果となる。

　なお、リスク分散という場合の「分散」と、ここで述べている「期待値からの差（偏差）の２乗の期待値」で定義される「分散」とは概念が異なることに注意されたい。英語では、リスク分散はdiversification of risks、統計学における分散はvarianceで別の言葉である。

　かごの数を増やすとさらに分散が小さくなり、限りなく結果が期待値通りになることが理解できよう。かごを落とす回数ごとの期待値を求める計算式を参考にあげておく。

【発生回数ごとの期待値を求める計算式】
① まずかごを落とす数ごとの発生確率を求める
$P(k) = p^k \times (1-p)^{n-k} \times {}_nC_k$
但し、p：事故確率、n：試行回数、k：事故発生回数とする。
この事例では、
$P(k)$ はかごをk回落とすときの発生確率
pはかごを落とす確率：1/3
nはかごの数：3
kはかごを落とす回数：0, 1, 2, 3
${}_nC_k$はn個からk個を抜き出す組み合わせの数で、${}_nC_k = n! / \{k!(n-k)!\}$ で計算される。$n!$は１からnまでの数を全てかけ合わせることを表す記号である。
② 発生回数ごとの期待値を求める
発生回数ごとの期待値は、
$P(k) \times$ ケースごとの損失額で求められる。
本例の場合、
ケースごとの損失額は$10 \times k$となるので
$P(k) \times 10 \times k$で求められる。
すなわち、発生回数ごとの期待値は、事故発生時の損失をxとすると
$P(k) \times x \times k$となる。
なお、ポートフォリオ全体の期待値を求めるには発生回数ごとの期待値を合算すればよい。

---

5 信用格付

(1) 信用格付とその活用

　信用格付とは、個別債務者の信用度に応じてこれをいくつかのレベルにグルーピングすることである。定量評価を主とした制度であり、恣意性を排除することにより、信用リスク管理の効率化と客観性の保持が可能となる。また、同時に管理強化も可能となる。

　債務者の信用度は債務者区分によって表すことができるが、これを格付により細分化することで詳細な管理を行うことができる。たとえば、同じ要注意先に属する債務者に対しても、信用度の悪化度合いにより管理手法を変えることが可能となる。同様に、正常先であっても、下位層に属するものは要注意先予備軍として慎重な管理を行うべきグループと位置づけ、より厳格な管理を行うことができる。

　また、格付区分と与信権限をリンクさせることにより、効率的な審査業務を行うことができる。すなわち、高格付先の経常資金融資等は簡便な審査を行い、低格付先に対する与信や問題案件は、詳細な審査を行うという例外管理を行うことが可能となる。

　信用度を示す要因の主たるものは、債務者の財務状態であるが、これはいままで述べてきたデフォルト率によるのが一般的な考え方である。その他の

図表4-36　中小企業の格付プロセス例

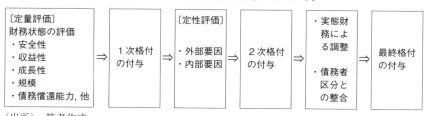

（出所）　筆者作成。

要因には、業界特性、債務者の定性要因等がある。

　また、大企業であれば、外部格付や株価などの外部情報を勘案することも重要である。これらを総合的に判断して最終的な格付を決定するのが通常の手法であるが、中小企業の格付に際しては特に定性要因を把握することが重要である。ただし、定性要因の判定は担当者の主観により左右される場合が多く、主観的な要素を極力排除することが大切である。

(2)　財務状態の評価（定量評価）

　上で述べたように、財務状態の評価は統計モデルから導出されたデフォルト率を利用することが一般的となっている。統計モデルは財務諸表上の計数をいくつか選択してそれらを説明変数に組み込むことにより構築される。

　外部の統計モデルは、基本的に表面財務データを利用して構築されていることから、自行用のデータも表面財務諸表のデータをモデルに投入してデフォルト率を求めることが整合的である。特に、実態財務諸表は、B/SとP/Lのみであれば、特に問題は生じないが、経常収支やキャッシュフロー等の資金分析指標、あるいは回転期間や回転率等については、むしろ実態を表さないゆがんだ指標となるため、正しい結果が反映されなくなる。

　実態財務は、静的には企業の清算バランスを表すが、あくまで修正された数値であることを理解しておかねばならない。たとえば、在庫や売掛金を過大計上の可能性ありと推定して適正水準に修正してしまうと、本来の在庫過多等の異常値が反映されず、企業の財務数値を正常と判断してしまうという過ちを犯すことになる。経常収支比率等の資金分析指標も同様にゆがめられたものになってしまう。

　なお、デフォルト率によらずに、経験的に財務指標を選択し、それぞれの指標にウェイトづけを行い点数化し、総合点によりランクづけを行い格付とする金融機関もあった。これは、伝統的な財務分析の考えを色濃く反映する手法である。モデルがブラックボックス化する傾向にある統計モデルと比較して、財務上の問題点がわかりやすく、企業実態の把握が容易で、分析結果のフィードバックが行いやすいという利点がある。ただし、指標の選択が

図表4－37　定量要因に用いられる指標例

指標のカテゴリー	具体例
規模	総資産、従業員数、売上高、等
安全性	流動比率、当座比率、固定比率、固定長期適合率、自己資本比率、経常収支比率、等
収益性	総資本経常利益率（ROA）、売上高経常利益率、損益分岐点比率、等
成長性	増収率、増益率、総資産増加率、等
債務償還能力	債務償還年数、インタレスト・カバレッジ・レシオ、等

（出所）　「日本銀行金融機構局（2005a）」p.14等を参考に筆者作成。

恣意的になる可能性があることに加えて、デフォルト率の算出が直接的に行えないため、プライシングに活用できない等の欠点がある。

　本章3で述べたように、デフォルト率を算出する統計モデルにはいくつかのタイプがある。最近の中小企業を対象とするモデルでは、ロジスティック回帰モデルや順序ロジスティック回帰モデル等を利用するのが主流となっているが、ニューラル・ネットワークや二進木モデルを利用している銀行もあるようである。それぞれの手法には一長一短がある。

　繰り返し述べるが、コンピュータの発展に伴い、その手法は複雑になり、モデルはますますブラックボックス化していく。その結果フィードバックが行いにくく、結局は債務者の問題点の所在が明らかにできないという問題を抱えることになる。信用リスク管理の基本は個別債務者の信用状態の把握がその根本にあり、それは融資審査業務の延長線上にあることに特に留意しなければならない。

(3)　定性要因の評価と格付の調整

　財務実態に基づく定量要因の評価のみでは、債務者の実態を的確に把握できないことから、定性要因に基づき格付を調整する手法が一般的となっている。特に、企業規模が小さくなるほど財務データの信ぴょう性が疑わしくなる傾向にあることから、定性要因による評価のウェイトを高めようという考

え方がある。

　定性要因の評価に用いられる指標はさまざまであるが、おおむね以下のようなものである。前述したように、評価者の主観が評価に影響を及ぼす可能性が高く、指標の選択は慎重に行う必要がある。また、極力具体的な数値を示して、客観的な評価が可能となるような仕組みをつくることが重要である。

図表4-38　定性要因に用いられる指標例

指標のカテゴリー	具体例
外部要因	業種特性、市場規模、市場の成長性、等
内部要因	業歴、営業基盤、技術力、経営者の能力、後継者の有無、親会社の支援、等

（出所）　「日本銀行金融機構局（2005a）」p.14等を参考に筆者作成。

(4)　実態財務諸表の作成

　中小企業の財務諸表は信ぴょう性に乏しく、また、代表者個人の資産・負債、収益等が法人と分離されず、表面財務のみではその実態を把握しづらいのが現状である。したがって、分析においては実態補正を行うことが必須となる。

　格付や自己査定に実態財務を反映させる場合は、銀行内でその基準を設け、実態補正における一貫性と統一性を保持することが肝要である。特に、年度ごとに実態補正を行う基準が変わると時系列的な変化が把握できなくなる。

　実態財務の反映例としては、次のようなものがあげられる。

　前述したように、このような補正を行うと、もとの財務諸表は崩れてしまい、勘定科目の回転率やキャッシュフロー等は意味をもたなくなる。つまり、実態財務諸表はこの意味では実態を表さなくなっているので、定量的に評価することがむずかしくなる。したがって、実質自己資本比率や実質利益などを定性情報の項目としてとらえ、格付を補正する方法が考えられる。

図表4−39　実態財務の反映例

補正対象	具体例
財務上の実態資産・負債の反映	貸付金・未収金・仮払金等のなかの不良資産の資産項目からの控除、減価償却不足の修正、在庫・売掛金の過大計上分の控除、固定資産の再評価、等
代表者（役員）との関係	代表者（役員）の資産の合算、代表者（役員）からの借入れを自己資本とみなす、逆にこれらへの貸付金の控除、等

（出所）　筆者作成。

　自己査定では通常この考え方を反映させて、債務者区分を変更するので、債務者区分に合わせて格付の調整を行うこととなる。自己査定は債務者を5段階に分類する格付と考えられるが、格付の大項目が債務者区分でその小項目が格付と考えるのが自然であろう。

(5)　案件格付

　不動産ファイナンスのなかにはノンリコースローンなど、通常の企業向け融資と異なる融資手法が採用されるケースも多い。また、昨今PFI（Private Finance Initiative）方式[27]を活用したプロジェクトファイナンスも行われている。このような融資形態については、債務者格付ではなくローンそのものを格付する案件格付で管理するほうが適切と考えられる。この場合は、以下のような定量要因・定性要因を用いてその案件の質を評価することとなる。

図表4−40　不動産ファイナンスの案件格付例

要因区分	具体例
定量要因	与信期間、LTV、DSCR※
定性要因	個別不動産の特性（立地、形状、ほか） キャッシュフロー計画の妥当性、スポンサーリスク、等

※LTVとDSCRは下記の式で求められる。
　LTV（Loan to Value）＝（与信残高）÷（不動産評価額）
　DSCR（Debt Service Coverage Ratio）
　＝（対象資産の運用から得られる年間キャッシュフロー）÷（債権者に対する元利支払額）
（出所）「日本銀行金融機構局（2005a）」p.15を参考に筆者作成。

図表4-41　プロジェクトファイナンスの案件格付例

要因区分	具体例
定量要因	与信期間、DSCR、LLCR※、等
定性要因	スポンサーリスク、オペレーションリスク、完了リスク、等

※LLCRは下記の式で求められる。
　LLCR（Loan Life Coverage Ratio）＝キャッシュフローの現在価値の合計÷借入金元本
（出所）「日本銀行金融機構局（2005a）」p.15を参考に筆者作成。

(6)　住宅ローンの格付

　住宅ローンの格付は前項で述べた案件格付と同様の考え方を基本とする。昨今、地域金融機関は住宅ローンの構成比を増加させていることから、リスク管理の重要性はより高まってきている。住宅ローンは、通常の企業向け貸出と比較して特有のリスクがあるが、ここではその特殊性にかんがみ住宅ローンの信用リスク管理手法について述べる。

①　住宅ローンの信用リスクの期間構造

　企業向け貸出であれば、通常デフォルト率の推定期間を1年とするが、住宅ローンは貸出期間が長期にわたるため、その期間構造に留意しなければならない。デフォルト率は当初は低く、その後途中で高くなり、最終弁済期が近づくにつれ低下することが先行研究で知られている。これは、シーズニング効果といわれる。

　すなわち、ローン実行時点では審査を通過した案件であるため、デフォルト率は小さいはずである。その後、諸条件の変化によりデフォルト率が高まると考えられる。そして、ある一定の時期を過ぎると、すでに信用リスクの高いローンはデフォルトしているはずである。したがって、良好なローンのみに淘汰（とうた）されていることからデフォルト率は低下すると考えられる。

②　リスク要因

　ここでは、デフォルト率に影響を与える定量要因と定性要因について整理しておく。

　まず定量要因としては、LTVやDTI※等返済の余裕度を表す指標が重要で

ある。LTVは購入時の自己資金の保有度合いを表し、DTIやLTIは返済能力を表す。支払方法では、ボーナス返済の比率が高い場合や、ステップアップ返済を採用する場合はデフォルト率が高いことが知られている。

　定性要因では、職業、年齢、性別、家族構成等については、たとえば公務員や上場企業の社員、家族数の少ない場合はデフォルト率が低いことが一般に知られている。また、最終的には弁済できなくなれば購入した住宅を売却することとなるので、担保物件である住宅の価値は重要である。さらに、債務者の収入は経済情勢に左右されるので、これも大きな要因となる。

図表4－42　住宅ローンの格付の要因例

要因区分	具体例
定量要因	与信期間、支払方法、LTV、DTI、LTI※等
定性要因	職業、年齢、性別、家族構成、個別不動産の内容と質、マクロ経済情勢等

※LTV、DTI、LTIは下記の式で求められる。
　LTV（Loan to Value）＝（与信残高）÷（不動産評価額）
　DTI（Debt To Income）＝（年間元利返済額）÷（年間収入）
　LTI（Loan to Income）＝（年間収入）÷（借入残高）
（出所）「森平爽一郎（2012）」pp.170－179を参考に筆者作成。

(7)　リスク資本の配賦

　非予想損失（UL）は、自己資本によりカバーされなければならないものとされるが、この備えを各営業部門で認識したうえで営業施策上のリスクテイクを行う必要がある。そこで、リスクテイク可能な資本の配賦を融資部門や余資運用部門等各部門に行うことをリスク資本の配賦という。これにより金融機関全体のリスク量を管理し、経営体力に応じたリスク・リターンを効率的に行うことができる。

　通常、金融機関では規制資本（8％、国内営業のみを行う金融機関の場合は4％）の水準を考慮し、使用可能な経済資本の額に上限を設け、その上限内にリスクが収まるようリスクを制御している。これを割り込むと早期是正措

置の発動対象となる可能性があるからである。したがって、信用リスク量の計測を行い、この上限額を超過するおそれがあれば、リスクを低減する措置を講じる必要がある。

すでに述べたように、信用リスクは、EAD（与信額）、PD（倒産確率）、LGD（1－予想回収率）と与信集中、債務者相関により決定される。したがって、具体的な対応策は、債務者全体の格付の良化によるPDの低下、個別債務者の保全強化、大口化の防止などが考えられる。

なお、リスク資本配賦は統合リスク管理においては、信用リスクのみならず、市場リスク、流動性リスク、オペレーショナル・リスク等も同様に配賦の対象となるので、これらを合算したものが上限内に収まらなければならない。

前述した、規制資本内にリスクが収まる可能性については、以下のような方法で、その確率を把握することができる（「日本銀行金融機構局（2005b）」p.20参照）。イメージは図表4－43を参照されたい。

① 信頼水準99％を前提としたリスク量を求める。これを控除すると自己資本比率8％を維持できなくなる場合を想定する。

② 信頼水準を変えながら、テイクしているリスクを計量化する。

③ そのリスクと、自己資本のうち自己資本比率8％を上回る部分とが一致する信頼水準X％を探す。

④ この時、この金融機関では、X％の確率で、自己資本8％を割り込むほどの大きな損失は発生しないことが期待される。これは逆に、（100－X）％の確率で自己資本8％を割り込むほどの損失が発生すると想定されることを意味する。この（100－X）％が、当該金融機関にとって自己資本比率8％を割る確率といえる。

たとえば信頼水準Xが95％と計算されると5（100－95）％の確率でこの金融機関は自己資本比率8％を割ることになる。これは20年に1回発生しうる確率である。

図表4－43　経営体力とリスクの比較例

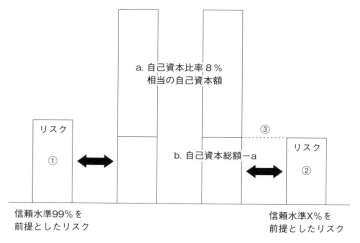

（出所）「日本銀行金融機構局（2005b）」p.21を参考に筆者作成。

⑻　格付モデルの検証

　経済情勢などが変化するなかで、格付モデルの精度は年々低下していく可能性がある。したがって、格付モデルが陳腐化していないかどうかを確認するためモデルの検証を定期的に行う必要がある。モデル構築時点での検証方法については、4章4⑸でその詳細を述べたが、その時点では、モデルのロジックやモデル作成に利用したデータの適切性を検証するものであった。本項ではモデル運用後に、実際の債務者のデフォルト結果と比較してどの程度正確に予知できたかを検証する方法を述べる。

　一般的に行われる検証方法は、モデルの推計結果を実績と比較してモデルの精度を事後的に確認する手法でバック・テスティングと呼ばれる。すなわち、実際にデフォルトした債務者とデフォルトしなかった債務者を調べ、モデルの結果がどの程度適切であったかを確認する方法である。デフォルトした債務者を信用度の高い債務者と判定していたり、逆に、デフォルトしな

かった債務者を信用度の低い債務者と判定していたりするケースが多ければ、モデルの精度が低く問題とされる。

　モデルの検証にはいくつかの手法があるが、ここでは比較的よく利用されるAR（Accuracy Ratio）値について述べる。

　これは、格付モデルの精度を評価する方法として、CAP（Cumulative Accuracy Profiles）曲線を描き、モデルのパフォーマンスを定量的に表す統計量AR値を計算する方法である。この手法では、モデルが評価した信用度（スコア）の順に対象債務者を並べたうえで、実際にデフォルトした債務者の数を比較することにより、モデルの判別力を評価する。

　ここで、推定に用いた総債務者数をN、そのうち実際にデフォルトした企業数をnとする。CAP曲線とは、横軸をモデルの信用度のスコアが低い上位x社が全体に占める割合（x／N）、縦軸をモデルの信用度のスコアが低い上位x社のうち実際にデフォルトしたnx社がデフォルトした企業に占める割合

図表４−44　AR値のイメージ図

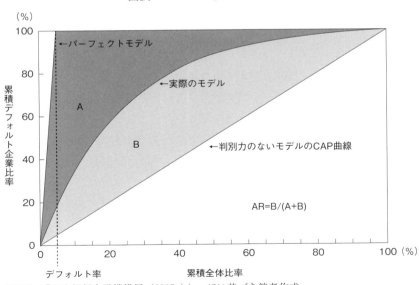

（出所）「日本銀行金融機構局（2005a）」p.42に基づき筆者作成。

（nx／n）として、両者の関係をプロットしたものである。

CAP曲線は、判別力の高いモデルでは左上方に位置し、まったく判別力のないモデルであれば45度直線に位置する。そして、45度線とCAP曲線の間にある領域の面積から算出されるのがAR値であり、この値が高いほど、格付モデルの精度が高いという評価になる。

$$AR値 = \frac{面積B}{面積A + B}$$

※パーフェクトモデルは推定デフォルト率との完全一致を表している。面積Aはパーフェクトモデルと実際のモデルとの乖離、面積Bは実際のモデルと全く判別力のないモデルとの乖離を表している。

6 管理会計と貸出プライシング

わが国の金融機関の預貸利鞘は米銀の水準を大幅に下回っており、預貸利鞘を不良債権処理額（貸出残高比率）で割り引いた信用コスト調整後の預貸利鞘でみると、バブル期以降はマイナス状態になる時期があった。一方、米銀の預貸利鞘は、信用コストをカバーするだけの一定の水準が維持されてきた。こうした事実は、邦銀と米銀のプライシング行動の差を反映したものと考えられる。つまり、わが国の金融機関はこれまで信用リスクに見合った適正なスプレッド・プライシングを行ってこなかったことになる[28]。

このような反省から平成元年度から平成3年度にかけて貸出利鞘の改善がみられた時期があったが、貸出をめぐる金融機関競争の厳しさを反映して平成14年度以降は低下の一途をたどっている[29]。

貸出金利は、前述したように、主として信用リスクに基づき決定される。しかしながら、信用リスク以外にも、調達レート、経費率等をその要因として考慮しなければならない。したがって、リスク管理と収益管理は一体としてとらえる必要がある。リスク調整後収益をその指標として用いることによって、リスクを考慮した逆ザヤを認識し防止することができる。

ここでは、リスクおよび経費を考慮した適正収益を確保することが、わが国金融機関の重要な課題であることにかんがみ、原価計算を主とした管理会計と収益管理体制の構築について若干説明を加えておく。

　なお、リスクはコストと考えると原価計算の要素としてとらえる必要がある。欧米では管理会計と原価管理はほぼ同義と考えられている。

(1)　金融機関の収益構造

　金融機関の収益構造は以下のように表すことができる。

　まず、金融機関のバランスシートは、簡略化すると資産項目には貸出金と有価証券、負債項目には預金と市場調達資金が存在する（図表4－45、算式で表すと図表4－46式①となる）。

　金融機関は、いわゆる預金や貸出金のボリュームを収益の主たる源泉としていることからストック商売といわれるが、収益構造も式②のようにB/S項目のみで表すことができる。すなわち、貸出収益から預金および市場資金調達費用を差し引いたものが収益となる（式②）。また、これを変形すると、式③のようになるが、下線部分に注目すると、負債である預金にも収益を与えるかたちになる。

　そして、最終利潤を求めるには収益から費用を控除する必要があるが、これは③式に④式の費用関数を表す式を加えたものとなる（式⑤）。なお、この費用関数のなかには信用コストやオペレーショナル・リスクなどの諸リスクを含んでいる。

　一般に金融機関における支店の主要推進項目には、貸出金と預金がある。一般企業の売上げに相当する貸出金に目標数値があるのは理解できるが、仕入れである預金残高に目標が与えられる理由を考えてみよう。

　高度成長期の資金調達不足時には預金を集めることが金融機関の至上命令であった。企業は常時資金不足の状態にあり、銀行は貸出対象先に不足することはなかった。つまり預金さえ集めることができれば、それが金融機関の収益に直結した。その伝統的な考えが現在も存在するが、上記の構造でわかるように、預金の取入れ活動がまったく存在しないと仮定すると、調達はす

図表4−45　金融機関のバランスシート

借方（資産）	貸方（負債）
L：貸出	D：預金
S：有価証券投資等	M：市場からの調達等

（注）　金融機関のB/Sを簡略化して示したもので、自己資本等は省略している。
（出所）　筆者作成

図表4−46　金融機関の収益構造

【金融機関の収益構造】
① $L+S=D+M$…金融機関のバランスシート（左辺は資産、右辺は負債を表す）
　　L：貸出　S：有価証券投資等（余資運用）　D：預金　M：市場からの調達等
② $R=rL\cdot L+rS\cdot S-rD\cdot D-rM\cdot M$
　　R：金融機関の収入　rL：貸出収益率　rS：有価証券等収益率　rD：預金金利　rM：市場調達等金利
　　これを変形すると
③ $R=(rL-rM)\cdot L+(rS-rM)\cdot S+\underline{(rM-rD)\cdot D}$…金融機関の収益構造
④ $C=C(L,S,D,p,w)$
　　C：費用関数　L：貸出　S：有価証券投資　D：預金　p：資本　w：労働
⑤ $\pi=R-C=(rL-rM)\cdot L+(rS-rM)\cdot S+(rM-rD)\cdot D-C(L,S,D,p,w)$
　　π：利潤

（出所）　「広田真一・筒井義郎（1992）」を参考に筆者作成。

べてマーケットからとなり、その場合預金金利より利率の高いマーケット金利を支払わなければならない。そこで、預金を取入れすることによって、マーケット金利と預金金利の差が収益に寄与したと考えられる。したがって、ほとんどの金融機関では預金の獲得を営業店の評価項目に加えている。

　さて、店舗評価を行うには、これらの要因を加味した数値が必要となるが、これは図表4−48でイメージできる。ここで、OHRは経費／コア業務

図表4-47　リスクとコストを控除した収益管理体系

図表4-48　信用コストを加味した金融機関の収益管理体系

営業店をイメージした収益管理体系

A	貸出金収益	スプレッド収益
B	預金収益	
C	その他運用収益	
D	資金収益 A＋B＋C	
E	役務収支	
F	経費（人件費、物件費、税金等）	→ OHR
G	利益 D＋E－F	→ ROA（総資産利益率）
H	信用コスト（予測損失）	
I	信用コスト控除後収益 G－H	→ RAROA（リスク・コスト控除後収益率）

（出所）　筆者作成。

粗利益、ROAはコア業務純益／（総資産－債務保証見返り）で計算される
指標である。

　最終的に目標とするのはRAROAすなわち、リスク・コスト控除後収益率
（Risk Adjusted Return on Asset）となる。なお、信用リスクの考え方は本章
4(7)で説明しているので参照されたい。

　　・コア業務粗利益＝「粗利益」－「国債等債券関係損益」
　　・コア業務純益＝「業務純益」＋「一般貸倒引当金繰入額」－「国債等債
　　　　　　　　　　券関係損益」

(2)　資金収益管理

①　スプレッド収益管理

　従来、資金収益は、「本支店レート」によって管理する方法が主流であっ
た。しかし、この方法では、市場金利が変動すると本支店レートが変更さ

れ、それに伴って営業店収益が変化することになる。すなわち、この方法では、金利変動リスクが支店に転嫁されることとなるので、営業店の努力が営業店業績に正しく反映されないことになる。この問題を解決する手法として、最近では、「スプレッド収益管理法」を採用する金融機関が増加している。

図表4−49　スプレッド収益管理法

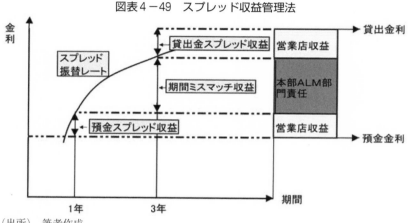

（出所）　筆者作成。

「スプレッド収益管理法」とは、個別案件ごとに、固定振替レートで本部と貸し借りを行うことによって資金収益を確定させるものである。この固定振替レートは、金利リスク調整後のレートであり、実行後の金利変動リスクは本部ALMセクションに移転する仕組みである。固定振替レートは実行時点の市場金利動向によって決定される。なお、前述した預金残高に営業店収益を付与するという考え方は、図表4−49によって理解できるであろう。

　この方法により、支店にとっては金利リスクにさらされることなく個別案件の収益が将来にわたって確定するものである。すなわち、営業店は収益責任、本部はリスク管理責任を負うことが明確になる。

　ただし、システム導入を必要とすること、導入後の活用が有効に行われない可能性もあることから、本支店レートによる管理を行う金融機関もある。

たしかに、長期間にわたり市場金利変動がほとんどなかった時代において
は、スプレッド収益管理システムは本来の機能を発揮していなかったともい
えよう。

しかしながら、今後市場金利が大きく変動することがあれば、スプレッド
収益管理システムの必要性があらためて見直されることとなろう。

② 本支店レート管理

本支店レートは支店収益の評価を行ううえで限界があることは前述した
が、現在でもこの方法を採用している金融機関は多い。典型的な本支店レー
ト管理方法には次のようなものがある。

a 差 額 法

支店の預貸金残高の差額に対して、本支店レートを設定し、本部と貸借
するもの。

b 総 額 法

支店は預金により調達した資金を本支店（貸）レートで本部に貸し付
け、本部から本支店（借）レートで借り入れた資金を貸出として運用す
る。

これら「スプレッド収益管理」「本支店レート管理」のどちらの方法を
採用するかは個別金融機関の事情による。もちろん、理想はスプレッド収
益管理であるが、小規模の金融機関に、システム導入が必要かどうか、費

図表4-50 「本支店レート」と「個別仕切りレート（スプレッド）」の比較

	本支店レート	個別仕切レート（スプレッド）
①	期間・商品に関係なく貸借ともそれぞれ1本のレートで仕切る。	期間・商品等により一取引ごとに仕切レートが異なる。
②	商品別・マーケット別等の収益把握ができない。	商品別・マーケット別等、さまざまな切り口での収益把握が可能となる。
③	本支店間レートを変更するたびに、営業店の収益が変動する。	一取引毎に、獲得時点でのスプレッドを期日まで確定。市場金利の変動に関係なく収益は確定される。

（出所） 筆者作成。

用対効果という観点から考える必要があろう。

⑶　経費管理について

①　ABC（Activity Based Costing：活動基準原価計算）

　既述のように、広義の信用リスクは信用コストと信用リスク部分に分けられ、プライシングにはこの信用コストが盛り込まれる。ここでは同じくプライシングの1要素となる本来のコストである経費管理について述べる。

　ABC（Activity Based Costing：活動基準原価計算）は、1980年代に米ハーバード大学のロバート・キャプラン教授が提唱した管理会計手法である。

　従来の大量生産の時代から多品種小ロット生産に移る過程において、伝統的な原価計算で行われていた製造間接費を直接作業時間や機械時間などの操業度関連の配賦基準を使って製品に配賦する方法では、実際にはコストのかかる多品種少量生産品には、少ない間接費しか配賦されないという矛盾が生じていた。

　そこで、製品やサービスを提供するための間接コストを活動単位に分割して、個々の活動ごとの基準を用いてコストを算出し、原価計算を行う手法が考えられた。これがABCである。さらに、ABCから得られるコスト分析を基に、業務効率を改善していく経営手法をABM（Activity Based Management：活動基準原価管理）と呼ぶ。間接費比率が大きいサービス業では、昨今この手法が広く取り入れられるようになってきている。

②　ABCによる原価管理

　従来、金融機関において行われてきた原価計算は、総経費の配賦基準に融資金残高、預金残高等の残高比を使用する等、その配賦基準自体に問題があった。そのため、算出された管理単位ごとの経費がどのような要因で形成され、どうすれば経費削減に結びつくかが検討できなかった。

　そこで、このような原価計算方式が見直され、ABCに基づく原価計算が導入されるようになってきた。ABCは、すべての経費は活動を行うことで発生するとの前提に基づいている。

　まず活動を切り出し、この活動に消費された経費を集計する。活動は、た

図表４－51　ABCの三つのステップ

①　リソース（資源）
・財務会計上の営業経費（人件費・物件費・税金）
・原価計算モデルで利用可能なように加工
・資源ドライバーによりアクティビティ（活動）に配分
②　アクティビティ（活動）コスト
・リソースをリソースドライバーによりアクティビティに配分
・さらにこのアクティビティ（活動）コストをコストオブジェクト（原価計算対象）に活動ドライバーにより配分
③　コストオブジェクト（原価計算対象）
顧客、店舗、部門、商品等

図表４－52　旧方式の原価計算システム

本部経費の営業店への配賦

・本部の経費をすべて営業店経費に押し付ける方式
・関係ないコストまで配賦されるため非常に高い単価となる
・残高比や口座数、人員数等の基準で配賦していたため納得性に欠ける

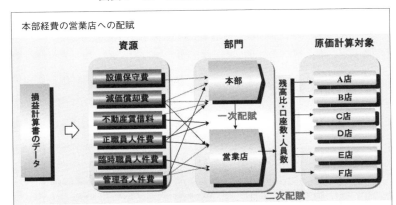

（出所）　筆者作成。

図表4−53　ABC（活動基準原価計算）の仕組み(1)

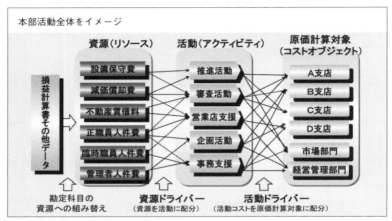

（出所）　筆者作成。

図表4−54　ABC（活動基準原価計算）の仕組み(2)

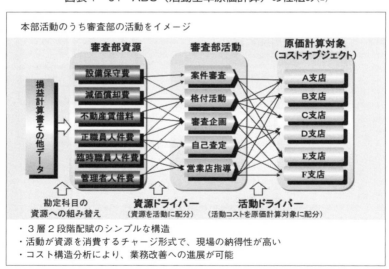

（出所）　筆者作成。

とえば本部審査部門では、「案件審査活動」「格付活動」などが設定される。活動ごとの単価が計算されれば、次に管理すべき単位ごとに、その活動がどれだけ消費されたか、その種類ごとに消費量を積み上げていく。その積上げの合計が、管理単位ごとの原価になる。管理単位は営業店等である。

　このような方法によるため、個々の管理単位ごとにどのような活動が消費されているか、またその活動原価がいくらであるのかがみえる仕組みになっている。通常、ABCは下記のステップで行われる。

　リソース（資源）といわれる経費は、間接費である人件費・物件費・税金を指すが、これをアクティビティ（活動）に配分していく。この配分の基準となるのが、資源（リソース）ドライバーである。

　次に、このアクティビティ（活動）コストをコストオブジェクト（原価計算対象）に配分する。この配分の基準となるのが活動ドライバーである。コストオブジェクトは、原価計算の目的に応じて、顧客、店舗、部門、商品等となる。

③　プライシングへの適用

　プライシングの基になる経費率の管理単位としては、手形貸付、証書貸付等の科目別、カードローン、住宅ローン等の商品別が考えられるが、債務者区分別、格付別等とすることも可能である。ABCによる管理単位を顧客別とし、債務者ごとのプライシングを行うことも可能である。特にリレーションシップ・バンキングに伴うエージェンシーコスト[30]は、信用リスク管理のコストとして、プライシングに反映させることが重要である。

　なお、プライシングに盛り込む経費と、手数料として徴求する経費は、その種類により区別すべきである。たとえば、融資実行前のコストとして考えられる案件審査コスト、不動産調査コスト、実行にかかる事務コスト等については、実行時に手数料として徴求すべきである。プライシングにこれらの経費を加えると、中途完済が生じた場合、コストの回収が行われなくなる可能性がある。したがって、本来プライシングに盛り込む経費は、月々の回収コスト、事後管理コスト等の、融資金完済までの間に一律に発生する融資金維持に係るコストとすべきであろう。

また、実行手数料として、これらのコストをすべて顧客から実行時に徴求すると、当初の手数料が膨大となる。このことを勘案すると、これらのコストを前述の融資金維持コストとともにプライシングに盛り込み、融資金存続期間にわたり長期的に回収を図ることも一つの方法である。ただし、この場合は繰上完済が行われた時点で、中途完済手数料として顧客から徴求する必要がある。

　ところで、これらプライシングの構成要素となる経費は、顧客のデフォルト時にも損失となる。一般に利息ロスはデフォルト率に応じてプライシングに加味されるが、経費も同様にデフォルト率を勘案してプライシングの要素とする必要がある。また、前述の中途完済に伴う損失については、デフォルト率と同様中途完済確率を過去のデータより推定できれば、中途完済に伴うロスをあらかじめ見込んだうえでプライシングを行うことが可能である。

　④　ABMによる原価低減

　ABCによる活動原価は下記のように計算される。

活動原価＝時間単価×活動に要する標準時間×件数

　たとえば、図表4－54の「案件審査」という活動を考えてみよう。ここでは本部審査が審査部審査役1名により完結すると仮定する。また、審査役の時間単価が3,000円、1件当りの標準審査時間が30分（0.5時間）とする。A支店で当月30件の本部申請が行われたとすると、

　3,000円×0.5（時間）×30（件）＝45,000円が1カ月間にA支店が消費した審査コストとなる。

　このように、営業の現場において賦課される本部経費が明確になり、納得感のあるものとなる。また、組織全体においては、活動原価を下げるために、時間単価を減らすのか、標準時間を減らすのか、件数を減らすのか等、原価低減の手法が可視化される。このようにABCによる改善を行うことをABM（Activity-Based Management活動基準管理）という。BPR[31]、BPO[32]にも適した原価計算手法である。

1 　有馬敏則（2012）p. 1

2 　酒井泰弘（2003）p. 6

3 　米国のトレッドウェイ委員会組織委員会（the Committee of Sponsoring Organiza-
tion of the Treadway Commission; COSO）が発表した、リスクを理解・評価するため
のフレームワーク。2004年にCOSO-ERM（2004）が発表され、最新版はCOSO-ERM
（2017）であるが、COSO-ERM（2004）を踏襲しておりその考え方は大きく変わってい
ない。

4 　COSOホームページ（http://www.coso.org/ERM-IntegratedFramework.htm）

5 　Ricky W Griffin& Ronald J Ebert（2004）"Business"7th Edition p.599.

6 　前掲有馬（2012）p. 6。Union Bank of Switzerland（UBS）の金融機関リスクの定
義として紹介している。

7 　2019年12月に廃止されたが、同マニュアルは現在も金融機関には重要である。

8 　1971年に米国の連邦預金保険公社（FDIC; Federal Deposit Insurance Corporation）
をモデルに、「預金保険法」に基づき設立された。政府、日本銀行、民間金融機関が共
同出資している。

9 　2004年に中小企業金融に特化した銀行として設立されたが、2010年9月に破綻した。

10 　デフォルトの定義は金融機関により異なるが、自己査定上の破綻懸念先以下への債務
者区分変更とするのが一般的である。

11 　「後藤実男（1989）」p. 1 参照

12 　「J. O. Horrigan（1968）」pp.284-285.

13 　「総資本利益率概念を中心とし、さらにチャートを用いることによって、特に製造業
の分析的管理組織（事業部制）をコントロールするという、極めてユニークな管理手
法」渋谷（2005）p.31より。

14 　日本興業銀行審査部審査研修室（1988）『審査便覧』pp.112-116。ここでは、流動比
率、売上総利益率、損益分岐点等の比率計36比率を掲示している。

15 　「奥野忠一・山田文道」（1978）p.17

16 　同上

17 　前掲「後藤実男（1989）」p. 7

18 　「奥野忠一・山田文道（1978）」p. 1

19 　同上p.17

20 　「金融監督庁」（1999）参照

21 　たとえば、中小企業信用リスクデータベース（CRD）、信金中金の提供するSDB、地
銀協共同データベース等がある。

22 　説明変数として相互に強い相関のあるものを選んだことでモデルが不安定化する問
題。

23 　t値、F値は、回帰モデルで使用される説明変数の有意性を検定する指標。t検定、F検
定といわれる。AICは説明変数をどのように組み合わすことが適切かを評価する際に使
用する指標。

24 　Excelには判別関数などのソフトはないが、重回帰分析で、説明変数をたとえば倒産
企業1、非倒産企業0ととることで判別関数と類似の分析結果を導出することが可能で
ある。

25 　ABC（Activity Based Costing:活動基準原価計算）については、「石川清英（2007b）」
pp.104-117　等を参照されたい。

26 　乱数サンプリングを繰り返し実行することによって、ある範囲の結果が発生する可能

性を算定する手法。
27 「PFI（Private Finance Initiative：プライベート・ファイナンス・イニシアティブ)」とは、公共施設等の建設、維持管理、運営等を民間の資金、経営能力及び技術的能力を活用して行う手法。
28 「藤原裕之（2002)」
29 「日本銀行（2014)」p.20参照。
30 借り手の質を見極める費用。
31 Business Process Re-engineering 企業において、業務内容や業務の流れ、組織構造を分析し最適化すること。
32 Business Process Outsourcing 企業の業務の一部を専門企業に外部委託すること。

第 5 章

信用リスク管理と経営改善に向けての対処

前章では信用リスク管理の概要について述べた。基本的には前章で述べた手法が適切に行われる組織体制を構築すれば地域金融機関の経営は健全に行われるはずである。しかしながら、金融庁の「金融検査結果事例集」にもみられるように、その体制構築は決して容易ではない。

　本章では、これらを妨げる問題点を掲げ、その対処をどうすべきかについて述べる。

1　ガバナンスの強化

　ここでは、破綻金融機関におけるガバナンスの欠如が規律なき経営を行わせ、それが信用リスク管理の欠陥を招き破綻に至った[1]ことにかんがみ、内部統制機能の充実という観点から考えてみたい。

(1)　けん制機能の充実

　協同組織金融機関におけるガバナンスのあり方については、平成21年に「協同組織金融機関のあり方に関するワーキング・グループ」において議論が行われ、同グループによる「中間論点整理報告書[2]」にその方策が提示されている。

　ここでは、総代会制度のあり方として、たとえば、「総代会制度に関する開示項目を業界内で統一するべきである」「総代の職業・業種別、年齢別、地域別等の構成を、協同組織金融機関の取引先構成に近づけるようにすべきである」（同報告書pp. 7 - 8 ）との意見が述べられている。最近ではいくつかの信用金庫で改善に向けての取組みがみられる[3]。

　理事会制度のあり方については、「職員出身の理事が理事会の多数を占めており、理事間の相互監視が期待しにくい面があり、ガバナンスの低下が懸念される。こうした問題に対処するとの観点からは、職員出身以外の会員・組合員理事の登用には一定の有用性があると考えられ、各協同組織金融機関の経営判断において、積極的に職員外理事の登用が進められることが望まれ

る」（同報告書pp. 8 - 9 ）と述べている。職員外理事や員外監事の登用も信用金庫において増加しつつある。

いずれにしても、協同組織金融機関は内部における自主的な体制を構築することが喫緊の課題であると考えられる。法制による制度化、監督官庁による指導、中央機関による指導等外部機関によるけん制機能を必要としない堅実な組織体制を構築することが重要である。

(2)　内部統制機能の充実

協同組織金融機関のガバナンスの強化については、平成 4 年改正の監事による監査範囲の拡大、平成 8 年改正の外部監査制度の導入、平成16年改正の外部監査義務基準の引下げ等、一定の強化が図られてきた。一方、上場株式会社に対しては、金融証券取引法において、いわゆるJ-SOXが導入され、内部統制の強化が図られている。ここでは、平成20年度 4 月以降すべての上場企業に内部統制報告書の提出が義務づけられた。金融業界においても、銀行はその大半が株式上場銀行であり、この適用が義務づけられている。

J-SOXの基本とされる米国SOX法は、エンロン、ワールドコム等の粉飾決算に対して、決算の透明性という視点から取引先企業や株主保護の目的で法制化されたものである。

ところで、金融機関にとって重要な預金者保護という視点から勘案すると、協同組織金融機関も同じ条件下にある。特に、預金を不特定多数から獲得することができる信用金庫は、株式会社銀行とまったく同一の条件下にある。その影響度を考えると、少なくとも資金量が 1 兆円を超える大規模信用金庫は上場銀行となんら変わりないといえよう。

たとえば、令和 3 年 3 月31日現在では、預金量 1 兆円以上の信用金庫は41金庫ある。一方、資金量 1 兆円以上の第二地銀は25行である。また、東証 1 部上場企業である大東銀行は、資金量が7,474億円、第二地銀で29位の規模であるが、預金量でこれを上回る信用金庫は65金庫[4]ある。

以上を勘案すると、ガバナンスの観点から、大手信用金庫は株式上場銀行と同様内部統制の強化を進めるべきであろう。J-SOXは内部統制の整備と内

部統制報告書の提出を適用企業に求めるものであり、この枠組みは日本向けにアレンジされた「COSOフレームワーク⁵」である。これは、信頼性ある財務報告が行われることを目的としているが、この過程でプロセスの適切性の評価が行われる。その評価の基準は「統制環境」「リスクの評価」「統制活動」「情報と伝達」「監視活動」「ITへの対応」と幅広いものである。

　なお、第4章で述べた、「ERMフレームワーク」は「COSOフレームワーク」を発展させた、全社的にリスクを理解・評価するためのフレームワークであり、RAFとほぼ同義である。この概念を基本として組織全体でリスク管理体制の構築に取り組むべきである。

　誤解のないように強調しておくが、上で述べた意見は、決して法的な義務化を必要とするものではない。このような内部統制の考え方を信用金庫が取り入れ、これを内部監査部門が評価・検証を行うという体制が構築できれば、リスク管理体制を構築するうえでも有効なものとなる。むしろ、法による強制は導入が形式的なものになり、その後の運用も形骸化する可能性があることを考えると、あくまで内部統制体制を自主的に構築すべきであろう。

2　融資行動のあり方

　破綻した地域金融機関のほとんどが規律なき経営規模の拡大を図ったが、これは信用リスク管理の不全を伴うものであった。まずは、堅確な信用リスク管理体制を構築する必要があるが、これは営業現場では融資活動に反映される。

　繰り返し述べたように、破綻した金融機関は融資管理が甘く、結果として個別融資先や個別業種へのリスクの集中が行われ、これらが不良債権化し破綻の主要因になった。しかもこれらは審査基準の引下げを伴うものであった。融資政策において、リスク管理の原則である、リスク分散とリスク集中の許容度の見極めという観点が欠如していたのである。

　基本的には、第4章で述べたような信用リスク管理を徹底すれば、地域金

融機関経営は健全であろう。しかしながら、現場の金融機関経営は常に教科書通りに行えるものではない。ここでは、ケーススタディーにおいてみられた問題をふまえて、健全な地域金融機関経営を維持するための、融資行動のあり方について述べる。

(1) 機会損失と貸倒損失

　融資推進を積極的に行った結果、ある金融機関が同地域の他金融機関以上の成果をあげたとする。この場合、同一地域内の資金需要に変化がなければ、ゼロサムゲームが行われ、増加した融資は他行の融資金がシフトしたと考えられる。ごく単純に考えると、ここでは、増加した金融機関の審査基準は減少した金融機関のそれよりも低下したはずである。

　なぜなら、融資を保有する銀行は、この融資が優良であれば融資条件を変更してでもこれを防衛するであろう。一方、信用面に不安があればむしろ他行へのシフトを促す行動に出るはずである。

図表5−1　機会損失と貸倒損失のイメージ

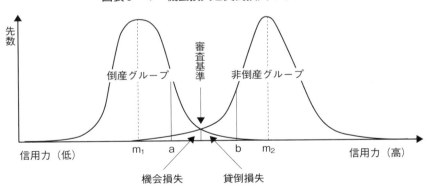

（注）　m_1は倒産先グループ、m_2は非倒産先グループそれぞれの信用力の平均値を示す。
　　　審査基準を左方(a)に設定、すなわち審査基準を下方に移動させると、機会損失は減少するが倒産先を多く拾うため、大量の貸倒損失が生じる。一方、右方(b)に設定すると、機会損失は増加するが、倒産先を拾う確率は減少する。
（出所）　筆者作成。

金融機関と融資先との間には情報の非対称性が存在する。この場合、融資を保有する銀行はこれを奪取しようとする銀行より多くの情報量を保有しているはずである。このように考えると、奪取しようとする銀行は情報量の少なさゆえに、不良債権をつかむ可能性が高くなる。また、保全条件、金利などを含めた審査基準は少なくとも奪取される銀行の基準を下回っているはずである。

　既存取引先への増加融資や他行融資金の奪取ではなく、新たな資金需要に応じる場合はどのように考えられるであろうか。この場合は融資市場が拡大したと考えられる。融資拡大路線をとる金融機関は、従来支援できなかった融資先や増加資金を提供できなかった融資先への資金供与は、その根拠を本来融資可能な先を見落としていたという考えに求めることになろう。

　つまり、債務者Aは将来破綻しないから融資すべきという仮説Xが真なのにそれを棄却してしまうという、統計学の「第Ⅰ種の誤り」に対応する。この誤りを低減するために審査基準を緩和すると、債務者Aは将来破綻するから融資すべきではないという仮説Yが真なのに仮説Xを採用してしまう、「第Ⅱ種の誤り」を犯す可能性が高くなる。すなわち、第Ⅰ種と第Ⅱ種の誤りをそれぞれ避けようとするとトレードオフの関係が生じる。

　一方、慎重な融資姿勢を貫く金融機関は、融資基準をより厳しく設定するであろう。これは「第Ⅱ種の誤り」の低減を可能とするが、「第Ⅰ種の誤り」の可能性は増加する。このような融資施策では、リスクテイクをほとんど行わず健全な貸出資産のみを保有することができるが、逸失利益が生じる可能性は否定できない。

　ところで、「第Ⅰ種の誤り」は、理論上は逸失利益となるが、その見極めがはたして融資時点で可能であろうか。これが逸失利益となるかどうかは、将来すなわち異時点において確定するものである。当然ながら企業の存続は限りがあり、景気は好不況を繰り返すことを考えると、これらが不良債権化する可能性は高くなる。そのように考えると、「第Ⅰ種の誤り」の発生は問題としないという融資姿勢が、健全な融資施策につながると考えられる[6]。

　融資の質ではなく量を求める施策は、必然的に審査基準を低下させ、景気

低迷期や不動産価格の下落時には不良債権を増加させる。このような時期には、あらゆる金融機関で不良債権は増加するが、融資姿勢に起因するその相対的な差は大きいと考えられる。したがって、この施策では、ある程度のロス発生を見込んだうえで、これを上回る貸出金利息収入を確保する必要がある。適切なプライシングが必要となるゆえんである。

　ここで必須となるのが、これらの見極めを可能とする審査能力である。「金融機関の審査能力は金融資産の生産（変換）者たる金融機関の資本に充当し、その利潤の源泉にもなる」[7]ほど重要なものである。昨今の資金需要低迷期には、この能力が金融機関の命運を分けるといっても過言ではなかろう。

　ケースで取り上げた破綻した3金庫は、いずれも営業店に対してノルマを設け、融資量の増加を図った。一方、F信用金庫のケースで述べたように、同一地域・同一業界においても与信業務に対する考え方がかなり異なった金庫があった。F信用金庫のケースに掲載した比較表は、健全金庫と同金庫の与信に対する考え方の主要な相違点をあげたものである。F信用金庫は融資先に対するリスクテイクも積極的で、顧客ニーズにスピーディーに応えるため、支店への権限委譲を積極的に行っていた。これに対して、健全金庫は与信権限の徹底した本部集中を行い、融資姿勢は決して積極的ではなかった。モデルとした健全金庫は、預金量・融資量ともに全国屈指の信用金庫であり、収益状況も良好な優良信用金庫のひとつである。

(2)　審査部門の独立性の確保

　ケースで取り上げた3信用金庫やH銀行、N銀行はいずれも事実上審査部の独立性が保たれていなかった。基本的には審査部は融資審査のプロ集団であり、組織内では最も融資判断力を有する部署であるはずである。したがって、営業店や融資推進部門の意見を客観的に分析するという点で、審査関連部署の独立性の堅持は最も重要である。

　1980年代には多くの金融機関において「事業部制」の導入が行われた。この「事業部制」は市場別、顧客別に編成された分権型の組織形態であり、顧

客ごとに組織を分割し、権限の大幅委譲を行うものである。この制度では、事業部内における融資の最終権限は事業本部長に与えられるため、融資審査部門の営業部門へのけん制機能が働かない。すなわちリスク管理機能が脆弱な組織といえよう[8]。

　信用金庫においては、銀行のような事業部制が採用されるケースは少ないが、これに類似するものとして審査部と融資推進部門を同一の部署とする組織があった。たとえば、F信用金庫では、事業性融資部門の推進と審査を行う部署を事業金融部、個人ローン部門の推進と審査を行う部署を個人ローン部とし、推進と審査を同一部署で行っていた。また、同一部署内で審査担当者と推進担当者を分離することも行われなかったことから、けん制機能は働かず、信用リスク管理は融資決裁権限者の良識やバランス感覚に委ねられていたといえる。

　また、それぞれの業務が独立していても、推進部門からの圧力により、本来否決とする案件を承認せざるをえない状況に陥ることもあった。たとえば、F信用金庫においては、バブル崩壊後審査部と融資推進部門を分離したが、金庫全体の事業計画のなかに融資先数と融資量の増加が盛り込まれており、最終的にはこれらを意識した融資案件決裁が行われていた。形態は異なるものの、審査部門の独立性が侵害されていたのである。

　融資権限の営業店への過度な委譲も問題である。支店における最高権限者は支店長であるが、計数に係る目標を達成することが最も重要な職務であることを勘案すると、融資諾否の判断が甘くなる可能性は否定できない。

　なお、基本的には大口融資は営業店では最終決裁権限をもたないが、融資申請書（稟議書）は営業店が起案するため、顧客と相対で接する担当者は、顧客寄りの姿勢になりがちである。しかも、融資量に対する計数目標は、さらにそれを助長する。このような意図をもって起案された申請書は案件のメリットのみを強調し、当該案件に存在する問題点を明確にしない表現になりがちである。

　結果として、申請された案件は最終決裁者により承認される可能性が高くなる。本部審査部はこのようなことも十分勘案したうえで審査を行う必要が

あるが、これは営業店や融資推進部門の意見を客観的に分析するという点で、やはり審査部門の独立性と関係する。

　以上述べたように、審査部門の独立性の確保は金融機関の組織において最も重要なものである。しかしながら、市場環境の変化や組織内の圧力によりこの独立性が確保できなくなるケースが発生し、結局これが金融機関経営を悪化させることになる。

　ほとんどの金融機関の基本方針や社是には、健全経営の維持あるいはこれに類似する内容がうたわれている。健全経営における最重要課題は、リスク管理部門の独立性の確保であり、信用リスク管理においては審査部門の独立性の確保と言い換えることができよう。このような、審査機能が問題なく発揮されているかどうかを担保できる内部管理体制を構築することが重要であろう。

(3)　営業現場におけるモラルの欠如

①　ビジネスモデルの変化と店舗業績評価

　昨今預貸率の低下に伴い、余資運用部門が大きなウェイトを占めるようになってきたが、それでも預金の獲得と融資業務が金融機関の主業務であることに変わりはない。

　金融機関における経営計画の策定は、高度経済成長期には預金量をその中心として行われていた。この時期は企業の慢性的な資金不足状態にあり、金融機関は、これらの資金需要に十分応えることができる預金吸収を行うことが不可能な状況にあった。したがって、預金量の拡大が収益の増強に直結し、金融機関のステータスを固めるうえでの最重要課題となった。

　このような時期においては、金融機関は融資先を選別し、回収が確実と考えられる融資案件のみを応諾することができた。しかしながら、安定成長期から低成長期に入ると、企業の資金需要は低迷し、金融機関は運用先が減少する。ここで、取引先と金融機関側の立場が逆転し、金融機関は優良顧客に選別される立場になった。

　以上のような状況を背景として、金融機関は融資金を主とした営業施策に

転換を図った。ボリューム重視の方針は不変であったため、融資金に量的目標が課されることになったのである。

　もとより、金融機関の融資姿勢は保全面を最も重視していた。保全確保は信用保証協会保証や不動産担保により行われるが、土地の価格が上昇している限りは融資先が倒産しても融資金の回収は十分可能であった。このような金融機関のビジネスモデルが、バブル崩壊とともに崩れたことは前述したとおりである。

　それでもなお、融資量の増加は、主たる目標として営業店に課される。預金は受信行為、融資は与信行為でありその性質はまったく異なるが、営業店はどちらも計数のノルマととらえることとなる。

　②　理性を欠く行動と計数の粉飾

　このような計数のノルマを与えられた時の、営業店の行動は理性を欠く場合がある。高度成長期の預金獲得競争は異常とも思われるものがあったといわれる。たとえば、山崎豊子の『華麗なる一族』では、大阪の万博会場の用地買収にかかる売却金の預金獲得競争のようすが描かれている。過酷な業務の継続により支店長は過労死するが、決して架空のものとは思えない。

　実際大口預金の獲得は、いわゆる「夜討ち朝駆け」で行われるようなことは通常であったし、生命保険金や退職金の獲得を目的とする預金セールスも、相手の心情を無視して行われた。また、歩積両建預金により預金量増加を図ったことについては、S信用金庫の事例で述べたとおりである。

　なお、営業店においては計数の粉飾もしばしば行われていた。いわゆるドレッシングである。たとえば、顧客に依頼し月末1日のみの融資を実行する。融資先には無用の金利を負担させるが、融資金を当座預金等に置くことにより、融資金と預金を同時に増加させることができる。

　また、いわゆる「落ち落ち」と呼ばれる粉飾預金は、従来多用された典型的なドレッシングである。顧客に、月末に他行の小切手で当座に入金を依頼し、同時に他行には当方の小切手で当座入金を依頼する。手形交換所における双方の交換決済日は同日であり、両金融機関が同時に決済を行う。実質的な資金は存在しないが、月末時点では小切手残高として預金量は増加する。

なお、現在は実質預金を重視するため、このようなドレッシングは行われていない。ここでは、粉飾預金の2例をあげたが、このような粉飾の手法は多数存在していた。

ところで、以上のような粉飾は預金に関するものであり、金融機関には特に大きなリスクは発生しない。しかしながら、これが融資金に対して行われると信用リスクを伴うものになる。

③　融資業務におけるモラルの欠如

融資業務にノルマが課されると、回収可能性の判断が甘くなる傾向が強い。営業店は融資量を増加させれば評価はプラスとなるので、リスクの高い案件も取り上げようとするからである。

また、厳しいノルマが課されると、本来の目的を見失う場合がある。たとえば、融資増強キャンペーンなどで、「引っ掛かりを気にしていては融資ノルマが達成できない」「倒産の可能性は高いが、本部の承認が得られるなら取組みを行う」というような意識が生じる場合がある。「竹内毅（1987）」では、このような意識を「誤った英雄心」（p.34）と表現している。自らの行為の正当化である。

審査部は書面審査のみを行うので、日常の融資先における経営悪化の兆候は、現場の職員でなければ把握できないものである。たとえば、問題の兆候がみられれば、融資金の早期回収を行う必要があるが、融資金の量的目標が課されていると、このようなリスク管理上当然行うべき行動も制約される。

このような状況下では、支店長決裁権限範囲内の案件については、店内で起案された時点で融資が決定してしまう。一方、本部決裁を要する案件であれば、審査部署において最終審査が行われるので、問題案件は拒絶される可能性は高いと考えられる。しかしながら、やはり営業店から申請された案件のほとんどは決裁されるケースが多くなろう。

たとえば、リスク度の高い案件申請が数多く行われると、承認レベルが全体的に低下することが考えられる。ここでは意思決定におけるいわゆる「妥協効果」（第6章4参照）が働いていると考えられる。

また、顧客の信用情報は、現場の担当者が最も多く持ち合わせているのが

通常である。したがって、融資先からの貸出金回収について、返済財源を見極め、この回収を現場の担当者が責任をもって行えば、初回の融資は回収が可能である場合が多い。本部審査担当者は、このような営業店の行動を信じて案件の決裁を行う。

ただし、ここで問題になるのは、一度需資に応じてしまうと、これが実績となり、次回以降も応需する可能性が高くなるということである。中小零細企業は概して自己資本比率が低く、借入金は、資本に近い働きをするもの（いわゆる疑似資本的なもの）であり、底積みの運転資金として残留するものである。したがって、これを完全に回収することは困難に近い。

また、融資審査においては、新規案件として起案された時点では、詳細事項まで検討し、問題点を把握するが、一度融資を行うと、次回以降は注意の水準が低下するものである。結局、漫然とその後の需資に応じてしまう可能性が高くなるのである。

④　不正発生のメカニズム

以上述べたような行動は、いわゆる不正行為であるが、第2章2(6)で述べたように「不正はこれに関与しようとする動機やプレッシャーとそれを実行する機会およびそれらの行為の正当化に関連している[9]」とされる。[10]

まず、このような不正の発生は、過重なノルマと本部推進部署からの圧力的な指示がその動機となろう。そのプレッシャーが、担当者に、問題ある融資案件であっても検討対象にしようとさせる。このような行為は、営業店内の管理者によりけん制されるべきであるが、店長を含む管理者自身もこのような圧力下にある。店長自身の最重要課題は計数的な目標の達成である限りけん制機能が発揮できなくなる場合がある。これが不正の機会を与えることになる。

次に、店舗の目標達成は必須であり、リスクをとらなければ、あるいはルールを遵守していては、目標達成が困難であるという心理が働く。また、そうしなければ店舗の職員に迷惑をかけるし、自分自身評価されないと考える。すなわち、行為の正当化を行う。

本部部署、特に審査部門はこのような営業店における行動のバイアスを考

慮したうえでその業務にあたらねばならない。

(4) 業績評価と融資人材の育成

　先に述べた、営業店に対する業績評価手法の問題とこれに伴うモラルの低下は、破綻した信用金庫の業績を大きく悪化させた。これらはすべて営業店の実情を無視した融資金の増加施策に起因したものであった。営業店に対する融資金の目標設定は慎重に行われなければならないであろう。

　もちろん、融資にかかる情報収集と情報生産は常に積極的に行わなければならない。金融機関の主業務が融資業務であることは疑いがなく、すでに述べたように、これを行ううえでの「金融機関の審査能力は金融資産の生産（変換）者たる金融機関の資本に充当し、その利潤の源泉にもなる」（「日向野幹也（1986）」p.12）ものである。

　前述したような与信管理上の問題点、すなわち融資審査能力の未熟さや営業店のモラルの欠如を克服するには、能力やスキルの向上、モラル面の再教育等による人材育成が必要になる。F信用金庫の事例で述べたように、同金庫は融資人材の育成に積極的であったが、結局信用金庫にふさわしい融資人材は育たなかった。若手現場担当者の「目利き力」を養うことができなかったからである。

　本来、これらの教育は、現場におけるOJTによりベテラン職員から若手職員に伝えられるべきものであるが、急速に業容が拡大していく過程で、この目利き能力を有する人材が現場の融資担当者に比して少数となった。

　信用金庫業界は、わが国金融機関のなかでも、戦後最も急成長した業態の一つである。たとえば、信用協同組合から信用金庫への改組が完了した昭和29（1954）年3月から平成14（2002）年3月の預金量の増加倍数を金融機関業態別にみると、信用金庫の511倍に対し、都銀166倍、地銀208倍、第二地銀172倍と、信用金庫はほかの業態に比しその伸びが著しい[11]。また、店舗数・役職員数ともに他業態と比較して大幅な伸びを示している。

　このような急成長に伴う人材確保は業界の課題でもあった。高度成長期の信用金庫は雇用確保が困難な状況下で人手不足に陥っており[12]、店舗数の増

加と、それに伴う役席ポジションの増加に対して、これらのポジションにふさわしい知識と能力を備えた人材育成が伴わなかったのが現実であろう。

このように考えると、融資人材育成は業界における喫緊の課題であり、早急に対応策を講じなければならない。しかしながら、即効性は期待できず、当面融資人材の不足が継続すると考えられる。また、モラルの欠如については企業風土にかかわるものであることを勘案すると、その意識改革を行うことはむずかしく、やはり即効性は期待できないであろう。このような取組みは、それぞれの金融機関が長期的視野に立って行わざるをえないのである。

したがって、少ない人材の効率的な配置を行うには、やはり本部審査部門にこれらの人材の集中配置を行わざるをえない。融資人材と融資権限の徹底した本部集中により、信用リスク管理の適切性の確保が可能となろう。

(5) 中小企業融資の手法

信用金庫は相互扶助精神をその存在意義とする協同組織金融機関である。これは非営利の組織でもある。しかしながら一方では収益を確保し、自己資本比率も一定限度以上を確保しなければならない。

相互扶助という観点からは、通常を上回るロスを覚悟したうえでの取組みとなる。このような考えが、協同組織とはいえ金融機関において成立するものであろうか。ロスは自己資本を毀損させ、継続的に発生すると信用金庫自体を破綻へと導く要因になる。また、第4章で述べたように、融資プライシングにおいては、融資先破綻に伴う信用コストは基本的には融資金利に反映させる必要がある。融資金利決定に与える要因は、信用コストと利益率であるが、この信用コストは、結果として会員である融資先に負担を及ぼすことになる。

以上のような点を勘案すると、信用リスク管理における融資可否の判断根拠は、基本的には株式会社組織である銀行と同様のものとなるのであろうか。この問題を考える前に、ここで、中小企業金融の手法を整理しておく。

「Berger and Udell（2002）」は、中小企業金融における手法をトランザクションバンキングとリレーションシップ・バンキングの2種類に分け、前者

をさらに「財務諸表に基づく貸出」「資産ベース貸出」「クレジット・スコアリング」の３種類に分けている。

① 財務諸表に基づく貸出（financial statement lending）

融資の可否や条件は、貸借対照表・損益計算書等の質によって決定される。したがって、基本的には、適正な監査を受けた、透明性が高い財務諸表を有する大企業や比較的規模の大きい中堅企業に適用される融資手法といえる。もっとも、今後、「中小企業の会計に関する基本要領（中小会計要領）」の普及などにより、中小企業への進展も考えられる。

② 資産ベース貸出（asset-based lending）

融資の可否や条件を融資対象企業の特性ではなく、基本的に担保価値によって決定する。日本における担保の多くは不動産だが、アメリカでは売掛債権や在庫を担保とするケースが多い。したがって、資産ベース貸出は優良な売掛債権などを保有する企業との取引手法である。なお、担保価値のモニタリングが必要なため、金融機関にとっては高コストになる。近年わが国でも動産・売掛金担保融資（ABL）として取扱いが増加しつつあるが、国内貸出に占める割合はまだ１～２％程度で、２割程度のアメリカとは大きな開きがある。特に事業性評価に基づく中小企業・小規模事業者等への支援の手法として、ABLの活用促進が提唱されている。

③ クレジット・スコアリング（credit scoring）

従来、消費者金融において用いられてきた判別分析等の統計的手法を用い、過去のデータに基づき財務情報と定性情報により倒産確率を算出し、融資の可否・条件を決定する。アメリカにおいても中小企業分野では新しい手法とされ、しかも人手による審査を介さない形態と地域を選ばない市場から、その担い手は地域横断的な中・大規模銀行であるとされる[13]。ところが、わが国では「担保・保証に過度に依存しない融資」として奨励されていたこともあり、地域金融機関において、その商品化が急速に進展した[14]。

ただし、その後この手法による融資で大量に不良債権が発生したことからその利用は縮小している。

④　リレーションシップ貸出（relationship lending）

　融資の可否・条件の決定に際して、対象企業の財務情報等のハード情報（定量情報）に加えて、代表者の性格や信頼度等のソフト情報（定性情報）に基づき判断を行うものである。そして、このソフト情報は、融資対象企業と金融機関の間で、長い時間をかけて生産されるものであり、定量化や情報生産者以外への伝達がむずかしい情報でもある。金融機関は決済手段の提供者として日常の預金取引を通じて対象企業の経営をモニターできるほか、面談・訪問等により独占的な情報生産が可能となる。

　わが国の地域金融機関における中小企業の信用リスク管理は、リレーションシップ・バンキングを中心に行われてきたといえる。顧客密着、具体的には貸出先への訪問・面接等による業況の聴取、日常的観察による兆候の発見等により、信用リスク悪化に対する迅速な対応を行おうとする。これらは必然的に高い情報生産コスト（審査、モニタリングなど借り手の質や行動を見極める費用）を要求する。特に中小企業金融は相対的にロットが小さく、信用リスク管理にかかる単位当りコストが非常に高くなる。その代わり、情報の信ぴょう性を高めることによって信用コストを低下させようというのがリレーションシップ・バンキングの考え方である。

(6)　協同組織金融機関の審査手法のあり方

　伝統的な審査は、取引先の融資申出に対して、資金使途・返済財源あるいは事業の将来性等について取引先からヒアリングを行い、財務諸表等の計数資料、販売契約書等のエビデンスを確認して1案件ごとの審査を行うものである。このような手法により作成された融資稟議書（申請書）を、本部審査部において審査を行い、最終的な可否を決定するというのが一般的な審査のパターンである。

　ここで、短期の運転資金であれば返済財源が明確であることから、比較的客観的な審査が可能である。しかしながら、返済が長期にわたる設備資金、あるいは赤字補填資金等の後ろ向き資金の場合は、企業の将来の事業見通しが必要であるため、審査に当たる者の主観が介在する。ここでは、審査担当

者の経験や技能が要求されることから、審査は職人技に近いものになる。

　このような融資可否の判断の根拠が客観的に説明できないため、審査手法はより科学的な根拠を求めて、計量的な手法に移行してきた。また、バブル期以降の大量の不良債権発生は、従来の審査手法に問題があるとしてきた。しかしながら、バブル期に行われた問題融資は、むしろ伝統的な審査手法を活用していないといえる。すなわち、土地神話に基づく不動産担保融資は、企業の本来の信用力や将来性を勘案せず不動産の担保力のみに依拠したものであった。これはむしろ審査手法の未熟さが露呈されたもので、伝統的審査手法の重要なポイントを無視して行われたものといえよう。

　それにもかかわらず、伝統的審査手法に問題があるとし、新たな客観的審査手法を求めることとなった。この究極的な手法がいわゆるクレジット・スコアリング融資である。

　図表5－2をみると、信用金庫の貸出金は、平成10年3月では総貸出金70兆4,000億円に対して、割引手形4兆2,000億円（構成比6.0％）、手形貸付13兆4,000億円（同19.1％）、証書貸付48兆5,000億円（同69.0％）、当座貸越4兆1,000億円（同5.9％）であった。ところが、令和3年3月では総貸出金78兆4,000億円に対して、割引手形約4,000億円（同0.5％）、手形貸付3兆円（同3.9％）、証書貸付72兆1,000億円（同91.9％）、当座貸越2兆9,000億円（同3.7％）となっている。割引手形と手形貸付が減少しているのに対して、証書貸付は大きく構成比を伸ばしている。

　手形の流通量が減少していることを考えると割引手形の減少は自然であるが、手形貸付の構成比がこの間でほぼ5分の1になり、証書貸付が大きく増加していることは、信用金庫の貸出業務が中長期中心の融資に移行してきたことを示している。これは、信用金庫の貸出姿勢に変化が生じた可能性を示唆する。すなわち、運転資金の融資に際し、企業の短期資金繰りを把握し、資金使途と返済財源を重視する審査手法から、財務諸表から導出される年間キャッシュフローを重視する審査手法への変化である。また、クレジット・スコアリングに基づく定型融資商品や保証協会融資は中長期の証書貸付により実行されるから、こうした融資への傾斜を意味しているのかもしれない。

これは、信用金庫と融資先との関係が希薄化してきたことを示唆している。すなわち、信用金庫の貸出業務のトランザクションバンキング化といえる。中小企業の借入れは自己資本を補う（いわゆる疑似資本）ものであり、

図表5－2　信用金庫の科目別貸出金の推移

（単位：億円、％）

年月末	貸出金計	残高構成比	割引手形	残高構成比	貸付金	手形貸付	残高構成比	証書貸付	残高構成比	当座貸越	残高構成比
H10/3	704,088	100.0	42,553	6.0	661,535	134,370	19.1	485,639	69.0	41,525	5.9
H11/3	712,062	100.0	33,457	4.7	678,605	118,083	16.6	520,846	73.1	39,674	5.6
H12/3	687,159	100.0	31,785	4.6	655,373	107,804	15.7	509,049	74.1	38,520	5.6
H13/3	661,879	100.0	33,932	5.1	627,946	97,975	14.8	493,986	74.6	35,984	5.4
H14/3	639,805	100.0	28,762	4.5	611,043	90,943	14.2	485,532	75.9	34,567	5.4
H15/3	626,342	100.0	24,051	3.8	602,291	84,739	13.5	484,045	77.3	33,506	5.3
H16/3	622,364	100.0	22,388	3.6	599,975	77,758	12.5	490,499	78.8	31,717	5.1
H17/3	620,948	100.0	20,555	3.3	600,393	71,918	11.6	498,000	80.2	30,473	4.9
H18/3	626,702	100.0	18,931	3.0	607,770	67,172	10.7	510,693	81.5	29,904	4.8
H19/3	634,953	100.0	20,168	3.2	614,784	62,626	9.9	522,186	82.2	29,971	4.7
H20/3	635,433	100.0	16,753	2.6	618,680	60,234	9.5	527,985	83.1	30,459	4.8
H21/3	648,786	100.0	13,003	2.0	635,782	54,019	8.3	551,706	85.0	30,057	4.6
H22/3	641,574	100.0	10,515	1.6	631,059	48,306	7.5	553,842	86.3	28,911	4.5
H23/3	637,550	100.0	10,623	1.7	626,927	45,356	7.1	553,402	86.8	28,168	4.4
H24/3	637,888	100.0	11,473	1.8	626,414	42,926	6.7	556,522	87.2	26,965	4.2
H25/3	636,876	100.0	10,612	1.7	626,263	40,848	6.4	558,683	87.7	26,731	4.2
H26/3	644,791	100.0	9,344	1.4	635,447	39,876	6.2	568,343	88.1	27,227	4.2
H27/3	658,015	100.0	8,890	1.4	649,125	38,684	5.9	582,717	88.6	27,723	4.2
H28/3	673,201	100.0	8,235	1.2	664,966	37,085	5.5	599,355	89.0	28,525	4.2
H29/3	691,675	100.0	7,528	1.1	684,146	36,828	5.3	618,003	89.3	29,314	4.2
H30/3	709,634	100.0	8,066	1.1	701,568	37,423	5.3	633,324	89.2	30,819	4.3
H31/3	719,837	100.0	7,747	1.1	712,090	37,946	5.3	641,717	89.1	32,425	4.5
R2/3	726,752	100.0	6,079	0.8	720,672	37,438	5.2	649,560	89.4	33,673	4.6
R3/3	784,373	100.0	3,859	0.5	780,514	30,479	3.9	721,127	91.9	28,907	3.7

（出所）　信金中金月報各号を参考に筆者作成。

顧客のニーズも長期安定資金を求めていることは事実である。しかしながら、これに約定返済を付すと、結局は資金繰り返済となり長期資金を継続的に手当てする必要がある。

　たしかに短期融資は、実行・返済を繰り返しながらも一定の残高で推移する可能性は否めない。いわゆるころがし単名となる。ただし、この分野への融資が重視されなければ、協同組織金融機関としての存在意義が問われるのではないだろうか。融資先との関係を強化し、その資金繰りを把握して、必要な時に必要な資金を融資し、返済財源が確保できた時に返済するという短期融資は、中小企業金融分野においては、コストを重視するメガバンクでは対応できない手法である。特に、金融庁はこのような短期継続融資を積極的に取り扱うよう地域金融機関に要請しており、これは金融機関の目利き力を発揮するための融資の一手法になると述べている[15]。

　取引先の資金繰りを把握するには、その事業内容をも把握することが要求される。ここでは、企業活動における「原材料→仕掛品→製商品→売掛金→受取手形→現金」というフローを的確にとらえることが必要になる。これは、金融機関がコンサルティング機能を果たすうえでも重視されるべきものであり、事業性評価や事業再生を行うためにも必要になる。

　また、小口融資であっても表面的な審査ではなく、コストを惜しまず顧客の申出内容について時間をかけて聴取し、返済の可能性や資金の効果を十分検討し、その可否を決定することが重要である。すなわち、融資審査やモニタリング等において借り手に関するソフト情報生産[16]機能を保有することが大切で、これこそが協同組織金融機関のレーゾンデートルといえる。すなわち、中小企業融資において不可欠な、いわゆるリレーションシップ・バンキングを行うことにつながるはずである[17]。

　昨今、低利融資を求めた地銀や大手行へのドライなメインバンク変更が増加しているが、顧客とこのような関係を築くことにより、他行へのシフトを防止できるはずである。

(7) 業種集中について

　繰り返し述べたように、金融機関の破綻要因が特定業種すなわち不動産業向け融資への集中によるものであったことにかんがみ、最近の信用金庫の不動産融資について分析を加えておく。

　図表5－3は信用金庫の業種別貸出金比率推移である。平成10年3月から平成31年3月の業種別貸出金の推移をみると（令和2年、令和3年3月は新型コロナウイルス対策に伴う特殊な時期のため比較していない）、企業向けが金

図表5－3　信用金庫の貸出先別貸出金の推移

年月末	貸出金計	構成比	企業向け計	構成比	製造業	構成比	建設業	構成比	卸売業	構成比
H10/3	704,090	100.0	495,442	70.3	113,319	16.0	85,068	12.0	43,760	6.2
H11/3	712,981	100.0	503,366	70.6	113,402	15.9	87,875	12.3	43,826	6.1
H12/3	687,157	100.0	480,319	69.8	106,973	15.5	82,844	12.0	40,922	5.9
H13/3	661,877	100.0	459,368	69.4	102,545	15.4	78,299	11.8	39,320	5.9
H14/3	639,803	100.0	435,084	68.0	94,053	14.7	71,366	11.1	36,758	5.7
H15/3	626,341	100.0	415,266	66.3	86,148	13.7	65,273	10.4	34,242	5.4
H16/3	622,363	100.0	405,336	65.1	82,022	13.1	61,786	9.9	33,039	5.3
H17/3	620,947	100.0	404,453	65.1	79,376	12.7	59,463	9.5	32,326	5.2
H18/3	626,700	100.0	407,728	65.0	78,118	12.4	58,229	9.2	32,103	5.1
H19/3	634,953	100.0	416,942	65.6	79,103	12.4	57,780	9.0	32,828	5.1
H20/3	635,431	100.0	416,464	65.5	76,511	12.0	56,640	8.9	32,332	5.0
H21/3	648,783	100.0	427,171	65.8	77,564	11.9	57,509	8.8	32,996	5.0
H22/3	641,573	100.0	420,925	65.6	73,994	11.5	54,659	8.5	32,413	5.0
H23/3	637,546	100.0	414,550	65.0	71,219	11.1	52,704	8.2	31,439	4.9
H24/3	637,886	100.0	413,127	64.7	69,474	10.8	51,095	8.0	30,997	4.8
H25/3	636,874	100.0	409,200	64.2	66,469	10.4	49,254	7.7	29,793	4.6
H26/3	644,790	100.0	412,053	63.9	64,048	9.9	48,105	7.4	29,067	4.5
H27/3	658,014	100.0	419,282	63.7	62,996	9.5	47,942	7.2	28,612	4.3
H28/3	673,200	100.0	427,068	63.4	62,173	9.2	47,880	7.1	28,217	4.1
H29/3	691,673	100.0	439,419	63.5	61,450	8.8	49,153	7.1	27,882	4.0
H30/3	709,633	100.0	452,529	63.7	61,464	8.6	50,752	7.1	28,118	3.9
H31/3	719,836	100.0	461,756	64.1	61,478	8.5	52,091	7.2	28,432	3.9
R2/3	726,750	100.0	468,462	64.4	60,907	8.3	53,114	7.3	28,511	3.9
R3/3	784,372	100.0	527,898	67.3	69,007	8.7	68,902	8.7	33,664	4.2

（注）　1．企業向け計には、海外円借款、国内店名義現地貸を含む。
　　　　2．2003年3月以降、「製造業」には「出版・印刷業」を含まない。
（出所）　信金中金月報各号掲載「信用金庫の貸出先別貸出金」より筆者作成。

額、構成比とも減少傾向を示している（金額49兆→46兆円、構成比70.3→64.1％）。一方で、残高、構成比ともに増加させているのは地公体である（金額1兆→5兆5,000億円、構成比1.4→7.6％）。企業向けの資金需要が低迷するなかで、地公体向け貸出でその減少額をカバーする構図となっている[18]。

　なお、企業向けの内訳をみると、金額、構成比ともに増加しているのは不動産業である。図表5-3にみられるように、平成10年3月末に10.4％であった比率は急ピッチでその値を増加させ、この間で構成比率はほぼ2倍となっている（令和3年3月末では22.0％）。一方で、製造業、建設業、卸売

（単位：億円、％）

小売業	構成比	不動産業	構成比	地方公共団体	構成比	個人	構成比	住宅ローン	構成比
51,800	7.3	73,620	10.4	10,384	1.4	198,264	28.1	110,277	15.6
52,866	7.4	74,181	10.4	11,404	1.5	198,211	27.8	115,469	16.1
49,905	7.2	73,187	10.6	11,695	1.7	195,143	28.3	121,253	17.6
46,558	7.0	71,861	10.8	11,762	1.7	190,747	28.8	123,501	18.6
42,824	6.6	74,989	11.7	13,527	2.1	191,192	29.8	127,347	19.9
39,615	6.3	78,140	12.4	15,680	2.5	195,395	31.1	134,682	21.5
37,328	5.9	82,312	13.2	16,932	2.7	200,095	32.1	143,110	22.9
34,509	5.5	92,948	14.9	18,529	2.9	197,965	31.8	143,781	23.1
33,303	5.3	100,316	16.0	21,043	3.3	197,929	31.5	147,901	23.5
32,640	5.1	108,200	17.0	23,294	3.6	194,717	30.6	149,058	23.4
31,544	4.9	114,045	17.9	27,845	4.3	191,122	30.0	148,973	23.4
31,793	4.9	117,600	18.1	32,878	5.0	188,734	29.0	149,717	23.0
30,421	4.7	121,003	18.8	36,815	5.7	183,833	28.6	148,755	23.1
29,390	4.6	123,044	19.2	40,814	6.4	182,182	28.5	149,240	23.4
28,329	4.4	125,806	19.7	42,638	6.6	182,121	28.5	150,810	23.6
27,275	4.2	129,357	20.3	45,157	7.0	182,516	28.6	152,154	23.8
26,549	4.1	133,085	20.6	47,662	7.3	185,074	28.7	154,610	23.9
26,255	3.9	139,233	21.1	50,633	7.6	188,098	28.5	157,468	23.9
25,790	3.8	145,939	21.6	52,729	7.8	193,402	28.7	162,130	24.0
25,845	3.7	153,981	22.2	53,871	7.7	198,382	28.6	166,326	24.0
25,877	3.6	162,146	22.8	55,511	7.8	201,592	28.4	168,597	23.7
25,717	3.5	168,021	23.3	55,372	7.6	202,707	28.1	169,476	23.5
25,898	3.5	170,709	23.4	53,836	7.4	204,451	28.1	171,328	23.5
31,703	4.0	172,705	22.0	52,933	6.7	203,540	25.9	172,463	21.9

業、小売業はいずれも残高、構成比ともに減少させている。また、個人合計の残高・構成比がほぼ横ばいのなかで、住宅ローンは残高、構成比とも大きく増加している（金額11兆→17兆円、構成比15.6→23.5％）。

　資金重要が低迷するなかで、信用金庫業界の企業向け融資は不動産業に集中的に行われていることを示している。平成24年9月末で不動産業向け融資構成比率は20％を超過したが、一業種の比率が20％を超過したのはおそらく信用金庫業界初のことであろう。リスク管理はリスク分散を行うことが重要であるが、この点にかんがみると一業種の比率が20％を超過するということは、やはりリスク管理上大きな問題が発生していると考えるべきであろう。

　たとえば、全国銀行の平成24年9月末の不動産業向け貸出の構成比率は14.3％と信用金庫に比してその比率は低い（日本銀行「貸出先別貸出金」（国内銀行勘定）より筆者計算）。また、信用金庫の比率はバブル崩壊直後の平成4年3月末9.7％、平成5年3月末9.8％と10％を切る水準であったことを考えると、現在の値が突出していることが理解できよう。

　なお、この不動産業向け融資比率は地域間や信用金庫間でその差は大きい。地区別の構成比率は平成24年9月末で、東京が31.3％、関東（東京を除く）が20.3％、近畿が18.1％となっている。一方で、北陸11.8％、南九州14.4％と低い地区もある。また、金庫別では、40％以上の金庫が7金庫、30％以上40％未満の金庫が16金庫ある一方、5％以下の金庫も19金庫ある（個別金庫では、E、TSが49％、J47％、T48％、OK45％、JY42％、SW41％、SB39％、SK39％、H38％などが目立つ（平成24年『全国信用金庫中間期ディスクロージャー』金融図書コンサルタント社より筆者算出。））。

　比率が高い上位10金庫をみると、このうち7金庫が東京、2金庫が大阪であり、不動産業向け融資を積極的に行う金庫は大都市部、特に東京を中心としていることがわかる。

　前述のように、平成10年度以降構成比を増加させているのは、不動産業と住宅ローンでありいずれも不動産を担保として重視するものである。両者をあわせると令和3年3月は構成比率が43.9％となる。住宅ローンは個人の収入が返済財源となるものだが、失業などで返済が不能になった場合は、

担保とした住宅を売却して回収する。これらはいずれも不動産の価値を重視する融資であるという点では、類似した部分がある（原則として、住宅ローンにはローン保証会社の保証が付与されるが、本体企業の関連会社が行う場合は、リスクの分離が行われていないと考えられる）。

　住宅ローンの対象となった住宅の価値が下落し、ローンの残高を下回った場合、これがノンリコースローンであれば、債務者は返済を放棄するであろう。サブプライム問題に起因する金融危機においては「従来住宅ローンは、最後までなんとか払おうとしてきたが、今回は真っ先に住宅ローンを放棄するケースが多かった」[19] といわれる。このように考えると、不動産業向け融資と住宅ローンは同様のリスクを抱えた融資であるといえよう。両者は同じバスケットに盛られた卵である。

　なぜ金融機関は、この業種に傾倒するのであろうか。

　第2章1でも述べたように、不動産融資は形式的には融資マニュアルに忠実な融資の典型でもある。資金使途、返済財源、保全ともに明確である印象を与える。また、商品そのものを担保に徴求するというABL（Asset Based Lendingの略語で、動産・債権担保融資と同義である）の形態を備えた融資でもある。

　したがって、不動産融資案件は、スキームが描きやすく非常に取り上げやすい案件となる。不動産業者は、資金調達さえ可能であれば、手持在庫と売上げを増加させることができ、零細業者が簡単に大手に成長することも可能である。極言すれば、担保物件の質さえよければ回収は可能であり、債務者の質など問題としない。しかしながら、債務者の事業資質や人間性は不動産業向け融資においても重要視されるべきであることはいうまでもない。この点を見落とし、バブル期に、多数の金融機関が判断ミスを犯したことは記憶に新しい。

　本来、企業融資はその事業収入を返済財源とするものであり、担保は事業が悪化したときの第二の返済原資であるはずである。ところが、不動産業向け融資は担保自体の収益や売却代金が返済財源となるものであり、商品価値の低下は、そのまま担保価値の下落につながる。このように不動産業向け融

資は、信用リスクテイクというよりは、価格変動リスクという市場リスクテイクの側面が大きい。

　また、不動産業向け融資が問題であるのは、この融資は必然的に大口融資につながるということである。金融機関の破綻事例で述べたように、金融機関を破綻に導いた不動産融資はすべて大口化していた[20]。都市部では、プロジェクト案件とマンションなどの賃貸物件建築案件のいずれもが億単位の大口融資になる可能性が高い。一債務者にこれらの融資を数度行うと、貸出金が10億円にもなるケースが多いと考えられる。したがって、不動産融資は業種集中のみならず、債務者集中を発生させ、これらが大口化することがリスク分散を困難にしているともいえよう。

　「事業者向け不動産融資は、多くの国々ではハイリスク・ハイリターン金融であるとされており、ポートフォリオに占める比率で、たとえば10％以下という限度を設けている金融機関が多い。また、不動産の専門家チームを有すること」[21]がその前提とされていた。

　すなわち、リスク分散と審査の特化が行われていたのである。地域金融機関は、常に業種別ポートフォリオを意識し、案件の取上げに際しては細心の注意をもって審査を行う必要があろう。

　なお、第3章でみた金融庁検査局「金融検査結果事例集」では以下のような指摘がある。

　　経営に大きな影響を与える大口メイン取引先がいまだ多くあるなか、返済財源の確認などの審査が不十分なまま追加融資に応需してきた大口与信先などの倒産により、多額の与信費用が発生しているにもかかわらず、理事会等は、倒産原因の分析や与信の大口化に対する問題点などの検証を行っていない（平成21年度P.5）。

　　取締役会は、特定業種向け与信の残高やELが増加していることを認識しているにもかかわらず、業種別与信限度額の設定の要否など、与信ポートフォリオのあり方についての検討を行っていない（平成23年度後

期P.78)。

　繰り返し述べたように、リスク管理はリスク分散に尽きる。それにもかかわらず、前記の指摘は、金融機関はリスク集中を招く経営から脱しきれないでいることを示している。

(8)　事業再生とサンク・コスト

　事業再生は、地域金融機関の公共性や地域貢献に不可欠な部門であることはいうまでもない。地域金融機関の使命として、政府の施策にもあげられ、地域金融機関のほとんどはこの部門を有している。

　ところで、破綻した信用金庫は、いずれも回収不能な追い貸しを行い、不良債権処理を遅延させた。第2章で述べたように、この行動にはソフト・バジェット問題が関係する。また、不良先からのサンク・コストの回収というインセンティブは、当該融資の当事者に対して強く働く。彼らは客観的な判断が行えなくなっている。

　過去に使ってしまい取り返すことのできない費用であるサンク・コストを回収しなければならないというインセンティブは、経営学の観点から考えると大きな誤りである。現在の意思決定には、将来の費用と便益のみを考慮すべきでサンク・コストを計算することは非合理的である。しかしながら、実際には、このサンク・コストは将来の意思決定に影響を与え、われわれに非合理な行動をとらせてしまう（「友野典男（2006）」p.199-204参照）。

　また、「一瀬粂吉（1967）」は、「凡そ貸金をなすは易く、これを回収することは難し。更に、中途絶縁を決行すること、もしくは損失に執着なく、思い切ってこれを棄つることは、正に生死浮沈の岐るる処にして、その判断は一層難しとする所なり。茲に初めて老練なる銀行家の手腕を必要とす（P93）」と述べ、この割り切りのむずかしさを指摘している。

　90年代に地域金融機関で行われた事業再生においては、金融支援の判断根拠は追い貸しを行うケースと類似した点もあった。たとえば、F信用金庫で成功を収めることができなかった事例がある。同時期においては、ほかの金

庫においても事業再生が成功した例は少ないといえよう[22]。

　事業再生は、これが単なる延命策に終わるのか再生につながるのかは、景気の回復との相関が強いと考えられる。バブル崩壊後は土地価格の回復に期待したものがほとんどであったが、結果として成功を収めることができなかった。ここでは、その体制や手法が未熟であったといわざるをえない。

　しかしながら、この分野の環境は当時とは大きく変化している。まず、政府の支援が当時とは比較にならないほど強化されている。たとえば、金融円滑化法の出口戦略の一環として、「中小企業経営力強化支援法[23]」が平成24年8月に施行された。専門的知識を有する外部機関を中小企業の支援事業に活用するものである。これに伴い各都道府県に「経営改善支援センター」が設置された。これは、同法に基づき認定を受けた「経営革新等支援機関」の支援を受けて、中小企業が自社の経営改善計画等の策定を行い、その結果、メイン銀行等からなんらかの金融支援が行われた場合、国が認定支援機関に支払う費用の補助を行う目的で設置されたものである。さらに、中小企業基盤整備機構は各地域で中小企業再生ファンドの組成を促進している。各地の中小企業再生支援協議会も積極的な利用を促しており、従来以上にその活用が容易になっている。

　また、平成25年3月に「企業再生支援機構」から改組された「地域経済活性化支援機構（REVIC）」は、専門家の派遣、企業に対する直接の再生支援、事業再生・地域活性化ファンドへの出資・運営、保証付債権等の買取り等の機能を有する。平成26事務年度「金融モニタリング基本方針」（平成26年9月金融庁）では、地域金融機関が取引先企業に対して解決策の提案および実行支援を行うに当たり、この機能を積極的に活用するよう促している。特に、地域金融機関による企業の事業性等の分析や必要な解決策の提案等の機能向上が図られるよう、REVICの専門家派遣機能を効果的に活用するよう促している。

　一方、金融機関の事業再生部門も当時と比較して充実したものになっている。優秀な人材が配置され、教育体制も充実している金融機関が多い。

　ここで、従事する職員には財務面・営業面の両面に対してアドバイスを行

う能力が要求される。しかしながら、地域金融機関職員が能力を備えるのは基本的には財務面が主である。営業活動面の知識や技能習得には限界があり、業界に精通するには困難が伴う。このように考えると、地域金融機関が単独で事業再生を行うには限界がある。これらを補完できるものとして、前述した外部機関を積極的に活用することが大切であろう。また、ビジネスマッチング等の情報を積極的に提供することも重要である。

なお、これらの支援を行いこれが限界に達したときは、早期に支援可否の見極めを行うことも忘れてはならない。また、この事業再生に従事する部門に対しては、審査部門のけん制機能を十分働かせる必要があるのはいうまでもない。サンク・コストとソフト・バジェットの問題が払拭されたわけではない。

(9) 資産査定の一貫性の確保

N信用金庫の決算は粉飾であり、救済合併の数年前から破綻状態にあったといわれている。破綻したほかの信用金庫も同様の状態であったと考えられる。それでも、破綻した信用金庫は、すべて直前期の決算は自己資本勘定がプラスであり、そのほとんどは自己資本比率を4％以上と公表している。健全経営を行う施策を講じるには、まず現実の状態を明確にする必要がある。

金融機関に求められるのは、何よりも適正な資産査定である。F信用金庫の経営陣は、平成8年の当局検査において指摘されるまで、自金庫が債務超過状態にあることに気づいていなかった。これ以前に金庫の貸出資産内容の実態を総合的に示すデータがあれば早期に対策を講じることができたはずである。また、平成5年のN信用金庫の救済合併も回避できた可能性が高い。

なお、早期是正措置に伴う自己査定制度の導入は平成9年であるから、この時期にはこのような貸出金査定の制度が存在せず、もっぱら当局検査の結果が重視されるものであった。ただし、直接的に金融機関の決算に反映させるというような強制力がなかった。当局検査で債務超過状態にあることが指摘されても、決算は金融機関の自主性が尊重されていたのである。

ここで問題となるのは、金融機関の会計制度に影響する金融当局の政策で

ある。中小企業対策の一環として講じられる政府の対策が、金融機関の貸出資産の査定に影響を及ぼすのである。

たとえば、貸出資産は「金融検査マニュアル」に基づき行われてきたが、政府の中小企業政策の変化に伴いその基準が変更されてきた。「金融検査マニュアル」は平成10年の早期是正措置の実施に伴い、検査官向けの通達として導入されたものである。その後、中小企業向けマニュアルとして平成14年6月には「金融検査マニュアル別冊（中小企業融資編）」が策定され、「金融検査マニュアル」の機械的・画一的適用の防止が盛り込まれ、貸しはがしの対策が講じられた。

さらに、平成16年2月には金融検査マニュアル別冊（中小企業融資編）に企業の成長性等について金融機関の評価を尊重することや、金融機関による中小企業の再生支援の実績を引当率に反映することが盛り込まれるなど、スタンスが改定される動きが出てきた。また、平成20年10月に条件緩和債権の基準が大幅に改定されるなど、当局の動きは中小企業に、より配慮したものになっている。

平成21年12月4日には「金融円滑化法」（正式には「中小企業者に対する金融の円滑化を図るための臨時措置に関する法律」）が施行され、同法の内容については、施行と同時に「金融検査マニュアル」、監督指針に盛り込まれた[24]。同法の目的は、健全な事業を営む中小企業者に対して必要な資金を円滑に供給していくことを金融機関に求めるもので、金融機関に対する具体的な当局の方針が定められている。

このような影響を受け、中小企業向け融資はより緩やかな査定に変化しているが、いうまでもなく、貸出金の回収可能性はこのような制度の変更により変化するものではない。特に昨今の厳しい収益環境下では、いずれの金融機関も少しでも多く利益を計上したい。そうすると、主要資産の大部分を占める貸出資産の査定を甘く行うというインセンティブが働く。

金融機関の資産状態を正しく把握するには、貸出金査定方針の基軸を変化させないことが重要である。当局政策の変化に合わせて資産査定基準を変更すると、債務者ごとの融資方針に対しても影響を及ぼすことになろう。基準

の変更に伴い、債務者の査定区分が変更されても、債務者の実態は何も変化していないはずである。

　また、資産査定を甘くすると、不況時における不良債権発生の予測が相対的にむずかしくなる。債務者区分は業況悪化に伴い、正常先から要注意先、破綻懸念先、実質破綻先、破綻先というステップをたどるはずであるが、査定を甘くすると本来下位にランクされる債務者が上位にとどまり、景気悪化時に突然倒産に至る可能性が高くなるからである。したがって、制度上の査定基準とは異なる独自の査定基準を定め、これにより一貫性かつ継続性あるリスクプロファイルを把握すべきであろう。

　なお、2019（令和元）年12月に、金融庁から、ディスカッション・ペーパー「検査マニュアル廃止後の融資に関する検査・監督の考え方と進め方」（以下同DPという）が公表され、正式に旧金融検査マニュアルが廃止された。但し、金融検査マニュアルの考え方を覆すものではない。すなわち、同DPでは、「金融検査マニュアル別表に基づいて定着している現状の実務を否定せず、現在の債務者区分を出発点に、現行の会計基準に沿って、金融機関が自らの融資方針や債務者の実態等を踏まえ、認識している信用リスクをより的確に引当に反映するための見積りの道筋を示している」と述べられている。

　これを受け各金融機関では、現状や将来の情報を引当に反映する「フォワードルッキング手法」や新型コロナ対応としてコロナ禍の影響を強く受けている業種の債務者を特定してグループ化する「グループ引当」などを検討している。詳細は、日本銀行金融機構局（2020）、日本銀行金融機構局（2021）等を参照されたい。

3　信用リスク管理手法の方向性と管理会計

　ここでは、最近の信用リスク管理手法と伝統的な手法との差異を考察し、今後の管理手法のあり方を述べる。また、地域金融機関の管理会計について

も言及する。

(1) リスク管理手法と個別案件審査

現在の金融機関におけるリスク管理手法は、主としてバーゼル規制に基づくものである。リスクは、信用リスク、市場リスク、オペレーショナル・リスクに区分され、それぞれ統計的手法に基づく計量化を金融機関に行わせるものである。

バーゼル規制に基づく金融検査マニュアルは高度なリスク管理手法を記述しているが、これらは決して万全ではない。統計的手法に基づくこれらのリスク管理手法は、科学的であり、客観的な説明力を有することから外部的分析や検証が行いやすい。したがって、監督官庁や外部の利害関係者には適する手法であると考えられる。

ただし、サブプライム問題で暴露されたように、これらの統計的手法は将来において決して確実なものではない。市場リスク、オペレーショナル・リスクについては、リスク計量の性質上過去のデータに基づく統計的手法による計量化はやむをえない。これらは相対して、個別リスクを計測することが困難と考えられるからである。また、銀行全体の信用リスク量を計測する場合もこれらの手法に基づかざるをえない。ただし、個別案件審査は考えがまったく異なる。

貸出金に伴う信用リスクは、個別取引先ごとのリスクを相対で把握することが可能である。したがって、この信用リスクの把握をモデルによる計量化のみで行うのは、むしろ金融機関がもつ情報や長年培ってきた伝統的な審査手法を放棄することになる。

内部者にとっては、より詳細なミクロ的分析や情報生産が可能である。信用リスクに関していえば、債務者単位や債権単位の個別分析が可能である。特に、融資案件は何種類もの条件が絡み合う複雑なものである。このように考えると、計量的手法を個別案件に適用することはあまり意味をもたなくなる。

たとえば、スコアリング融資は、主として財務諸表における数値を変数として、統計的手法により倒産確率を算出し、これに基づきスコアリングを行

い、融資可否を決定するものである。統計的なリスク計量は格付との関連も密接であることから、最近の信用リスク管理手法の考え方を基礎としている。この的中率を上げるために、財務データのみでは説明変数が不足であるとして、債務者の業歴や資産保有状況などの定性的あるいは定量的な変数を取り込もうとする。そうすると、最終的には伝統的な審査手法に限りなく近づくであろう。すなわち、熟練した審査担当者の域にいかに近づけることができるかがモデルの目的になる。

信用リスク測定モデルには、エキスパートシステムやニューラルネットワークシステム等があるが、これらの設計の基礎となっているものは、優秀な専門家の知識である[25]。これらのシステムの考え方は、判断の一貫性の確保と効率化を追求するものであるが、いずれにしても、その原点は人による審査手法にあることを忘れてはならない。

エキスパートシステムは、このような能力をもった人の思考パターンをモデル化しコンピュータにより自動化しようというものである。ただし、モデル（模型）である限り、実物を越えることはできないはずである。

また、これらの測定モデルや倒産確率に依拠する格付モデルの利用に係る問題は、個別案件の可否決定に重点がおかれていないことである。これはこのようなシステムの致命的な欠陥である。格付が低位であっても、個別案件の返済財源が確実である場合や保全が万全である場合与信供与は問題なく行われるのであり、このようなケースでは、格付はほとんど意味をもたなくなる。以上を勘案すると、格付は融資申出先に対する入り口基準とするというスクリーニング程度で利用をとどめ、１案件ごとの可否の決定は詳細な分析によることが重要であろう。中小企業融資においては最も留意すべき点である。

なお、人間が行う判断はバイアスを伴うことも確かであり、これを極力排除することが大切である。この点については、第６章を参照されたい。

(2) 管理会計手法の導入

地域金融機関においては、資金調達、資金運用を各営業店において行って

おり、これらの店舗業績の合計が金融機関全体の業績になると考えられる。昨今預貸率の低下に伴い、余資運用部門が大きなウェイトを占めるようになってきたが、それでも営業店で行われる預金獲得と融資が主業務であることに変わりはない。したがって、管理会計は主として営業店の業績評価に関係するものになる[26]。

　従来信用金庫や信用組合はその規模も小さく、経営管理部門は直接的に店舗に関与しその業績を見極めることができた。また、前述したように、預金獲得を行えば収益をあげることができたことから、業績評価は預金と融資金の量の増減に係るものがすべてであった。しかしながら、預貸率の低下と業務の複雑化に伴い、このような業績評価手法は実態と乖離するようになってきている。

　たとえば、預金の増加は金利コストをとれば容易に行える。すなわち、金利優遇を行えば自然に預金が増加する。また、貸出金は信用リスク（コスト）をとることにより量的拡大が可能である。繰り返し述べたように、審査基準の引下げにより貸出金は増加させることができる。

　したがって、リスクとコストを重視した経営管理手法を導入する必要があろう。ここでは、リスク計量や原価計算等が必要になる[27]。前述のように、個別融資審査においては、計量的手法は、これを新規先に対する入り口基準とする程度で利用をとどめ、その後は各金融機関で蓄積された情報とノウハウをもって融資可否を決定すべきである。ただし、金融機関全体の信用リスク保有度合いをポートフォリオとして時系列的に把握し、その推移を観測する場合等は統計的手法に頼らざるをえない。また、適正な店舗評価を実現するためには、計量的にリスクとコストを控除した後の収益を評価することが適切であろう。

　店舗評価は半期あるいは1年ごとに行われるため、店舗長は目前の業績にとらわれた店舗運営を行いがちである。このような問題を克服するためには、長期的な視野に立ったバランスのよい店舗評価を行う必要がある。たとえば、「Kaplan, R. S. and Norton, D. P. (1992)」[28]で提唱された、バランスト・スコア・カード（BSC）[29]の導入なども検討してみる価値があろう。こ

の手法は業績評価を多面的に行うものであり、実際に導入している地域金融機関[30]もみられる。

　また、収益管理は店舗業績評価を行ううえで最も重要なものであるが、これらの手法もそれぞれの金融機関にふさわしいものを導入する必要がある。第4章で述べたように、収益管理手法には「差額法」「総額法」「スプレッド法」等があるが、これらのいずれを導入するかの検討が必要になろう。

　原価計算は、従来本部経費を一律に営業店に配賦する伝統的原価計算がその主流であったが、今後は活動基準原価計算（ABC）の導入なども検討すべきである。この手法も、メガバンクや大手地銀においては以前から導入されているものである[31]。

　「古賀健太郎（2002）」では、「ABCもBSCも、現在の日本の銀行業が抱える経営管理の問題を解決する有効な手段と考えられ、実際、欧米の銀行ではいくつもの適用事例が報告されている」としながらも、「経営戦略が必ずしも明確でない点、経営管理上の問題を解決する方策が明らかでない点、現在の本支店間の管理会計がABCにそぐわない点、BSCの基盤整備が整っていない点」をわが国の銀行への導入に当たっての問題点であると述べている。そして、「こうした点を克服しつつ、日本の銀行が、ABCやBSCを適用して経営の質を向上させていくことが期待される」と結んでいる。先進的な管理会計手法の導入に際しては、経営陣が明確な目的意識をもつことが前提とされよう。

　なお、これらは、システム導入負担を伴うことから、店舗数が少なく経営者や本部管理部署の目が十分行き届くような、小規模な金融機関には不向きかもしれない。ただし、業績評価のなかにこのような観点を経営に取り入れることは重要である。前述のように、これらの手法は大手銀行においては以前から導入されており、小規模な地域金融機関においても採用されるところがみられる。しかしながら、導入した金融機関においてもこれらを十分活用できる人材が少ないのが現状である。今後は、このような能力を備えた人材の育成と経営陣の啓発が大切である。

4　その他のリスク

(1)　市場リスク管理

　図表 5 - 4 にみられるように、信用金庫も、中小企業の資金需要の低下に伴い融資金が減少したことから、預貸率が低下する一方で預証率の上昇が顕著である。信用金庫の預貸率は平成 4 年度の74.0%をピークに低下傾向にあり、表のように、令和 2 年度では50.3%まで落ち込んでいる。一方、預証率は平成 4 年度の14.3%をボトムに上昇傾向にあり、令和 2 年度では29.8%に上昇している[32]。この点については、「信用金庫の本来の目的である地域への資金還元が十分に行われておらず、貸出の実態が協同組織金融機関の理念から遠ざかっている」との指摘[33]がある。

　この預貸率の低下と預証率の上昇の問題は、一方で、信用金庫が信用リスクのみでなく市場リスクにさらされる危険が大きくなることを意味している。「預金保険機構（2005a）」によると、有価証券投資の失敗のみによる信用金庫の破綻は全体の 7 ％と少ないが、市場環境が変化している昨今においては、この余資運用におけるリスク回避が重要なものとなろう。

　たとえば、T信用金庫は米国サブプライム住宅ローン関連の金融商品などへの投資で損失がふくらみ、平成20年 3 月期決算で403億円の最終赤字に転落、信金中央金庫から200億円の資本支援を受けている。

　なお、有価証券投資は、サブプライム問題にみられるように、基本的には元本割れのリスクを積極的にとるという運用方法である。信用金庫業界にはこのような業務に習熟した人材は少なく、過度な有価証券投資を行うこと自体が根本的に問題であろう。

　有価証券投資実務は、金融機関においては営業店が関与することはなく、本部の資金運用部署で行われるものであり、信用リスク管理とは管理手法が根本的に異なる。リスク管理部署のけん制や監査法人の監査により粉飾も行いにくい。したがって、適正な運用ポートフォリオを方針に組み込み、適時

状況を把握する体制を維持することができれば、大きな問題とはなりえないであろう。

第1章で述べたように、破綻金庫27金庫中有価証券投資等の失敗を要因と

図表5－4　信用金庫の預貸率と預証率推移

（単位：億円、％）

年月末	預金	貸出金	預貸率	有価証券	預証率
H10/3	984,372	704,088	71.5	162,760	16.5
H11/3	1,005,732	712,092	70.7	180,479	17.9
H12/3	1,020,320	687,159	67.3	198,272	19.4
H13/3	1,038,043	661,879	63.7	221,566	21.3
H14/3	1,028,198	639,805	62.2	236,169	22.9
H15/3	1,035,536	626,342	60.4	248,064	23.9
H16/3	1,055,175	622,364	58.9	268,761	25.4
H17/3	1,074,324	620,948	57.7	287,574	26.7
H18/3	1,092,212	626,702	57.3	306,055	27.9
H19/3	1,113,772	634,953	56.9	318,110	28.5
H21/3	1,154,531	648,786	56.1	324,132	28.0
H22/3	1,173,806	641,574	54.6	343,384	29.2
H23/3	1,197,465	637,550	53.2	344,224	28.7
H24/3	1,225,884	637,888	52.0	370,593	30.2
H25/3	1,248,763	636,876	50.9	390,414	31.2
H26/3	1,280,602	644,791	50.3	400,267	31.2
H27/3	1,319,433	658,015	49.8	423,234	32.0
H28/3	1,347,476	673,201	49.9	432,426	32.0
H29/3	1,379,128	691,675	50.1	426,196	30.8
H30/3	1,409,771	709,634	50.3	425,704	30.1
H31/3	1,434,771	719,837	50.1	432,763	30.1
R2/3	1,452,678	726,752	50.0	430,760	29.6
R3/3	1,555,959	784,373	50.3	465,724	29.8

（注）　預貸率＝貸出金／預金×100（％）、預証率＝有価証券／預金×100（％）（預金には譲渡性預金を含む。）

（出所）　信金中金月報各号掲載「信用金庫の余裕資金運用状況」等を参考に筆者作成。

する先は10先であるが、このうち8先は貸出債権の不良化との両方を要因としており、有価証券投資等の失敗のみの先は2先にすぎない。破綻の要因となった有価証券投資の失敗のほとんどが貸出債権の不良化と複合的に発生しており、無謀な有価証券投資は不良債権償却原資を求めての短期の収益確保を企図したものが多いと考えられる。むしろ、破綻回避のための対応行動で発生する可能性が高いことを勘案すると、前述のように、未然防止は比較的容易であろう。

なお、「協同組織金融機関のあり方に関するワーキング・グループ中間論点整理報告書」(2009) では、以下のような自主的な取組みが行われることが望まれるとしている。以下同報告書 (p.13) から抜粋する。

① 安全資産運用あるいはリスクをとる運用を行う等の運用方針、運用手法、内部のリスク管理体制の整備状況をディスクロージャー誌等で明示することで自己規律の確保を図る。
② 余資運用について、連合会によるモニタリングを行う。
③ 連合会と信用金庫・信用組合（以下、「単位組織」という）によるファンド等の共同運用、連合会と単位組織の協同による地域への投資を促進するスキーム等、運用方法のよりいっそうの多様化を図る。
④ 各信用金庫・信用組合および中央組織において、余資運用の担当者および運用リスク管理者の人材育成にいっそう取り組む。

ここでは、リスク管理体制の構築、連合会の関与、人材育成を提案している。信用金庫の運用の主体は貸出金であるが、余資運用の原資も貸出金と同様顧客預金であることにかんがみ、健全経営を行うには、ローリスクの保守的な運用を行うことに尽きると考えられる。

(2) オペレーショナル・リスク管理

第1章の金融機関の破綻事例においては、オペレーショナル・リスクが経営上の直接的な問題となったものはみられなかった。オペレーショナル・リ

スクは、「金融検査マニュアル」においては「金融機関の業務の過程、役職員の活動もしくはシステムが不適切であること又は外生的な事象により損失を被るリスク（自己資本比率の算定に含まれる分）及び金融機関自らが『オペレーショナル・リスク』と定義したリスク（自己資本比率の算定に含まれない分）」と定義される。これが、不祥事件に発展すると金融機関は実損を被ることになるが、これ以外の場合はいわゆる風評リスクなどによる間接的なリスクとなる。

　欧米の金融機関においては、不祥事が破綻の要因となることはあるが、わが国においては破綻の直接的な要因になる可能性はきわめて少ないと考えられる[34]。公共性を有する金融機関としては、この管理を組織的に行う必要があることはいうまでもないが、破綻防止という観点からは、信用リスク、市場リスク等に比してその優先度は低いと考えられる。

　なお、金融庁は、検査事業年度ごとに「金融検査結果事例集」を発表していたが、事例集における「事務リスク管理態勢」の指摘事例をみると、オペレーショナル・リスクにおける指摘事項は、金融機関が自覚している内容ばかりで、指摘自体が低水準である。経営に直接的な影響を与えるものはほとんどないといってよかろう。

　一方、「信用リスク管理体制」における指摘はそのほとんどが実損を伴うもの、あるいはその可能性のあるものばかりであり、やはり信用リスク管理が金融機関経営の命運を左右することになろう。

(3)　ま　と　め

　以上、本章ではリスク管理のあり方を中心に地域金融機関特に協同組織金融機関の健全経営のあり方について述べた。経営規律を遵守し信用リスク管理を徹底すれば、健全経営は確保されよう。

　なお、金融庁の金融機関監督は主として「金融検査マニュアル」により行われていたが、これは「経営管理（ガバナンス）態勢」「法令等遵守態勢」「顧客保護等管理態勢」「統合的リスク管理態勢」「自己資本管理態勢」「信用リスク管理態勢」「資産査定管理態勢」「市場リスク管理態勢」「流動性リス

ク管理態勢」「オペレーショナル・リスク管理態勢」の10項目に分類される。なお、平成21年12月に「金融円滑化編」が追加されているが、リスクに関するものは基本的には上記の10項目であると考えてよかろう。

　このうち、「貸出資産査定管理態勢」に関する部分については具体的で詳細な記述があり、信用リスク管理が重視されていることを表している。なお、最近の当局検査は「法令等遵守態勢」「顧客保護等管理態勢」等に傾斜する傾向がある。金融機関は当局検査に敏感であり、このような部門に資源を重点的に配分している。

　また、金融機関の不良債権保有額が大きく改善するなかで、金融庁の指導は積極的なリスクテイクによる収益力の強化を促す方針に変わりつつある。資金需要が低迷するなかで収益力の向上は喫緊の課題であるが、そのような状況下でも大きな問題となるリスクの所在を見失わないようにしなければならない。

　ところで、規律なき拡大路線が破綻を招く事例はいつの時代にもみられるものである。「一瀬粂吉（1967）」に述べられている教訓を紹介しておく。

　「元来、銀行は地味なる商売なるを以て、務めて虚飾を避け、体裁に囚われず、主として内容の充実と基礎の強固とを図り、一歩一歩を撓まず、急がず進むを要す。決して己を削りて虚飾をなすの愚に陥る勿れ。砂上の楼閣は風雨に堪うる筈なし。徒にメートルを上ぐる競走は、禍根たり。

　故に資本金、預金高、配当率等、必ずしも数字の多きを以て尊しとせず。又建物の如き、競うて輪奐の美を装うに及ばず。一に内容の充実、信用の増進、資金の活動如何を考慮し、その間、毫も不純無理あるべからず」（「一瀬粂吉（1967）」p.2）

　「銀行も、顧客も、共に実力相応を守るべし。破滅の根源は結局、分相応を超ゆるにあり。これ古今一貫の鉄則なり」（同p.3）

　金融機関は、常に規律ある健全経営を維持することを鉄則とする。すべてはこれに尽きる。

1 「預金保険機構（2005a）」では、「経営に欠陥あり」と区分された信用金庫は16先、比率にして59％であったとしているが、この区分の定義を「経営トップの責任追及が行われたもの又は経営トップへの牽制が働きにくくなる要因がみられるものを区分」（同P.3）と限定しており、現実にはほとんどの信用金庫に経営上の欠陥があったと考えてよかろう。

2 「金融審議会 金融分科会第二部会（2009）」

3 高岡信用金庫（富山県）は総代による理事選考委員会が理事候補者を推薦するシステムを採用している。同金庫における平成22年6月の総代会において、この委員会が理事長に人事を一任せず1名の理事を選出して話題になった。「総代が理事を選出した点において、一定のガバナンスが機能したといえる」（金融庁）としている。なお、一方で「理事会長」「理事相談役」が増加し理事長交代後も人事権を握るなど経営に対する影響を持ち続ける例も増加している。（『金融財政事情』2010.7.19 P.9参照）

4 同時期の福岡ひびき信用金庫の預金量は7,560億円であるが、これは全国信用金庫中65位である。

5 J-SOXにおける内部統制は、以下に分類される目的を達成するために、合理的な保証を提供することを意図した、取締役会、経営者およびそのほかの職員によって遂行される一つのプロセスである。すなわち、「業務の有効性・効率性」「財務諸表の信頼性」「関連法規の遵守」「資産の保全」の4点が目的とされる。また、内部統制の構成要素として「統制環境」「リスクの評価」「統制活動」「情報と伝達」「監視活動」「ITへの対応」の六つをあげ、これらを内部統制を評価する際の基準として位置づけている

6 「池尾和人（2011）」では、「資金余剰時代になると、オリジネーションの際の審査判断にあたっての主眼は第一種の過誤を回避することにおかなければならない。第一種と第二種の過誤に伴う損失の大小は逆転しているからである」と述べている。ただし、「この見極めを行うには融資という形態を通じては実行は困難であり、エクイティ契約的な条件の下での資金提供が可能でなければならない」としている（「再来する資金不足時代における銀行の役割」金融財政事情2011.4.11）。

7 「日向野幹也（1986）」p.12

8 銀行の事業部制に関する問題については藤原（2006）pp.80-117に詳しく述べられている。

9 前掲「田中恒夫（2007）」p.16

10 監査論における不正に関する先行研究として、Donald Ray Cressey（1971）"Other People's Money: A Study in the Social Psychology of Embezzlement, Patterson Smith.があげられる。本書では、不正が発生する要素として、opportunity、motivation、rationalization、すなわち「機会」「動機」「正当化」の三つをあげている。

11 日本銀行「経済統計月報」より筆者算出。

12 たとえば、「わが国の学生たちが就職を考える際、まず「金融機関（職員）」を志望し、次いで、そのなかで極力「序列」の高い業態・個別組織を目指す、という傾向が強い」。（「由里宗之（2003）」p.175）すなわち、質の高い人材が、メガバンクから地銀、信用金庫、信用組合へと序列に応じて流れていく傾向にある。

13 「村本孜（2004）」p.7

14 取扱機関は04年度末時点で地銀58行、第二地銀43行、信用金庫136金庫、信用組合32組合（金融庁「リレーションシップ・バンキングの機能強化計画の進捗状況」）となっている。06年度のリレバン対象の地域金融機関における取扱実績は、取扱件数約21万件、取扱金額は約2兆4,000億円であった。

15 平成27年１月「金融検査マニュアル別冊（中小企業編）」が改正されたが、そのなかで正常運転資金は無担保、無保証の「短期継続融資」で対応することは何ら問題なく、書き替え時には、債務者の業況や実態を適切に把握してその継続の是非を判断するため、金融機関が目利き力を発揮するための１手段となりうるとしている。

16 金融機関と企業の取引関係に関する定性的なデータである。島袋（2005）では、「資料の提出」「取引年数」「接触」「貸出以外の取引」をソフトな情報生産の代理変数としてソフト情報生産に関する実証分析を行っている。

17 「近藤万峰（2009）」では、「地域金融機関の融資行動においては、リレーションシップ・バンキングの実践を通じて蓄積されたソフト情報を有効に活用することが、ますます重要性をもつようになるであろう。また、借り手の信用リスクをさらに正確に把握するために、ソフト・ハード双方の情報をより的確に分析するノウハウの構築が求められる」（p.127）と述べている。

18 ちなみに、国内銀行109行の令和２（2020）年９月中間期の総貸出金残高は498兆638億円、うち地方公共団体向け貸出金残高は36兆1,706億円（残高構成比率7.3％）で、2011年同期から10年連続で増加している。
　「地方公共団体・中小企業等向け貸出金残高調査（国内銀行109行 2020年９月中間期決算）」東京商工リサーチホームページ記事2021年２月22日付より。

19 「ロナルド・ドーア（2011）」p.28

20 全国信用金庫の11年度の１先当りの融資残高は、不動産業向けが7,476万円、企業向けが3,560万円とその残高は２倍以上である（信金中央金庫地域・中小企業研究所調べ）。

21 「湯野勉（1996）」p.169
　筆者が勤務した地方銀行は、米国企業がファンドを組成した米国資本銀行であったが、同行「クレジットポリシー」のなかでは、１業種当りの融資金構成比は10％以下とするという基準を設けていた。また、不動産業者向け融資については審査担当を専担としていた。

22 第１章２参照

23 平成28年７月１日に「中小企業等経営強化法」に改正された。令和２年10月30日現在で国が認定した経営革新等支援機関数は37,720機関である。（中小企業庁ホームページ参照）。

24 同法は2011年３月末に期限が切れる時限立法であったが、適用期限が2013年３月末まで延長された。

25 Anthony Saunders & Linda Allen（2002）*Credit Risk Measurement: New Aproachs to Value at Risk and Other Paradigms* 2nd Edition, 森平爽一郎監訳、日経BP社　参照

26 第４章６参照。

27 前掲「近藤万峰（2009）」では、「近年目覚しく発達している情報処理技術や、高度な統計学、数学的手法の活用が不可欠となってくるであろう。もちろん新銀行東京の例に見られたようにクレジット・スコアリングのみに依拠した機械的な審査には、限界がある可能性が高いため、定量・定性両面での分析結果の活用が有効であると考えられる」（p.127）と述べている。

28 「Kaplan, R. S. and Norton, D. P.（1992）」pp.71-80.

29 「財務的視点」「顧客の視点」「業務プロセスの視点」「学習と成長の視点」の四つの各視点に目標、業績評価指標、ターゲット、具体的プログラムが設定される。ロバートS. キャプラン、デビットP. ノートン著；吉川武男訳（1997）「バランス・スコアカード：新しい経営指標による企業改革」生産性出版等を参照されたい。

30 金融機関におけるBSCの導入事例については、「谷守正行（2002）」pp.191－228を参照されたい。

31 地域金融機関の管理会計については「石川清英（2007b）」pp.104－117等を、金融機関を含むサービス業の原価計算については小田切純子（2002）「サービス企業原価計算論」税務経理協会を参照されたい。また、営業店の収益管理等金融機関における管理会計については、「大久保豊（2003）」等、金融機関の管理会計のシステム化については、「杉山敏啓（2002）」等を参照されたい。

32 『信金中金月報』「信用金庫の余裕資金運用状況」より。

33 「協同組織金融機関のあり方に関するワーキング・グループ中間論点整理報告書」（2009）p.3。

34 信用金庫破綻において不祥事件が原因とされるものは、東洋信用金庫、日南信用金庫があるが、いずれも特殊な例である。

第6章

現場における融資判断

人間は感情で動く動物であって、決して常に合理的な行動をとるものではない。したがって、融資案件の可否の決定においても、しばしば判断ミスを犯す。もちろん対象企業は生き物であり、景気や市場環境が常に変動するものである限り、将来の盛衰は見極めがむずかしく完全な判断はありえない。これは、融資判断に限らず、あらゆる判断業務にいえることであるが、特に融資判断は、将来において結果が現れ評価されるものである。融資取組時点では問題なく行われても、結果として判断ミスとなるものが生じる可能性が高い。

　ここで重要であるのは、この判断ミスを最小限にくい止めることである。それには、判断とは何か、どのようなプロセスで行われるのかを知ることが大切である。特に、融資審査はベテランの審査担当者の職人芸的な判断で行われるものが多く、このような判断は経験から生じる勘や偏見によるものもみられる。勘と偏見とは紙一重のものであり、これらは正負どちらにも作用する。

　営業の現場においては、たとえば融資新規開拓時には情報収集が不完全なまま融資を取り扱わねばならないケースが多く、ここではより適切な判断力が求められる。また、既存先であっても、やはり不完全情報から企業実態の把握や事業性評価を行うことなどが要求される。

　たとえば金融庁が、地域金融機関に中小企業への短期継続融資の活用を促す動きがあるが、ここでは継続の時点で目利き力の発揮が求められる。すなわち、現場における企業をみる目を養うと同時に適切な判断力を養成することがいままで以上に要求される。

　本章では、このような判断はどのようなロジックで行われるのかを、認知心理学や行動経済学の観点から考えてみる。

　なお、本章では、主として「竹内毅（1987）」「Kahneman, D.（2014）」「友野典男（2006）」「多田洋介（2014）」を参考としている。

1　判断とは何か

(1)　判断の種類

　ここで、判断とは何か、その概念を整理しておく。

　金融機関の日常業務のなかには、大きく分けて判断を要するものとそうでないものがある。たとえば、営業店における預金の単純な入出金事務は、規定やマニュアル通りに行われ、だれがどのような状況で行っても一律の結果が得られる。業務のなかでも事務や定型業務と定義されるものである。

　日常業務はこのようなものばかりではなく、これらの規定やマニュアルになんらかの解釈を加えて運用されるケースも多い。さらに、この規定やマニュアルの解釈のみでは判断できないレベルの業務が発生する場合も多い。どう判断したらいいのかわからないようなものは一般的な社会通念や良識に準拠して判断を下さざるをえない。特に、融資業務はこのような業務である。

　これらを整理すると、規定にそのままはまるものを「規定圏」、規定に運用上の解釈を加えてこれを適用するものを「解釈圏」、この解釈圏をもはみ

図表6－1　判断圏の概念図

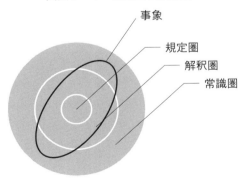

（出所）「竹内毅（1987）」を参考に筆者作成。

出してしまうものは「常識圏」となる[1]。

　融資判断は、定型的な制度融資やスコアリング融資を除いて、そのほとんどがこの常識圏の範囲に属すると考えられる。したがって、理論の提示や最低限のルールを作成することはできるが、個別案件の判断において確定的な指針を提示できないものである。すなわち、実際の企業内容の把握は理論やルールのみによる判断の圏内にはなく、解釈や常識による幅広い判断を行う必要がある。

⑵　問題の認知とフレーム問題

　判断を行うには、まずその事象の問題点を正しく認知する必要がある。融資対象先とわれわれ金融マンの間には、いわゆる情報の非対称性が存在する。これを100％埋めることは不可能である。さらに、われわれを取り巻く市場環境や条件をすべて検討の対象とすることは困難である。情報は無限に存在する一方で、われわれの認知の能力には限界があるからである。

　したがって、限られた情報から全体像をいかに正しく推定するかが判断のカギとなる。ここでは、問題解決のために何が必要で、何を切り捨ててよいかを適切に決める必要がある。言い換えると、いかに問題を正しく認知できる情報を取捨選択するかが重要であり、これが問題認知の差となり結果として判断力の差となる。

　問題解決のために、何を必要かつ重要な情報とし、何を無視していいのかを適切に決められないことを「フレーム問題」という。何かを判断する場合、情報収集の範囲を広げれば無限の情報が存在することになる。ここでは、無視してはいけない情報と無視していい情報とをそれぞれフレームで囲んで区別することで問題解決に大きく接近することになる。

　問題の認知能力はその人がどの範囲まで認知できるかという「認知圏」と、何を軸にして問題を認知するのかという「認知軸」によって決まると考えられる。

　図表6－2で示されているように、認知圏は問題を認知できる領域であり、その人の問題認知能力を表す。これは知識や経験とその人の能力に裏付

けられるものである。たとえばAは融資経験の豊富な融資課長、Bは融資の担当者である。認知軸は、問題のどの部分に焦点を当てるかということを表す。いかに能力が高くても、問題の中心に焦点を当てなければ正しい判断ができなくなる。

図表6－2　問題認知能力の範囲

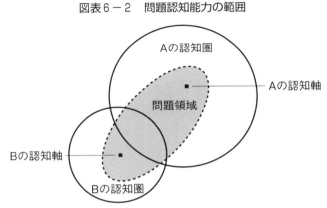

（出所）「竹内毅（1987）」を参考に筆者作成。

(3)　直感的判断と分析的判断

　われわれは物事を直感的に判断する場合が多い。たとえば、取引先を訪問し、その会社の社長と会った時、人相のよくない人であったとする。また、会社の事務所や工場が掃除されておらず、社員にも覇気が感じられないようなケースがある。このようなときは、融資を回避すべきと直感的に判断することがある。

　特にベテランの直感は長年の経験と知識により培われるものであり正確な判断を導くことが多い。この直感はいわゆる「勘」であり「五感」（視覚、聴覚、嗅覚、味覚、触覚）で感じられない第六感である。決して非科学的なものではなく、その人の潜在意識で計算・分析され、意識に向けてシグナルを送るものと考えられる。

人間の思考モードは、直感的部分と分析的部分の二つから形成されている
といわれる。直感的部分はシステムⅠといわれ、自動的に高速で働き、努力
をほとんど要しない。直感的、連想的、迅速、自動的、感情的、並列処理、
労力がかからない等の特徴をもつ。分析的部分は、システムⅡといわれ、複
雑な計算など頭を使わねばならない困難な知的活動を伴うものである。分析
的、統制的、直列処理、規則支配的、労力を要するといった特徴をもつ。

　これらは明確に分離できるものではなく、複合的に存在している。たとえ
ば、車を運転する場合、運転し始めて間もない頃は、動作を確認しながら行
われる。そして、少し慣れると通常は無意識のうちに運転を行う。ここで
は、システムⅡからシステムⅠに処理が移行したと考えられる、また、新車
に買い替えたときや、偉い人や大切な人を乗せるとき等は、慎重になるあま
り運転がぎこちなくなることがある。このような場合はシステムⅡが働く
ウェイトが高くなる傾向にあるといえよう。

　なお、システムⅡの役割には、システムⅠをモニターすることがある。シ
ステムⅠの決定を監視したり、承認したりあるいは決定を変更させることも
ある。融資判断に照らすと、直感的に回避しようとした案件に対して、数値
に基づく客観的分析を行い理論武装するような場合がこれに相当する。もち
ろん、このように労力をかけた結果として、当初の直感的判断が否定され、
方針を変更し案件を取り上げる場合もある。

　しかしながら、システムⅡは労力を伴うものであり、これがうまく働かな
いとバイアス（偏見）を発生させることとなる。もとより、システムⅠはだ
まされやすく、信じたがるというバイアスを備えている。疑ってかかるのは
システムⅡの役割であるが、これが怠けてしまうのである。そして、システ
ムⅠで得られた自分の信念を肯定する証拠を意図的に探すことになる。これ
を「確証バイアス」という。

　また、好ましい人がいると自分の目で確かめていないことまで含めてすべ
て好ましく思うことは「ハロー効果」といわれる。たとえば、会社の社屋が
立派であるとその会社のすべてがいい会社にみえることなどがある。これ
も、システムⅠが持ち合わせるバイアスである。システムⅡを働かせないと

判断を誤ることになる。

(4) 常識的判断とは何か

前述のように、融資可否の判断は、多くの場合マニュアルや規定をそのまま適用するのではなく、解釈や常識による幅広い判断により行われる。

「常識とは容易に頭に浮かびほぼ適切な判断結果をもたらす行動規範である」。[2] これは、次に述べるヒューリスティクスの一種と考えられる。どのような事象でも、究極的には常識に反するものはほとんどないといえる。いかにその事業の有効性が厳密に語られても、そのなかに常識から外れる部分があるような場合には疑ってかかる必要がある。

また、たとえば融資申込先の事業が複雑で、これを理解するには専門的な科学知識が要求されるような場合がある。このような場合には「本当に事業化が可能であろうか」という常識的な見方をすると、意外と簡単に糸口がつかめる場合がある。

2　ヒューリスティクス

「ヒューリスティクス」とは、問題解決や、不確実な事柄に対して判断を下すときに、明確な手がかりがない場合に用いる便宜的あるいは発見的な方法である。すなわち、どこから手をつけていいかわからない問題を解くための鍵で、表現を変えると、判断を行うに際しての「近道選び」である。前項で述べたように「常識」はヒューリスティクスの一種と考えられる。この「ヒューリスティクス」は、問題認識や解決のスピードを速める有用なものであるが、一方で誤った判断を招くという危険性もある。

この結果として発生する間違いはバイアスと呼ばれる。2002年にノーベル経済学賞を受賞したダニエル・カーネマンは、この「ヒューリスティクス」によるバイアスは人間の思考プロセスに共通にみられる構造的なものであると唱えている。

融資判断においては、事象や問題が完全に姿を見せ、これを把握したうえで判断を行うことは不可能である。前述のように、いわゆる、情報の非対称性が融資対象先とわれわれの間に存在する限り、これを完全に埋めるのは困難である。そこで、われわれはこの「ヒューリスティクス」を特に意識せずに活用している。

　以下では、三つの代表的な「ヒューリスティクス」である、「利用可能性」「代表制」「係留効果（アンカリング）」とその他の「ヒューリスティクス」について、これらがわれわれの実務上にどのように表れるかを考える。

(1) 利用可能性

　「ヒューリスティクス」の第一のものは、「利用可能性」といわれ、ある事象が出現する頻度や確率を判断するときに、過去の事例を思い出し、それに基づいて判断することである。ここでは、過去の記憶が大きな役割を果たすが、手っ取り早く思い浮かぶ情報を優先させて判断しがちである。思い出しやすい事象に関しては過大な確率を与え、思い出しにくい事象については過小な確率を与えることになる。

　しかしながら、記憶とはあいまいなものであり、その内容はさまざまな原因によって改変されたり、一部しか覚えていなかったりすることが多い。したがって、頭に浮かぶことが必ずしも、その事象の頻度や確率を表していない場合にはバイアスが生じることがある。

　われわれの頭に浮かびやすい要素には、その事象について特に知識をもっているという「親近性」、ニュースなどでその事象を聞いたことがある「重要性」、事象が個人的に関連をもつ「属人性」、最近起こった事象である「最近性」等があげられる。

　たとえば、飛行機事故の確率は自動車事故の確率よりかなり低いことが一般に知られているが、一度墜落事故が起こると飛行機はすべて危ないと感じてしまうことがある。

　融資業務に関して述べると、最近発生した事例に電気器具製造業の倒産があると、過去にはあまり例がなくても、すべての電気器具製造業者はすべて

危険であるという過剰反応を示すことがある。

(2) 代表性

　ある集合に属する事象が、その集合の特性をそのまま表していると考えてその発生可能性を判断する方法である。すなわち、ある事象が、それが属する集合を代表していると考えてしまうことである。

　本来厳密な統計に基づかなければならない状況、たとえばAがBに含まれる確率はいくらかという問題設定にもかかわらず、確率に基づく判断ではなく「AはBにどれくらい似ているか」「CはDをどれくらい代表しているか」といった基準で主観的に判断してしまう傾向である。

　たとえば、過去に倒産に遭遇した会社にはカタカナの会社が多いと、カタカナの会社はすべて危険だと感じてしまうというような偏見が生じる（実際何人かの先輩のなかにはカタカナの会社には気をつけろといっていた人がある）。あるいは、ある業種で過去に引っかかりを経験していると、同業の案件で特に慎重になりすぎる場合などがある。

　ところが、カタカナ名の融資先の取引件数は実際には非常に多く、カタカナ名の会社の倒産が多いのも自然である。

　また、業種別の融資先の倒産分析を行う場合、たとえば卸小売業の倒産件数が多いと卸小売業に融資するのは危険であると結論づけてしまうことがある。ただし、融資先における卸小売業の件数のウェイトが高ければ当然そのような結果が出てしまう。

　会社の本社社屋や応接室が立派であると、つい経営内容もいい会社にみえてしまうが、これも代表性ヒューリスティクスのひとつである。社屋が立派な会社は、いい会社を代表していると考えてしまうのである。

(3) 係留効果（アンカリング）

　カーネマンとトヴェルスキーが行った次のような有名な実験がある。

　宝くじの当たり番号を決めるときなどに使う数字を書いた回転式の円盤に

は 0 から100までの数字が書かれている。一つの円盤は必ず10で止まるように、もう一つの円盤は必ず65で止まるように仕掛けておいた。そして、オレゴン大学で参加者を集め、二つのグループに分け、円盤を回し、止まった時の数字をメモするように指示した。一つのグループは10でもう一つのグループは65で止まっている。そのあとに彼らは次のような2種類の質問をした。

「国連加盟国に占めるアフリカ諸国の比率はあなたがいま書いた数字よりも大きいですか、小さいですか？」

「国連加盟国に占めるアフリカ諸国の比率はどれくらいでしょうか？」

その結果、10を見せられたグループの答えた比率の平均は25％、65を見せられたグループは45％だったのである。

　この実験にみられるように、ある事象について、ものの大きさや価格などの計量的なものを予測するとき初めにある値の情報が与えられると、その値から調整を行って最終的な予測値を確定してしまう場合がある。これが係留効果（アンカリング）という「ヒューリスティクス」である。ここでは、最終的な予測値が最初に設定した値に引きずられてしまうというバイアスが生じている。船が錨（アンカー）を下ろしていると、錨と船をつなぐとも綱の長さの間でしか動かないということを例えて、このバイアスは「アンカリング効果」とも呼ばれる。

　また、不動産業者を対象とした、次のような実験がある。

　不動産業者が家を査定するように求められた。彼らは家を点検し、その家に関する説明書を読み、その後に査定価格を回答した。説明書には家の特徴や、同等の家に関する最近の売却価格が掲載されていたが、売主の売却希望価格も記載されていた。実験のねらいは、この売却希望価格を操作して示すことであった。結果として、より高い売却希望価格を示された業者は平均的に10％以上高い価格を回答した。ただし、査定価格に影響した上位三つの理由を聞かれると、売却希望価格と回答した業者は10％以下だったのである。

　これは、物事をどう評価すべきかについて、明確な考えをもっていないと

恣意的なアンカーに影響されてしまうという教訓である。

（「ロバート・J・シラー（2004）」P.134）

　なお、この「アンカリング効果」から、前述した「確証バイアス」といわれる傾向が生じる。たとえば、融資判断において、いったん否決の判断を下すと、その判断から離れられなくなる場合である。その後新たな情報を得た場合にも、自身の意見である否決を決定づける情報ばかり集め、肯定的な情報を無視し、自分の判断を補強する情報とするバイアスである。

　さらに、この「確証バイアス」からは、「自信過剰」という傾向が生じるとされる。人は自分自身の能力を過大評価するという習癖をもつことが知られている。

　特に企業内においては、権限を保有するものにこの傾向がみられる。たとえば、審査部などの決裁権限者に対しては、決裁をもらう立場である営業店は完全な対等の立場で接することができない。これが権限者に自分自身の考えることは常に正しいと錯覚させ、自信過剰にさせる要因になる。融資審査にあたるものは、常に謙虚な姿勢で研さんを積まねばならない。

⑷　感情ヒューリスティクス

　融資案件審査を行いその可否を決定する場合、最終判断はヒューリスティクスに基づく場合がある。たとえば、本部審査役は営業店の支店長や融資部門の管理職を経験しているものが多い。このような経験から営業店から申請される案件の債務者を知っている場合もある。このとき、過去に親しくしていた先には甘い審査を行う場合がある。逆に関係がよくなかった先には定性的な問題ありとして審査を厳しくするかもしれない。

　これらは、審査役が顧客を知っており、重要な定性情報を把握しているとも考えられる。ただし、これは現時点での情報ではない。また、本来本部審査役は営業店から送られる融資申請書により、書面上で客観的判断を行わねばならない。たまたま、顧客を知っているかどうかということで判断の基軸がぶれることは合理的ではない。ここでは知っているということが、ヒュー

リスティクスとなるが、これは「感情ヒューリスティクス」と呼ばれるものである。

　また、営業店から申請される案件で、それにかかわる支店長や担当者により審査の基軸がぶれる場合がある。たとえば、支店長が審査に当たる審査役と親しい友人である場合と嫌いな支店長である場合とでは前者の案件がよくみえる。あるいは、担当者が優秀な行員である場合「彼が推す案件なら大丈夫」と考えることがある。これらも「感情ヒューリスティクス」といえよう。

⑸　後知恵バイアス

　融資を実行するかどうか迷っていた融資先が倒産した場合、「やはり倒産したか。危ないと思っていたのに」と悔やまれる場合がある。このように、結果が出てからあたかもそれを予見していたかのように考えてしまうことがある。これを「後知恵バイアス」という。たしかに、判断の時点で融資するかどうか迷っていた案件であることは間違いないが、判断した時点では、融資することが正しいと考えこれを選択したはずである。それにもかかわらず、倒産が発生した後では、それのみが事実として印象に残り、やめようと判断した根拠のみが過大評価されてしまうのである。

　なお、審査業務においては倒産事例の研究は重要であり、このような反省は必ず行わねばならない。その場合は、バイアスにとらわれない冷静な客観的分析を行うことが大切である。

⑹　その他のヒューリスティクス

　以上述べたように、ヒューリスティクスとは、問題全体が認知できない場合に、簡便的に判断を行う場合に利用されるもので、日常生活にもヒューリスティクスが利用されている。消費者のブランド志向や広告宣伝に頼る購入などはこのヒューリスティクスである。結婚相手を選ぶ場合に、好みの顔を重視するのも同様であろう。

　いずれも、手に入れるまで詳細が判明しないため「ヒューリスティクス」

を利用することとなる。手に入れた後に詳細が判明し、後悔することも多い。

　また、融資業務に関しては、帝国データバンクや東京商工リサーチ等の評点などもこれらに類するものである。企業格付もヒューリスティクスの一種と考えられる。

3　事例による判断トレーニング(1)

(1)　ヒューリスティクスはどのように表れるか

　ここでは、実際に現場で行われる事例に基づき、融資判断における欠陥について分析を行う。2で述べた、「ヒューリスティクス」は実際にどのようなかたちで現れるのか。次の事例で考えてみたい。

事例1

　A社は地方都市に本社を構える、電子部品メーカーであった。
　地元ではトップの一流企業であり、X銀行のY支店長自ら取引の勧誘に訪れていた。メインはメガバンクのM銀行で、ほかに地銀や第二地銀など多数の銀行取引があった。
　そのようななか、「東南アジアから部品を輸入するが、これは新しい取引分野でもあり特にほかの銀行には知らせていない。熱心に勧誘に来てくれるので、X銀行にお願いしたい。ただし、担保を入れることはできない」との話があった。内容は、輸入信用状の開設およびユーザンス、ほかに増加運転資金として3億円の融資枠の設定である。
　支店長は、地元一流企業に食い込むチャンスと小躍りした。ただ、話をする経理部長の態度がいつになく明るさがみられないような気がした。しかしながら、そのようなことはすぐに気にかからなくなり、申出通りの条件で本部承認を得た。そして、部品輸入に係る信用状開設を行うと同時に手形貸付3億円を実行した。
　しかしながら、それから数カ月後、同社は突如会社更生法を申請し、事実

上の倒産となった。同行の与信については、信用状とユーザンスは、商品や売掛金が担保されており、回収できたが、３億円の手形貸付は全額回収不能となった。

　なお、取引に際しては決算書を徴求していたが、利益計上も順調に行われており、特に問題なく思われた。後に判明したが、実際には決算は粉飾であり、赤字が継続していた。また、メイン行のM銀行が徐々に撤退しており、同行が取引した時点では、明確なメイン銀行は存在しなかった。しかも、銀行取引は二十数行におよび、これらの銀行から、無担保の運転資金借入れを行っていた。

　この事例における融資判断の欠陥はどこにあるのであろうか。いくつかのポイントをあげておきたい。

① 　財務分析など実務的な面では、まず決算が粉飾されていないかなど、決算上の不審な点を調査し徹底的にヒアリングすべきであった。他行の動向などは時系列に比較することで把握できたはずである。また、A社は地元の有力企業であり、そのような企業が粉飾などを行うはずがないという過信があった。さらに、何度も取引の勧誘に訪れるなかで、同社の技術や財務上の弱点にも目を向けなければならなかったが、やはり疑いをもたなかった。

② 　同行は融資取引を積極的に推進しており、営業店に対するノルマも厳しかった。外為取引も推進しており、店舗評価上もこのポイントが高く、融資と合わせての取引は営業店としては妙味があった。目標達成が優先され情報収集や審査が甘くなった。

③ 　なかなか取引ができなかった先とようやく取引できそうになったことで、有頂天になり取引開始時点で再度問題点を冷静にみることがなかった。経理部長の「なんとなくおかしな態度」にも不安があったはずであるが、これも深く考えなかった。

④ 　本部審査部は財務内容や他行との取引状況を分析し、冷静に判断する立場にあったが、営業店と同様の姿勢をとり冷静に判断を行わなかった。

⑤　直接同社にアプローチしていた支店長は、銀行内ではやり手と目される人物であり、審査部にもこの人のやることは間違いがないという先入観があった。

以上のような問題は後から冷静にみると、基本を逸脱した行動のように思われる。おそらくいくつかの問題点には気づいていたはずであるが、このような一流企業が危ないはずはないという先入観と、計数ノルマの達成というインセンティブが、問題を打ち消してしまったのである。

本部審査部は冷静に分析できる立場にありながら、営業店と同じレベルでの対応を行っている。やり手と目される支店長であっても、当然問題点を投げかけ、顧客からの聴取を促すべきであった。

なお、この事例では支店長自らが顧客にアプローチしていたため、店舗内でのけん制機能が働かなかった。

以上のように、問題を認知し情報収集を行ううえでの障害となったものがいくつかみられるが、ここで一歩踏み込んで科学的な分析を行ってみよう。

まずこの事例では、判断を行うための「ヒューリスティクス」（手がかり、近道）として、「地元の優良企業」という情報が最優先されている。また、なかなか取引に応じてもらえなかったという困難がこれをいっそう強力なものにしている。

本部審査部もこの点では同様である。本部は、審査を行う場合、営業店の支店長や担当者の能力も最終決裁時の一つの要素とする場合がある。特に、このような人物は職場内における折衝力も強い。そのように考えると、「やり手の支店長の案件」ということも、一つのヒューリスティクスとなっている。

なお、本事例ではヒューリスティクスが負の作用を引き起こしているが、もちろんこれが正しい判断をもたらす機会も多い。ただ、融資判断はまず疑ってかかるという視点が重要であろう。たとえば、「融資申出時の経理部長の態度」におかしな点を感じているが、融資担当役席者などの立場の異なるほかの行員が接していれば、この点に焦点を当てたかもしれない。直感的

におかしいと感じたことが融資回避という判断につながれば、そこから回避を裏付ける情報に目を向けることとなる。そうすると、メイン銀行の撤退や、粉飾決算が明らかになった可能性は高い。すなわち、おかしいと感じる「直感」がヒューリスティクスとなったのである。

後日談になるが、支店長は「融資申出時の経理部長の態度には、問題があったように思えたが、やはり思った通りだった」と述べている。また、審査部も「財務内容も取引銀行の変化も問題であり、本当は再調査を指示するつもりであった」と述べている。これらは、「後知恵バイアス」に相当する。

事例2

> B社は都市中心部に本社を構えるビルメンテナンス業者であり、大手企業や官公庁、学校等を主取引先として業容を拡大し業歴も20年以上に達していた。X銀行の担当者A君は支店の近くにある同社に何度か訪問し、経理担当者とは接点をもつものの特に進展はなかった。
>
> 訪問を開始してから半年くらい経過したある日、本社に訪問するとたまたま社長が居合わせ、面談する機会を得た。都心の好立地にあるビルの本社フロアの社長室は立派で、社長もそれなりの人物に思えた。社長は、「当社は毎期売上げを伸ばしており、増加運転資金の需要はある。取引銀行は積極的であるが、資金枠はいくらあってもよいので運転資金を融資してもらってもよい。いま、Y行にも声をかけているので、決定の早いほうで借りることにする。ただし担保はないよ」との回答であった。そして、その場で決算書を3期分預かった。
>
> 社長がいうように、P/Lをみると、毎期売上げ増加は著しく、利益もコンスタントに計上していた。B/S上では純資産も認められた。また、信用調査会社の評点もまず良好であった。そこで、増加運転資金の需要は妥当であり、回収も特に問題ないものと判断した。そして、今回の案件は店長権限内であったので、店内稟議承認を得て1億円の融資を実行した。
>
> その後、同社の経理担当者からさらに追加融資の申出があった。ただし、今回は店長権限を越える融資のため、本部に申請を行った。ここで、審査部から、同社は売上げが増加し利益も計上しているが、経常収支は連続してマイナスであり、資金繰りが非常にタイトであること、受取債権の回転期間も悪化しており、粉飾決算の疑いがあることを指摘され、案件は否決となった。

数カ月後、同社は突然自己破産を申し立てた。直接の原因は、主要取引先の倒産により多額の回収不能が発生したことであるが、その後、5年以上前から粉飾決算を行っていたことが判明した。増加運転資金として実行された融資は、回収不能となった売掛債権を埋める資金であった。

　財務分析能力の未熟さであるといえばそれまでであるが、表面上の売上げや利益のみに目を奪われ、踏み込んだ分析が行われていなかった。すなわち、問題に対する焦点の当て方が、専門的知識を有する審査役と異なっている。

　店内でもこの程度の分析は当然行われるべきものであるが、即断をせまられ、詳細に目が向かなかった結果である。

　また、ここでもヒューリスティクスの誤った利用がある。立派な社長室や、社長のもつ雰囲気に惑わされ、疑いをもたなかったのである。立派な社長室だからといって、この会社の経営状態がいいことにはならない。前述した代表性ヒューリスティクスが判断を誤らせている。

　さらに、信用調査会社の評点もヒューリスティクスとなっている。格付や評点は企業の実力をみるうえでの一つの指標ではあるが確実なものではない。個別案件の可否については、踏み込んだ分析を行わなければならないことはいうまでもない。

(2)　常識的判断とフレーム問題

事例3

　Y社は地場の中堅運輸会社であるが、売上げは伸び悩み、じり貧の状況にあった。そこで、経営の立て直しを図り、ほかの事業分野への進出を模索していた。そのようななかで、運送に利用する木箱製作の技術を建築に活用できないかと考え、多方面からブレーンを集め、短期間で完成できる工法を考え出した。

　いわゆるプレハブ工法をまねて木造住宅を建築するというもので、すべての材料を工場でつくり、現場で組立て作業を1日で行うものであった。

マスコミや外部の有識者をうまく活用し、実際にテレビ放映もされた。いくつか受注もとれ、これらの開発費用と運転資金をA行に申し入れた。なお、同社はA行の役員とも親しく、これらの資金を前向きに検討するようにとの役員からの指示もあった。

　A行B支店は同社の代表から事業内容を聴取したが、この事業に関する特長は以下のようなものであった。

① 　工法自体が画期的で、特許を申請中である。たとえば、組み立てに利用するボルトも研究を重ねた結果出来上がった特殊なものである。技術的なものは、大学などでテストずみで問題がない。

② 　木箱の製造技術を応用したもので、多角化の一環として妥当性がある。定年退職後の社員を再雇用してこの現場の作業を行っており、低コストである。

③ 　現場で、1日で組立てできるので、通常の住宅に比較して大幅にコストを削減できる。また、建替えなどでは、仮住まいの費用を大きく軽減できニーズは高いと思われる。

　以上のような点をふまえて、B支店は審査部に融資資金枠設定の申請を行った。

　審査部ではC次長がこの案件の審査にあたったが、直観的にこの案件に疑問をもった。大手ハウスメーカーでもできないことが、この分野に関しては素人である運送会社に本当に可能であろうかという疑問である。

　そこで、C次長は直接大学教授やテレビ局が参加する会合にも出席させてもらった。そこでは、このプロジェクトの技術的なものや事業化の議論が行われていた。実際に、ボルトを使って現場で組み立てるという工法等、技術的な面は特に問題ないと思われた。

　そのうち、実際に1日で家が建つ場面がテレビ放映された。大学教授やマスコミなどを巻き込んだこのプロジェクトに対する融資は、同行内でも前向きに考えていいのではないかという意見が大半であったが、それでもこの案件に対する疑念がぬぐえなかった。

　そこで、建築資材を製造する工場を見学することになったが、ここでは、次のような光景がみられた。資材の切断など、現場の作業にあたっているのは、60歳を超えた老人ばかりで、動作はきわめて緩慢であった。そして、彼らに作業の工程を聴取すると、そのからくりが明白になった。たしかに、現場ではボルトを使って組み立てるだけで、1日で家が建つが、そこに至るまでに、工場内では何か月も時間をかけていたのである。

> しかも驚いたことに、工場内で一度家を完成させ、それをまた解体して現場に搬送し、再度組み立てていた。このように工場内で相当な日数と労力をかけるというきわめて効率の悪い工法であることが判明した。当然これらのコストを考えると、まったく事業化は不可能なプロジェクトであった。

　ここにみられるB支店の判断の欠陥はどのようなものであろうか。

　役員とつながりの強い会社であったため、営業の現場では取組みを行うことを前提として対処していた。

　大学教授などのお墨付きをもらった工法、低コスト、同社の技術を応用した多角化という要素に加えて、マスコミや有識者も前向きに取り上げている。しかも、役員が後押しするプロジェクトがうまくいかないはずがないと考え、本来の事業化の可能性を検討することを怠っていた。

　多角化という言葉は、前向きの聞こえのよい言葉であるが、実際には本業で行き詰まったなかでの苦肉の策とも考えられる。現在の技術や市場が活用できる分野への進出が前提となるが、本事例でも木箱製造の技術が活用されたように思われた。しかしながら、実際には建築の技術とはほど遠いものだった。

　社長は一見インテリ風で弁も立ちそれなりの人物であるように思われた。事業計画も信ぴょう性があるように思われたが、一歩踏み込んだ情報収集を行えば、容易に計画の問題を見抜けたはずである。

　ここでみられる、C次長と営業店の担当者との差はどのようなものであろうか。もちろん、本部と営業店という立場の違いはあるが、明らかに問題のとらえ方や判断のプロセスに違いがみられる。

　まず、C次長は、判断の根拠に「常識的な網」をかぶせている。運輸業者が急に建築業界に進出できるのであろうかという疑問である。

　次に、詳細に立ち入るのではなく、「大局的判断」を行っている。大学教授は理論や技術面、マスコミはニュース性をそれぞれ重視しているが、事業性評価は別途検討すべきものと考えている。新技術や特許という言葉にも惑わされず、問題の焦点を最も重要な事業化が可能かどうかに当てている。し

たがって、情報収集もこの点に絞り込んでいる。

　さらに、いくつかの情報を問題の認知や判断に必要か不要かに分類し、必要なもののみを判断の根拠としている。

　物事にのめりこむと、無視してよいことといけないものを見極めるのがむずかしくなる。このような問題は「フレーム問題」といわれる。すなわち、問題解決のために関連があるものを「無視不能フレーム」に、関連がないものを「無視可能フレーム」に入れることの判断ができないという問題である。

　本事例においても、いくつもの情報がある。本文中には書いていないが、たとえば経済情勢や建築業界の動向など、情報は無限に存在する。われわれの認知能力には限界があり、ここであらゆる情報や条件を検討して、方針を決定することは不可能である。このような状況下では必ず「フレーム問題」が発生する。

　実は、ここで力を発揮するのが「常識」である。本章1で述べたように「常識とはあまり深く考えずに直感的に浮かんでくる、ほぼ適切な結果をもたらす行動規則」である。たしかに「常識」には偏見（バイアス）が生じる可能性はあるが、それでも問題解決に十分力を発揮するのが「常識」である。

　C次長はこの「常識」というヒューリスティクスを利用して、「フレーム問題」を解決し正しい判断に到達している。

(3)　アンカリングと調整

事例4

> 　A支店からB社の融資金利の引下げ申請が行われた。現在2％の金利を他行競合上1％に引下げするという内容であった。本部審査役は1％もの大幅な引下げは問題であり、1.50％にとどめるよう指示した。

　商品の売買では、売り手は本来交渉可能な金額より高値を提示するケースが多い。この提示額がいわゆるアンカーとなり、その後の価格交渉はこれに

振られることになる。

　また、家電販売店などで、希望小売価格と値引き後価格が示されている場合があるが、値引き後価格に誘われて購入してしまうことが多い。希望小売価格がアンカーとなり満足感を与える。ここでは、前述した係留効果（アンカリング）というヒューリスティクスが働いている。

　事例4では、当初申請された1％という金利がアンカーとなって審査部の判断もこれに縛られている。これが1.50％であれば、どのような結果となっていたであろうか。1.75％の指示を与えていたかもしれない。

(4)　保有効果と現状維持バイアス

　昨今、企業の資金需要が低迷するなかで、各金融機関は積極的な融資施策を展開しているが、ここでは融資のボリュームを重視するあまり、収益性やリスクを軽視した肩代わりが行われるという事例も散見される。まさに、地域内や業界内で泥仕合が行われるという様相を呈している。最近の融資市場における各金融機関の融資姿勢にかんがみ、本事例より肩代わり時の行動分析を行ってみる。

事例5

　A社は電機部品メーカーである。リーマンショック以降売上げが低迷し、以前借入れした設備投資に係る融資金が返済できず、返済額軽減の条件変更を行っていた。

　ここ1、2年業績は持ち直し利益も計上できるようになってきたため、B銀行からは返済額の増額を促していたが、一向に応じる気配がなく、銀行からは問題先とされていた。

　このような状況下で、C行から低利を条件に全額肩代わりの提案があったことをB行に伝えてきた。

　当初B行は問題融資を解消できるチャンスととらえ、そのまま肩代わりに応じるつもりであった。しかしながら、同社への融資金は5億円と多額でこの減少は店舗の業績評価に大きく影響する。考えてみれば返済額は軽減しているものの、元本も利息も確実に支払われている。ここで、同社を手放すことは大きな損失になると考え、方針を180度転換してしまった。結局、肩代わ

りに来た他行金利に近づけるため、金利を大幅に引き下げして肩代わりを防衛せざるをえなくなったのである。

　その後、A社は再び業績不振に陥り、数年後に倒産してしまった。結果的に、B行は多額のロスを発生させることとなった。

　ここでみられるのは、人間の「損失回避性」である。

　「損失回避性」とは、損失は同額の利得よりも強く評価されるという人間の性質である。すなわち、同額の損失と利潤があったなら、その損失がもたらす不満足は同額の利潤がもたらす満足よりも大きく感じられる性質である。

　「損失回避性」が人の行動に与える影響は二つあるといわれる。「保有効果」と「現状維持バイアス」である。

　「保有効果」は「あるものを手放すことは損失と感じられ、手に入れることは利得であると感じられる」ことである。したがって、損失を避けるならば保有しているものを手放そうとせず、実際に所有しているものに対する執着が生じるのである。

　また、実際に発生した損失と機会損失とでは、実際に発生した損失のほうが機会損失よりも大きく評価される。すなわち、実際に支払った費用は過大評価され機会費用は軽視されることが確認されている。本事例では、この「保有効果」が銀行側に生じている。

　なお、ここで注意する点は、バイアスにより基準点が大きくぶれてしまったことである。「保有効果」が当初の方針を大きく変化させている。ここでは、不良債権を手放せっかくのチャンスを逃したのかもしれない。最終的な判断を行う際には、このバイアスを意識し、冷静な対応を行わねばならない。

　「現状維持バイアス」は、「人は現在の状態からの移動を回避する傾向にあること」をいう。特にいやな状態でない限り、現状からの変化はよくなる可能性と悪くなる可能性の両方がある。そこで、前述した「損失回避性」が働けば、現状維持に対する志向が強くなるのである。本事例ではこれは顧客側

に生じている。

　同社は条件のよいC行にすぐには乗り換えず、B行にC行の条件を伝え、駆け引きを行っている。もちろん、過去からの取引関係は金利の高低のみで簡単に崩れるものではなく、B行に相談を持ちかけるのは当然の行為である。

　結果的にはC行と同レートまで引下げを行わなくてもB行との取引を継続しているが、ここでは「現状維持バイアス」が働いたといえる。

　顧客との関係が密接であればあるほどこのバイアスが強く働くはずである。日常的に顧客との良好な関係を形成することが重要であろう。また、後継者との接点をふやすことも大切である。先代からの経営をバトンタッチした時点では、「現状維持バイアス」が強く働かないからである。金利など条件のよい金融機関に簡単に渡り歩く融資先もあるが、彼らにとっては現在取引している銀行との関係が「現状」になっていないといえよう。

(5)　近視眼的判断

事例6

　A行B支店では今月の融資目標にあと1億円というところまで来ていた。しかしながら、月末が迫るなかでそのメドが立たない状況にあった。来月になれば予定している設備資金の案件もありすぐに挽回は可能であることはわかっていた。

　そのようななか、融資担当のY君は以前取引先C社が融資を受けているD行の肩代わりを提案したことを思い出した。ただしD行の金利は低く、この肩代わりを行うには1％以下の金利を提示する必要があったため、支店長の応諾を得ることができなかった。ちなみに、A行の金利水準は2％程度であった。

　Y君は、あれから時間も経過しており、いまなら取組みが可能かもしれないと考え支店長に相談を持ちかけた。支店長も、金利は低いがこの案件を実行すれば今月の目標は達成できると考え、肩代わりを積極的に進めるよう指示を出した。

　Y君は早速同社を訪れ社長に肩代わりを勧めた。そこで、社長から逆に提

示された条件は次のようなものであった。D行では1億円の借入れがあり金利は1％である。まずこの金利を下回ること。同時に、A行の金利は他行に比べて高めであり、既存の借入金利の引下げも実施してほしい。

　Y君はこの話を支店に持ち帰り、支店長と相談した。そして、次のような提案を行うことにした、肩代わりの金利は0.90％とする。同時に既存貸出金2億円の金利を2％から1.50％に引下げを行う。結果的には、C社からこの提案が受け入れられ、B支店は当月の融資目標を達成することができたのである。

　これも肩代わりの事例である。

　禁煙はむずかしい。健康を考えると、禁煙は将来の大きな利得となる。しかしながら、つい目前の小さな利得、すなわち一服のたばこを選択してしまう。このように、目前の小さな利得に目を奪われて将来の大きな利得を失ってしまうことを、将来より現在を重視することから「現在志向バイアス」という。また、目先のものにとらわれることから、「近視眼的」ともいわれる。

　本事例では、当月の融資目標という目前の利得に目を奪われ安易な行動に走ってしまっている。肩代わりにより融資金は増加しても結果的には貸出金利息収入は減少し、信用リスクは増大している。

　このように、店舗の全体的な目標は達成されていても、個別の取引をみると矛盾した行動がみられることがある。店舗の業績評価手法自体に問題があるといえばそれまでであるが、銀行全体の究極的な目標がどこにあるのかを考えれば、このような行動は許されないであろう。「ボーナスは自分に、リスクは銀行に」という、モラルの問題にも発展する。

4　事例による判断トレーニング⑵

　3では、主としてヒューリスティクスが融資判断に及ぼす影響を事例に基づき述べた。ここでは「フレーミング効果」等融資判断を誤りに導く、その他の注意すべき要因について学ぶ。

(1) フレーミング効果

事例7

> 統計モデルから1年以内に倒産する確率が2%と計算された企業の融資案件がある。2%の倒産確率は一般的には決して小さくはない。審査役がこの点を指摘し「この先は倒産確率が高く融資を行うのは危険である」といった。
> すると、起案した担当者は、「大丈夫です。この先の1年後の生存確率は98%です。つまりこのレベルの債務者のほとんどは1年後には存在していることになります」と答えた。

人間の意思決定は、質問や問題提示のされ方によって大きく変わる。「朝三暮四」ということわざがあるが、これは、ごまかしてうまく丸めこむことを指す。一方で、大局を見失い、目先の利益にとらわれて将来の利益をなくすことをいう。

春秋時代、宋の国に狙公という猿好きでたくさんの猿を飼っている人がいた。ところが急に貧乏になり、猿に与えていたどんぐりの数を減らさざるをえなくなった。まず猿たちをだましてこういった。「エサのどんぐりの実を、朝三つ、夕方四つにしようと思う」すると予想通り猿たちは立ち上がり怒りだした。そこで「それなら、朝四つ、夕方三つにしよう」といった。すると猿たちはみな大喜びをした。結果としては、どちらもどんぐり七つで同じ数だが、猿たちは目先の数がふえたことで、喜んでしまったのである。
（列子［黄帝］）

問題が表現される方法を、判断や選択にとってのフレームと呼び、これが異なることによって、異なる判断や選択が導かれることを「フレーミング効果」という。

本事例のように目的意識が異なると、同様の債務者でもまったく異なった見方をしてしまう。すなわち、着眼点を倒産確率から生存確率に変えれば

まったく違った見方に変わることを示している。

　一方、同一の問題が表現を変えて示されたとしても、選好や選択に影響を及ぼさないことを「不変性」という。融資案件では、営業店と審査部は同一の事象をみている。審査基準が統一されていれば、可否の結論は同様となるはずであるが、そうはならない場合がある。

　融資稟議の起案は営業店がこれを行うが、融資案件の本部承認を得ることが目的である。ここでは、案件のメリットを強調した表現になろう。一方本部審査部では、その案件の問題点に目を向け客観的な指摘を行う。営業店と本部審査部では利害が対立する関係となる。ここでは「フレーミング効果」がみられる。

　もちろん、どのように表現されようと事実は一つである。客観的事実のみを冷静にみることが大切である。

(2)　サンク・コスト

事例 8

　A社は地場の中堅不動産業者である。B行では同社に対して分譲用地購入資金を融資していたが、利便性がよくなく、売却が思うように進まなかった。結局この融資金の一部は延滞となり、ロスが発生する可能性が高くなった。B行では何とかA社から融資を回収したいと考えていたが、そのような折、A社から大口の分譲用地購入の話が持ち込まれた。本来大手業者が購入して分譲する予定であったが、特別なルートでA社が購入できることになったというものである。

　既存の延滞債権は3億円程度であった。今回の案件は10億円を超えるものであったが、事業計画通りに完売できれば当該融資は容易に回収でき、既存の延滞債権も回収可能である。検討の結果B行ではこの融資に応じることとなった。

　しかしながら、予定通りに販売は進まず、結局この融資も不良債権化し、さらに傷口を深めることとなった。本来A社には事業能力なしとして、当初発生したロスの回収とは切り離して考えるべきであったのである。

過去に支払ってしまって取り戻すことのできない費用をサンク・コストという。現在の意思決定には、将来の費用と便益だけを考慮すべきで、サンク・コストを計算しないことが合理的とされる。しかしながら、サンク・コストは将来の意思決定に影響を及ぼす場合が多い。

　過去にすでに実行した融資金は、この融資先が倒産すると金融機関の損失が確定してしまう。これはいわゆるサンク・コストとなる。そこで、これらを回収するために、新たに追加支援を行うという行動が発生する。

　しかしながら、冷静に考えると不良化した融資先はもとより事業能力のない企業である場合が多い。その企業に追加融資を行うことは、さらに傷口を深めることとなることは十分予想できるはずである。それにもかかわらず、サンク・コストを考慮したために不合理な決定をしてしまうのである。

　サンク・コスト効果はなぜ生じるのであろうか。一つは、「もったいない」とか「無駄にするな」という幼少時からわれわれが聞かされてきた言葉がある。つまり、古来のこのような考えがヒューリスティクスの一種となって働くのである。ただ、一方では、「覆水盆に返らず」ということわざもある。「覆水」は、こぼした水のこと、「盆」は、水などを入れる器で、一度こぼれた水は、二度と器にもどることはないという意味である。これはサンク・コストを考慮するなというヒューリスティクスである。

　もうひとつは、「評判を維持」するために行われるものである。たとえば設備投資資金を融資した後で、予測していなかった追加資金が発生したとする。この追加資金を考慮すると、設備導入後の予想キャッシュフローで投資資金が回収できないことがわかっていても、いままでの融資金が無駄になってしまうことを恐れて追加融資に応じてしまうのである。ここでは、融資決定者やそれを決定した組織が自らの決定が失敗であったことを認めたくない、あるいはそのような悪評が立つのを恐れるあまり、融資を中断できなくなるのである。

(3) 定性情報のわな

事例 9

> 融資判断の可否をめぐり次のような会話がなされていた。
>
> 融資担当役席：「この企業は大丈夫かね。売上げが減少し、利益もわずかしか計上していない。経常収支や営業キャッシュフローもマイナスとなっているが」
>
> 担当者：「問題ありません。有名な地元の老舗企業で、私もよく知っております。社長は真面目で事業意欲も旺盛です」

　われわれが選択や決定をする場合、その選択や決定を、納得のいく理由づけやストーリーにより正当化しようとする。そして、十分な理由があって選択が合理化できれば、たとえその選択に矛盾があってもその決定が行われる場合がある。たとえば、ロバート・J・シラーは、「株式市場における一般投資家は、株式に関する収益率などの量的指標よりも、その会社や製品についての歴史や世間での評価などの『物語』に影響されやすい傾向がある」[3]と述べている。

　企業融資においても、判断材料とならない定性情報に影響される場合がある。特に中小企業向け融資は、財務諸表などの企業の定量情報に加えて定性情報を重視すべきであるといわれる。ただし、これは定量情報を無視していいというものではない。あくまで定量情報に定性情報を加味することが前提である。

　にもかかわらず、財務面に目を向けず定性情報中心に判断を行うケースがある。たとえば、事例にみられる「地元の老舗企業」という漠然とした情報等がそれである（「金融検査結果事例集」にも同様の問題を掲げている。第3章参照）。定性面は企業経営に影響を及ぼすが、それは業績の結果として必ず企業の財務情報に現れるものである。逆に、業績として現れなければ特に問題にする必要がない。

　したがって、まず財務分析を行い、その結果から企業の財務実態等のイ

メージを描くことが大切である。すなわち、企業の長所・短所などを財務分析結果から読み取り、企業の現在の状態について仮説を立てるのである。

たとえば、「利益は出ているのに、経常収支は連続してマイナスになっている。この原因は売掛債権の増加にある。同科目の回転期間も長期化している。このような状況では粉飾が疑われる。不良債権を抱えているのか、取引上の支払条件が悪化しているのかどちらかだが…」などの仮説を立て、これをもって企業にヒアリングを行ってみる。

これらを糸口として、たとえば取引先との関係や代表者の経営姿勢などの定性情報を取得できる。このように、問題意識をもって定量情報と定性情報を関連づけて情報収集を行わないと、漫然とした断片的な情報しか取得できない。

企業格付などで代表者に「経営能力がある」とか「事業意欲が旺盛である」といったような情報が定性情報の評価項目に加えられる場合があるが、そのような主観的な情報は実際には役に立たないケースが多い。人間は窮地に追い込まれるとひょう変するものである。

(4) 極端回避性と妥協効果

事例10

> A、B、C三つの融資案件がX支店から同時に申請された。
> いずれの案件も、問題を抱えたものであるが、それぞれリスク度が異なる。
> Cは回収が非常に危ぶまれる案件で、箸にも棒にもかからないものである。Bは、次に回収が困難となる可能性が高い案件である。Aは本来取組みがむずかしいが3案件のなかでは比較的リスク度は低い。審査役は、迷った末に、Aの案件のみを承認した。

選択や判断は状況により変化するものである。

この事例で、たとえば、Cの下に、さらにレベルの低いDやEがあるとどうであろうか。ここでは、Bも承認される可能性がある。あるいは、Aと同時にリスク度の低いS_1やS_2が同時に申請される場合はどうであろうか。こ

の場合Aは否決される可能性が高くなる。

　このように、いくつかの選択肢があるなかで、同時に提示されたものに影響され、最終的な選択が変化することを「極端回避性」あるいは「妥協効果」と呼ぶ。懐石料理に松竹梅の３種類がある場合やすしに特上、上、並がある場合、竹や上が選ばれることが多い。ここでは、料理屋さんは意図的に竹や上を選ばせようとするために並や梅を置いているのかもしれない。また、ネクタイなどの販売ではあえて売れない柄を同時に陳列しておき、ほかの柄をよく見せる場合がある。この場合は売れない柄は「捨て石」となる。上の事例でいえば、BとCは結果的に「捨て石」となっている。

　一般に、金融緩和期には貸出基準が甘くなるといわれる。このような状況下では金融機関間での過当競争が行われるので、本来融資できなかった先に対しても融資を行うという審査基準の下方への移動が生じる。低レベル、すなわちリスク度の高い融資案件が同時にいくつか申請されると、本来否決すべき案件でも承認される可能性が高くなるのである。ここでみられるのは、「妥協効果」である。

(5) 時間解釈理論と大局的判断

　夏山に行く計画を立てる。実際の山行きが先のことであると、山の景色や頂上を極めた時の達成感、山小屋での食事など楽しいことが目に浮かぶ。しかしながら、山行きが近づくにつれて、持ち物、道具、車の手配など細かいことが気になり、山行きが煩わしくなってくる。このような経験は誰もがもっている。

　「人は、時間的に離れた対象に対しては、より抽象的、本質的、特徴的な点に着目して対象を解釈し、時間的に近い対象に対してはより具体的、表面的、さまつ的な点に着目して解釈する」といわれる。前者を「高次レベル」の解釈といい、後者を「低次レベル」の解釈という。すなわち、「高次レベル」の性質は、その対象がもっている本質的・中心的な性質であり、「低次レベル」の性質とはその対象がもっている周辺的・付随的な性質である[4]。

　実際の融資判断においても同様のことがみられる。時間的余裕をもって起

案された融資案件は高次レベルの解釈を行うが、時間がないと低次レベルの解釈を行うことになる。つまり、融資可否の決定までに時間がないと、周辺的、付随的な詳細事項にのみ目を奪われ、肝心な大局的判断が行えなくなってしまう。

いわば「木をみて森をみず」という結果になってしまう。近くからは木々1本1本がよくみえるが森全体のようすはわからなくなるのである。

融資判断においては、まず大局的に判断することが重要である。そこから、個々の問題点を掘り下げていく。やみくもに詳細事項に目を向けると本来の問題点を見失ってしまう。本章1で述べた「フレーム問題」、すなわち、「問題解決のために、何を必要かつ重要な情報とし、何を無視していいのかを適切に決められない」という状況に陥ってしまう。

(6) 懲罰とモラル低下

事例11

A支店のB支店長は、融資先の調査不足により数千万円のロスを発生させた。銀行内ではB支店長の責任を追及し結果として10万円の減給処分を受けた。その後、A支店ではまた判断ミスからロス発生のおそれのある融資を行った。この時点ではロスが確定したわけではないが、連続して発生した不良債権について担当役員がとがめると、B支店長は目を伏せ、「申し訳ございません。また10万円払います」といった。

融資におけるロス発生にかかわった職員は、銀行に損害を与えた責任を追及されねばならない。この責任の追及方法は各金融機関において異なると思われるが、判断ミスに係るものは客観的な原因追及はむずかしい。

ところで、処罰の効果はどのような影響を及ぼすのであろうか。

罰金などの処罰は、合理的で公平なようにも思えるが、これが本来の目的、すなわち反省を促し同様のミス発生を防止することに寄与しているのであろうか。

処罰は時としてモラルを低下させる。本事例では10万円の給与カットで罪

の償いは終わり責任を果たしたと考え、罪悪感がなくなってしまっている。罪を金銭に換えることにより、金ですむことと考えてしまっているのである。

　ここで重要であるのは、なぜ判断を誤ったかの詳細な分析であろう。関連部署（審査部、管理部等）が参加し徹底的にこれを行い、今後のリスク管理強化に生かす必要がある。

　一方、融資実行に際し、融資先との癒着やネガティブ情報の隠ぺいなどコンプライアンス上の問題があれば、厳しい処分を行わねばならないであろう。

(7)　ま と め

　以上融資判断においてわれわれが陥る問題について述べた。普段何気なく選択や決定を行っていることの中に、明確な根拠がないものもあることが理解できたかと思う。

　ただし、一方で、熟練者の勘は鋭いものがあり、これが日常的に素早く正しい判断に結びついていることも確かである。常識的判断や直感は科学的にも認知されたものである。ただ、ここで強調しておきたいのは、これらの素早い判断や選択の根拠を再確認することである。もちろんこれが前述した「確証バイアス」や「自信過剰」になってはいけない。そこで求められるのは、これらの素早い判断や選択を冷静に見つめる姿勢である。言い換えると、これらをいかに客観的にフォローすることができるかどうかが重要である。

　もうひとつ強調しておきたいのは、「結果バイアス」の存在である。たとえば、過去に成功した企業の事例が必ずしもあらゆる場面や企業にあてはまるものではないということである。簡単にいえばこれらはしょせん後付けであり結果論である。

　ダニエル・カーネマンは、著書『ファスト＆スロー』（村井章子訳上・下早川書房）で「成功した企業を体系的に検証して経営規範を導きだそうとするビジネス書は世に多いが、こうした本の魅力はハロー効果と後知恵バイア

スであらかた説明がつく」と述べる。以下も同書から引用する。

　同書では、「過去にベストセラーとなり当時絶賛された『ビジョナリーカンパニー－時代を超える生存の原則』（ジェームズ・C・コリンズ、ジェリー・I・ポラス　山岡洋一訳　日経BP社）や『エクセレントカンパニー』（トム・ピーターズとロバート・ウォータマン、大前研一訳、英治出版）に登場した成功企業の企業文化、戦略、経営手法の成功は偶然であった」と述べている。

　「実際に『ビジョナリーカンパニー』で比較された卓越した企業とぱっとしない企業との収益性と株式リターンの格差はその後ほとんどゼロに近づいている。『エクセレントカンパニー』で取り上げられた企業の平均収益も、短期間のうちに大幅減を記録している。そして、当初の差はかなりの部分が運によるものであって運は成功企業にも平凡な企業にも作用していたのであるから、この格差は必ず縮小することになる。これはいわゆる『平均への回帰』[5]で説明できる」という。

　「それでも、人は、勝利にも敗北にも必ず原因があることを好む。こうした物語は『わかったような気になる』錯覚を誘発し、あっという間に価値のなくなる教訓を読者に垂れるのである」

　筆者も、担当していた地場の優良企業のほとんどが、20年後には要注意先や破綻懸念先になったという事実を体験している。企業の成功事例は決して永続的なものではなく、結局は市場環境等に影響される部分が多いと思われる。カーネマンの主張は若干極端な感があるが、適当な解釈でわかったような気になって、本来の客観的分析をおろそかにしてはいけないという教訓である。

1　「竹内毅（1987）」pp.16-17
2　「友野典男（2006）」p.105
3　「友野典男（2006）」p.212
4　「友野典男（2006）」pp.244-245
5　平均への回帰は次のように説明できる。
　　プロ野球選手の打率は好打者でも3割程度である。たとえば、ある選手が開幕戦で4打数4安打を放ったとする。これだけみていると、この選手の打率は3割どころではない。ところが、結局シーズンの終了時点では3割程度に落ち着く。4打数4安打は単に運がよかっただけなのである。

【参考文献】

（国内文献）

有馬敏則（2012）『内外経済経営リスクとリスク管理』滋賀大学経済学部研究叢書
　第47号

池尾和人（2011）「再来する資金不足時代における銀行の役割」『金融財政事情』
　2011．4．11

石川清英（2007a）「京都みやこ信用金庫の破綻要因分析」金融庁『金融機関の破
　綻事例に関する調査報告書』（pp.43－54）

石川清英（2007b）「地域金融機関のための管理会計の概要」『地域金融機関のABC
　原価計算』近代セールス社（pp.104－117）

石川清英（2010）「判別分析による問題信用金庫の財務特性について」『信金中金
　月報』第9巻第4号（2010）（pp.61－85）

石川清英（2012）『信用金庫破綻の教訓―その本質と経営行動―』日本経済評論社

石川清英（2013a）「不動産融資に傾斜する信用金庫」『週刊金融財政事情』2013年
　4月8日号（pp.38－42）

石川清英（2013b）「信金貸出業務のトランザクションバンキング化を憂う」『週刊
　金融財政事情』2013年7月1日号（pp.34－38）

石川清英（2016）「信金業界における賃貸不動産業向け融資の現状と課題」『週刊
　金融財政事情』2016年4月11日号（pp.24－27）

一瀬粂吉編（1967）『銀行業務改善叢語』近代セールス社

宇沢弘文（2008）『ケインズ『一般理論』を読む』岩波書店

大久保豊（2003）『銀行経営の理論と実務』金融財政事情研究会

大山剛（2002）「今求められるリレーションシップ・バンキングの深化―新しいマ
　クロ経済環境に対応した、一段と濃い関係の維持強化を」日本銀行考査局ワー
　キングペーパーシリーズ2002－J－3

小川功（2002）『企業破綻と金融破綻　負の連鎖とリスク増幅のメカニズム』九州
　大学出版会

奥野忠一・山田文道（1978）『情報化時代の経営分析』東京大学出版会

亀井利明（1992）『リスクマネジメント理論』中央経済社

亀井利明（2001）『危機管理とリスクマネジメント』同文舘出版

亀井利明・亀井克之（2009）『リスクマネジメント総論 増補版』同文舘出版

金融監督庁（1999）「リスク管理モデルに関する研究会報告書」1999年7月

金融審議会　金融分科会第二部会（2009）「協同組織金融機関のあり方に関する
　ワーキング・グループ中間論点整理報告書」

日下部元雄（1997）『金融機関リスクマネジメント　増補改訂版』金融財政事情研究会

古賀健太郎（2002）「近年における管理会計の進展と銀行業への応用可能性」日本銀行金融研究所Discussion Paper No.2002－J－20

後藤実男（1989）『企業倒産分析と会計情報』千倉書房

後藤新一（1983）『銀行破綻史』日本金融通信社

近藤万峰（2009）『ポストバブル期の金融機関の行動』成文堂

酒井泰弘（2003）「リスクの経済学について」滋賀大学紀要彦根論叢第342号pp. 1－29

佐々木邦明ほか（1980）『融資判断の手引き』金融財政事情研究会

佐高信（1995）『失言恐慌―ドキュメント東京渡辺銀行の崩壊』社会思想社

渋谷武夫（1994）『経営分析の考え方・すすめ方』中央経済社

渋谷武夫（2005）『アメリカの経営分析論』中央経済社

島袋伊津子（2005）「銀行貸出におけるソフト情報生産に関する実証分析」PRI Discussion Paper Series（No.05A－19）財務省財務総合政策研究所研究部

島村高嘉、中島真志（2020）『金融読本』第31版　東洋経済新報社

白田佳子（1999）『企業倒産予知情報の形成』中央経済社

白田佳子（2003）『企業倒産予知モデル』中央経済社

杉山敏啓（2002）『銀行の次世代経営管理システム』金融財政事情研究会

全国信用金庫協会編（2003）『信用金庫読本』金融財政事情研究会

全国信用金庫協会編（2006）『信用金庫の経理事務』全国信用金庫協会

全国信用金庫協会編（2012）『信用金庫職員のための経済金融ガイド』全国信用金庫協会

全国信用金庫連合会「信用金庫相互援助資金制度の改正について」『信用金庫』98年10月

滝川好夫（2007）『リレーションシップ・バンキングの経済分析』税務経理協会

竹内毅（1987）『取引先判断の手引き』日本経済新聞社

多田洋介（2014）『行動経済学入門』日本経済新聞出版社

TACファイナンス研究会編（2001）『ファイナンス・経済のための統計入門』TAC出版

田中恒夫（2007）『監査論概説（第8版）』創成社

谷守正行（2002）『金融機関のための管理会計』同文舘出版

千代田邦夫（2009）『現代会計監査論』税務経理協会

戸田俊彦（1984）『企業倒産の予防戦略』同文舘出版

友野典男（2006）『行動経済学』光文社

西陣信用金庫編『西陣信用金庫創立60周年記念誌』

日本会計研究学会（2005）『倒産予測モデルの構築とパフォーマンスの検証』

日本銀行（2001）「金融機関における統合的なリスク管理」2001年6月日本銀行調査論文

日本銀行（2014）「金融システムレポート」、2014年4月

日本銀行金融機構局（2005a）「内部格付制度に基づく信用リスク管理の高度化」リスク管理高度化と金融機関経営に関するペーパーシリーズ

日本銀行金融機構局（2005b）「統合リスク管理の高度化」リスク管理高度化と金融機関経営に関するペーパーシリーズ

日本銀行金融機構局（2020）「地域金融機関における貸倒引当金算定方法の検討事例」金融システムレポート別冊シリーズ

日本銀行金融機構局（2021）「地域金融機関による引当方法の見直しと審査・管理の工夫」金融システムレポート別冊シリーズ

日本銀行考査局（2001）「信用格付を活用した信用リスク管理体制の整備」『日本銀行調査月報2001年10月号』

日本興業銀行審査部審査研修室（1988）『審査便覧』

日本公認会計士協会（2006）日本公認会計士協会監査基準委員会報告書第35号「財務諸表の監査における不正への対応」

野口悠紀雄（2000）『金融工学、こんなに面白い』文藝春秋

日向野幹也（1986）『金融機関の審査能力』東京大学出版会

広田真一・筒井義郎（1992）「銀行業における範囲の経済性」堀内昭義・吉野直行（編）『現代日本の金融分析』東京大学出版会pp.141－163

藤野次雄（2002）「協同組織金融機関の意義と課題」『信金中金月報』2002年12月号

藤原賢哉（2006）『金融制度と組織の経済分析』中央経済社

藤原裕之（2002）「邦銀の倒産確率の推定とその有用性」『リサーチ総研金融経済レポート』Volume 8（2002）社団法人日本リサーチ研究所

伏見信用金庫編集（1976）『伏見信用金庫70年のあゆみ』

伏見信用金庫編集（1988）『伏見信用金庫経営史資料　昭和59年版』

古田永夫（2007）「兵庫銀行の破綻とその背景」金融庁『金融機関の破綻事例に関する調査報告書』（pp.32－42）

村本孜（2004）「リレーションシップ・バンキング論」『信金中金月報』2004.11

村本孜（2005）『リレーションシップ・バンキングと金融システム』東洋経済新報社

森静朗（1977）『静岡・京都の信用金庫—発生と発展—』日本経済評論社

森平爽一郎（1997）「倒産確率推定のオプション・アプローチ」『証券アナリストジャーナル』第36巻第10号（pp.2－9）

森平爽一郎（2012）『金融リスクマネジメント入門』日本経済新聞出版社

湯野勉（1996）『金融リスク管理と銀行監督政策』有斐閣

湯野勉（2003）『京都の地域金融』日本評論社

由里宗之（2003）『リレーションシップ・バンキング入門』金融財政事情研究会

預金保険機構（2005a）「金融機関破綻に関する定量分析」『預金保険研究（第四号）』

預金保険機構（2005b）「金融機関に対する監督制度等変遷」『預金保険研究（第四号）』

預金保険機構（2005c）「破綻金融機関情報一覧表」『預金保険研究（第四号）』（資料）

吉川和美（2007）「八十二銀行からのヒアリング調査」金融庁『金融機関の破綻事例に関する調査報告書』（pp.55－60）

ロナルド・ドーア（2011）『金融が乗っ取る世界経済』中央公論新社

ロバートS. キャプラン、デビットP. ノートン著；吉川武男訳（1997）『バランス・スコアカード：新しい経営指標による企業変革』生産性出版

（外国文献）

Altman, E. I.（1968）"Financial Ratios, Discriminant Analysis and the Prediction of Corporate Bankruptcy", *The Journal of Finance*, Vol.23, No.4 pp.589-609.

Altman, E. I., R. G. Haldeman, and P. Narayanan（1977）"ZETA Analysis: A new model to identify bankruptcy risk of corporations", *Journal of Banking and Finance*, Vol.1. pp.29-54.

Altman, E. I., Giancarlo Marco and Franco Varetto（1994）"Corporate Distress Diagnosis: Comparisons Using Linear Discriminant Analysis And Neural Networks（The Italian Experience）", *Journal of Banking and Finance*, Vol.18, No.3, pp.505-529.

Beaver, W. H.（1967）"Financial Ratios as Predictors of Failure", in *Empirical Research in Accounting*, selected studies, 1966 in supplement to the *Journal of Accounting Research*, January 1967, Vol.4, pp.71-111.

Berger, Allen N., and Gregory F. Udell（2002）"Small Business Credit Availability and Relationship Lending: The Importance of Bank Organizational Structure", *Economic Journal, Royal Economic Society*, vol.112（477）, pages F32-F53, February.

Bliss, J. H.（1923）*Financial and Operating Ratios in Management*, The Ronald Press Company.

Blum, M.（1974）"Failing Company Discriminant Analysis", *Journal of Accounting Research*, Vol.12, pp.1-25.

Boot, A. W. A.（2000）"Relationship Banking: What Do We Know?", *Journal of Financial Intermediation* 9, pp.7-25.

Breiman, L., J. H. Friedman, R. A. Olshen, and C. J. Stone. (1984) *Classification and regression trees*, Monterey, Calif., U. S. A.: Wadsworth, Inc.

Collins J. C. (2009) *How The Mighty Fall: And Why Some Companies Never Give in?*, HarperCollins Publishers Inc. 山岡洋一訳(2009)『ビジョナリーカンパニー③衰退の五段階』日経BP社

Deakin, E. (1972) "A Discriminant Analysis of Predictors of Business Failure", *Journal of Accounting Research*, Vol.10, pp.167-179.

Donald Ray Cressey (1971) *Other People's Money: A Study in the Social Psychology of Embezzlement*, Montclair Patterson Smith.

Edmister, R. O. (1972) "An Empirical Test of Financial Ratio Analysis for Small Business Failure Prediction", *Journal of Financial and Quantitative analysis*, Vol.7, pp.1472-1493.

Galbraith J kenneth (1991) *A short history of financial Euphoria*『バブルの物語—暴落の前に天才がいる』(鈴木哲太郎訳　ダイヤモンド社、1991年)』

Gupta, Y. P., Ramesh P. R. and Prabir K. B. (1990) "Linear Goal Programming as an Alternative to Multivariate Discriminant Analysis: A Note", *Journal of Business Finance & Accounting*, 1990, vol.7(4), pp.593-598.

Horrigan, J.O. (1968) "A short History of Financial Ratio Analysis", *The Accounting Review*, vol.43, April 1968, pp.284-294.

Kahneman, D. (2014) *Thinking, Fast and Slow* (村井章子訳『ファスト＆スロー』上・下早川書房)

Kaplan, R. S. and Norton, D. P. (1992) "The balanced scorecard: measures that drive performance", *Harvard Business Review* Jan-Feb pp.71-80.

Kass, G. V. (1980) "An Exploratory Technique for Investigating Large Quantities of Categorical Data", *Applied Statistics*, Vol.29, No.2. (1980) pp.119-127.

Lane, W. R., S. W. Looney and J. W. Wansley (1986) "An Application of The Cox Proportional Hazards Model To Bank Failure", *Journal of Banking and Finance*, v10(4), 1986, pp.511-532.

Libby, R (1975) "Accounting ratios and the Prediction of Failure:Some Behavioral Evidence", *Journal of Accounting Research*, March 1975, pp.150-161.

Martin, D. (1977) "Early Warning of Bank Failure", *Journal of Banking and Finance*, Vol.1. pp.249-276.

Merton, R. C. (1974) "On the Pricing of Corporate Debt: The Risk Structure of Interest Rates", *Journal of Finance*, Vol.29. pp.449-470.

Meyer. P. A. and H. W. Pifer（1970）"Prediction of Bank failure", *The Journal of Finance*, Vol.25, No.4, pp.853-868.

Ohlson, J.（1980）"Financial Ratios and the Probabilistic Prediction of Bankruptcy", *Journal of Accounting Research*, vol.18, pp.109-131.

Santomero, A. and J. Vinso（1977）"Estimating the Probability of Failures for Commercial Banks and the Banking System", *Journal of Banking and Finance*, Vol.1. pp.185-205.

Saunders Anthony & Linda Allen（2002）*Credit Risk Measurement: New Approachs to Value at Risk and Other Paradigms* 2nd Edition, 森平爽一郎監訳（2009）『信用リスク入門』、日経BP社

Shiller, Robert J（2000）*Irrational Exuberance*, 沢崎冬日訳（2001）『投機バブル 根拠なき熱狂』ダイヤモンド社

Shiller, Robert J（2003）*The New Financial Order Risk in the 21st century*, 田村勝省訳（2004）『新しい金融秩序』日本経済新聞社

Sinkey, J. F.（1975）"Franklin National Bank of New York: A Portforlio and Performance Analysis of Our largest Bank Failure", *FDIC Working Paper*, No.75-10.

Wall, A. and R. W. Dunning（1928）*Ratio Analysis of Financial Statement*. New York: Harper Brothers.

Wilcox, J. W.（1976）"The Gambler's Ruin Approach to Business Risk", *Sloan Management Reviw*, March 1976.

（その他）

各信用金庫ディスクロージャー誌

京都みやこ信用金庫ディスクロージャー誌各年度

京都みやこ信用金庫庫内報『桃花』

『金融財政事情』2010.7.19号　金融財政事情研究会

『金融財政事情』2011.1.3号　金融財政事情研究会

金融財政事情研究会『信用金庫便覧』各年度

金融庁「金融検査マニュアル」（各年度）

金融庁（2019a）「金融システムの安定を目標とする検査・監督の考え方と進め方（健全性政策基本方針）」

金融庁（2019b）ディスカッション・ペーパー「検査マニュアル廃止後の融資に関する検査・監督の考え方と進め方」

金融庁監督局（2021）「中小・地域金融機関向けの総合的な監督指針」

金融庁検査局「金融検査指摘事例集（平成21検査事務年度）」

金融庁検査局「金融検査結果事例集（平成22検査事務年度前期版～平成26事務年度版）」

金融図書コンサルタント社『全国信用金庫財務諸表』各年度

相互信用金庫ディスクロージャー誌各年度

中小企業庁『中小企業白書』各年度

西陣信用金庫ディスクロージャー誌各年度

日本銀行『金融経済統計月報』

日本金融通信社『ニッキン資料年報』各年度

日本経済金融新聞（2002年7月31日）

伏見信用金庫ディスクロージャー誌各年度

【著者略歴】

石川清英（いしかわ　きよひで）

　1954年京都市生まれ。1978年横浜市立大学文理学部卒業、2011年滋賀大学大学院経済学研究科博士後期課程修了。1978年伏見信用金庫（現京都中央信用金庫）入庫。2001年退職。関西さわやか銀行（現関西みらい銀行）、㈱ABM（現フューチャー㈱）を経て、2007年大阪信用金庫入庫。執行役員・事務管理部長、同・融資部第一部長、同・管理部長。現在管理部勤務。

　2020年4月より滋賀大学経済経営研究所　客員研究員。

　現在大阪府立大学大学院経済学研究科、龍谷大学大学院経営学研究科、滋賀大学経済学部、神戸学院大学法学部、倉敷芸術科学大学危機管理学部非常勤講師。

　博士（経営学）、CIA（公認内部監査人）。

　2017年9月日本リスクマネジメント学会「優秀著作賞」受賞。

（著　書）

　『信用金庫破綻の教訓―その本質と経営行動―』（日本経済評論社）。『地域金融機関のＡＢＣ原価計算』（共著）（近代セールス社）。『信用金庫職員のための経済金融ガイド』（共著）（全国信用金庫協会）2009年版から2012年版。

（論文等）

　「判別分析による問題信用金庫の財務特性について」（『信金中金月報』第9巻第4号2010年）。「不動産融資に傾斜する信用金庫」（『週刊金融財政事情』2013年4月8日号）。「信金貸出業務のトランザクションバンキング化を憂う」（『週刊金融財政事情』2013年7月1日号）。他論文、実務書への執筆多数。

事例からみた地域金融機関の信用リスク管理
―営業現場における健全な融資判断―　改訂版

令和4年3月30日　第1刷発行

著　　者　石川　清英
発　行　者　加藤　一浩
印　刷　所　株式会社太平印刷社

〒160-8520　東京都新宿区南元町19
発行所・販売　株式会社　きんざい
編　集　部　TEL 03（3355）1770　FAX 03（3357）7416
販売受付　TEL 03（3358）2891　FAX 03（3358）0037
URL https://www.kinzai.jp/

ISBN978-4-322-14140-5